10 CLAVES PARA VIVIR FELIZ

VANESSA KING

10 CLAVES PARA VIVIR FELIZ

DIANA

Diseño de portada: Estudio la fe ciega / Domingo Martínez
Diseño de interiores: Mónica Díaz Robles

Título original: *10 Keys to happier living*

© 2018, Traducción: Gloria Padilla

Primera publicación en 2016 por HEADLINE PUBLISHING GROUP

Bajo el sello editorial DIANA M.R.
Avenida Presidente Masarik núm. 111, Piso 2
Colonia Polanco V Sección
Delegación Miguel Hidalgo
C.P. 11560, Ciudad de México
www.planetadelibros.com.mx

Primera edición en formato epub: enero de 2018
ISBN: 978-607-07-4695-6

Primera edición impresa en México: enero de 2018
ISBN: 978-607-07-4696-3

Impreso en los talleres de Litográfica Ingramex, S.A. de C.V.
Centeno núm. 162, colonia Granjas Esmeralda, Ciudad de México
Impreso y hecho en México - *Printed and made in Mexico*

Contenido

Pasado

A la memoria de de mis padres, con mucho amor y gratitud.

Presente y futuro

Para Johnn, Alex y Ben, con amor. Deseo que sean felices.

Prólogo

Mi gran sueño es que juntos logremos que el mundo sea un lugar más feliz. Espero que compartas conmigo este sueño y que te unas a mí para conseguir que se vuelva realidad.

En 2011 Geoff Mulgan, Anthony Seldon y yo iniciamos el movimiento Acción para la Felicidad (Action for Happiness) después de la publicación de *La felicidad: Lecciones de una nueva ciencia*. En este libro abogué por la felicidad y la gente me preguntaba constantemente: "¿Cómo podemos tomar acciones?". Nuestra visión en Acción para la Felicidad es crear una sociedad donde exista más felicidad y menos desdicha. Nuestro propósito es apoyar a la gente para que realice cambios positivos en su vida, pero también para crear mayor felicidad en quienes les rodean: en su lugar de trabajo, estudio, vida y diversión. Gracias a la investigación científica sabemos que hacer cosas que aumenten la felicidad de los demás también nos produce más felicidad. Eso es esencial para lo que intentamos.

Este manual se escribió para que te unas a nosotros con la finalidad de marcar la diferencia. Esperamos que capture la "mente" y el "corazón" de la felicidad, apelando tanto a tu racionalidad como a tus emociones, y proveyendo material para que puedas reflexionar sobre el origen de la felicidad (para ti), por qué importa y, principalmente, qué puedes hacer para aumentarla, tanto en ti mismo como en los demás. Se basó en un grupo cada vez mayor de evidencias científicas que nos sirven para detectar qué resulta más eficaz, lo cual añade el peso del rigor científico a los principios y enseñanzas derivadas de las fuentes de sabiduría más antiguas.

No tengo ninguna duda de que existe una gran necesidad de ser felices. Aunque nuestras vidas en el aspecto económico hayan mejorado, se han vuelto cada vez más estresantes. Muchos de nosotros tenemos más en sentido material y, sin embargo, no somos más felices, incluso las tasas de enfermedad mental entre los jóvenes han aumentado. Como economista, estoy muy consciente de que por demasiado tiempo hemos equiparado el bienestar de nuestras sociedades con el producto interno bruto, y la felicidad individual con el poder de compra. Esto debe cambiar. Si queremos que nuestras sociedades mejoren, requerimos hacer modificaciones en las políticas, al igual que en nuestras comunidades, escuelas, sitios de trabajo, familias y en nosotros como individuos.

No dudo de que podamos crear un mundo más feliz. Tú, yo y aquellos que nos rodean: todos podemos marcar la diferencia. Espero que este libro te inspire a realizar acciones.

Profesor Lord Richard Layard,
London School of Economics

Un mensaje de Acción para la Felicidad

Acción para la Felicidad es un movimiento de personas que llevan a cabo acciones para lograr un mundo más feliz y amable. La idea central es simple, pero profunda: la gente se compromete a crear mayor felicidad para sí mismos y también para los demás. Somos un movimiento secular, basado en la ciencia y abierto a todos. Nuestro patrocinador es Su Santidad, el Dalai Lama, cuyos mensajes sobre la felicidad y la compasión encuentran eco en personas con todo tipo de antecedentes.

Desde nuestro lanzamiento en 2011, millones de personas en 170 países se han comprometido con nuestras ideas y cientos de miles se han unido a nuestra comunidad global. Los miembros del movimiento realizan acciones en gran cantidad de formas diferentes: los maestros llevan nuestros recursos a sus aulas; los líderes empresariales los utilizan para crear entornos laborales más felices; y miles de voluntarios llevan a cabo eventos, imparten nuestro curso de ocho semanas y establecen *Happy Cafés* (cafeterías felices) en sus comunidades locales. Más importante que todo, los individuos han realizado cambios significativos en sus vidas, entre los que se incluyen la práctica de la atención plena (*mindfulness* o conciencia plena) y de la gratitud, la mejoría de sus relaciones, una mejor manera de afrontar las dificultades y llevar a cabo más actos de generosidad. Es posible que éstos sean pequeños pasos, pero marcan una verdadera diferencia.

Las *Diez claves para vivir feliz* en este libro son la fuerza impulsora detrás de Acción para la Felicidad. Nos muestran que las mejores cosas de la vida no son cosas, y nos recuerdan que, aunque siempre hay factores fuera de nuestro control, tenemos la opción consciente de elegir nuestra actitud, nuestras acciones y la forma en que tratamos a los demás.

La felicidad no se trata de negar los sentimientos negativos o de estar alegres todo el tiempo. Se refiere a aprovechar al máximo los buenos momentos y, también, aprender a afrontar de manera eficiente los malos. Matthieu Ricard, un científico que se transformó en monje budista, describe la felicidad como "una profunda sensación de florecimiento, no una mera sensación agradable o emoción fugaz, sino un estado óptimo del ser". Esperamos que este libro te ayude a vivir de modos que creen más de esta felicidad para ti mismo, tus seres queridos, tu comunidad y, de igual forma, para el resto del mundo.

Dr. Mark Williamson,
director de Acción para la Felicidad

Introducción: desentrañemos la felicidad

Tu felicidad es importante. Las personas felices no sólo disfrutan más de la vida y son más resilientes, también tienden a tener más y mejores relaciones, son más sanas en un sentido físico y se involucran más en su trabajo, además de ser más productivas. Éstos son sólo unos cuantos de los beneficios que revela la investigación reciente.

La finalidad de este libro es desentrañar la felicidad para que comprendas lo que la ciencia ha demostrado que son sus ingredientes activos —*Diez claves para vivir feliz*— y por qué son importantes. Aprenderás las acciones prácticas que puedes llevar a cabo, todas sustentadas en las investigaciones más recientes.

Las diez claves son un menú, NO una receta. Diferentes cosas les funcionan a diferentes personas y en diversos momentos, y la decisión personal es importante. Algunas acciones son cosas que querrás volver habituales en tu vida; otras podrían inspirarte a cambiar tu modo de pensar o modificar dónde enfocas tu atención y energía. Algunas de las claves serán especialmente útiles cuando tengas momentos difíciles o te sientas deprimido. Muchos de estos enfoques no requieren dinero ni te demandan mucho tiempo.

Puedes marcar una diferencia: todos podemos. Incluso las pequeñas acciones pueden ayudarte a ser más feliz y eso contribuye a una mayor felicidad en el mundo que te rodea.

En términos prácticos, ¿qué significa la felicidad?

Cuando preguntamos a las personas qué las hace felices, en general comienzan con un listado de cosas que les causan placer: una comida agradable, una copa de vino o un delicioso pastel de chocolate, ver una película emocionante, comprar un nuevo par de zapatos o descargar un videojuego o aplicación nueva y divertida. No es que estas cosas sean malas en sí mismas, pero no bastan para la felicidad. Y cuando estamos ocupados o tristes, es fácil enfocarnos demasiado en ellas.

Si sondeamos un poco más, en general la gente empieza a listar cosas que quizá sean más satisfactorias y perdurables, como pasar tiempo con la familia y los amigos, cuidar de otros, aprender algo nuevo, el trabajo o los pasatiempos, o una sensación de satisfacción y de estar en paz consigo mismos. Así que a menudo tenemos una idea de lo que nos da verdadera felicidad, pero eso no se refleja necesariamente en nuestras acciones cotidianas.

Ahí es donde entra la ciencia: puede ayudarnos a entender por qué la felicidad es importante y a saber qué tiene más probabilidad de causar un mayor impacto en nuestras vidas. También sugiere que ocuparnos de nuestra propia felicidad no es simplemente egoísta o indulgente, sino que parece contagioso. Si estamos felices, es más probable que aquellos que nos rodean también lo estén, y tenderemos a ayudar más a los demás. Y ése es el asunto, no es una coincidencia que ser generoso y relacionarse sean las primeras dos claves: es más probable que seamos más felices si también nos ocupamos de los demás. De modo que es una cuestión circular. Creo que eso significa que tenemos la responsabilidad de hacer lo mejor posible por manejar cómo nos sentimos.

Ser más felices no significa experimentar placer todo el tiempo o evitar las emociones desagradables, como la tristeza o el enojo. Se refiere a ser realistas sobre lo que conlleva la vida, sacar el mejor provecho de los buenos momentos y encontrar la manera de recuperarnos cuando las cosas se ponen difíciles.[1]

---

[1] También es posible que haya ocasiones en que quieras o necesites algún tipo de ayuda profesional; consulta la sección de Recursos para encontrar sugerencias de los sitios adecuados donde puedes comenzar a buscarla. Si tienes un padecimiento psicológico diagnosticado, como depresión o ansiedad, estas acciones pueden servirte junto con el tratamiento clínico, pero primero busca el consejo de tu médico o terapeuta.

Entre los psicólogos, economistas y científicos sociales ha habido gran cantidad de discusiones sobre lo que constituye la "felicidad" y en qué se parece o distingue del "bienestar" o del "florecimiento". Por lo común definen la felicidad como sentirse bien en un sentido momentáneo, al igual que sobre la vida en general, y hay muchas cosas que pueden afectar esto. Pero como lo sugiere nuestra sabiduría natural, una vida satisfactoria implica más que nuestros estados de ánimo y juicios pasajeros. El término "bienestar" se refiere a una diversidad de cosas que incluyen: una sensación de valía y aceptación de uno mismo, buenas relaciones con otras personas, sentir que nuestra vida tiene sentido y propósito, interesarse y participar en gran parte de lo que hacemos y usar nuestro potencial, experimentar una sensación de logro, o ambos. Se dice que florecemos cuando nuestro bienestar es elevado y que languidecemos cuando está bajo.

La mayoría de nosotros queremos ser felices y en general a lo que nos referimos en términos prácticos es ¡a todas las cosas anteriores! Eso es lo que implican las claves. Pueden ayudarnos a sentirnos más felices y con mayor capacidad para florecer. Produjeron una diferencia en mi vida y espero que también lo hagan en la tuya.

La historia detrás de las Diez claves para vivir feliz

A veces la vida tiene caminos extraños. Trabajaba como asesora para el desarrollo de líderes y el cambio organizacional, pero me sentía insatisfecha e infeliz, preocupada de que mi trabajo no tuviera una influencia real. En 2008, por casualidad me topé con un nuevo campo en crecimiento conocido como psicología positiva (la psicología del "funcionamiento óptimo": la felicidad, el bienestar y el florecimiento para ti y para mí). Al instante supe que quería saber más de ello. Sentí que tenía que formar parte del futuro y con toda seguridad de mi propio futuro. Solicité ingresar a la maestría con Martin Seligman en la Universidad de Pensilvania. Seligman fue el catalizador en la ampliación de la investigación psicológica para incluir no sólo el enfoque en aquello que está mal con nosotros, sino también lo que está bien. Para mi sorpresa, me aceptaron y terminé en Filadelfia. Fue fantástico y me sentí con mucho más ánimo del que había sentido desde hacía mucho tiempo... y necesitaba hacer algo útil con este nuevo conocimiento. En aquel entonces la psicología positiva no se conocía ampliamente y estaba lejos de volverse una corriente establecida.

Así que más o menos un año después me encontré en un avión. Acababa de concluir mis estudios y me ofrecieron la oportunidad de impartir un seminario en la primera conferencia de psicología positiva en China. Estaba sentada cerca de alguien a quien reconocí, pero no conocía en persona: Anthony Seldon, el director que había introducido las clases sobre la felicidad en su escuela en el Reino Unido. Estaba enterada de que Seldon conocía a Marty Seligman, con quien yo había estudiado. Entonces cuando aterrizamos lo saludé. Anthony se ofreció amablemente a llevarme hasta la universidad donde me hospedaría. Durante el recorrido mencioné que estaba regresando al Reino Unido luego de haberme sumergido en la psicología positiva en Estados Unidos, y que esperaba poder encontrar un modo de poner en práctica lo que había aprendido.

—Ah —respondió Anthony—, Richard Layard, Geoff Mulgan y yo acabamos de establecer un nuevo movimiento social y organización benéfica llamada Acción para la Felicidad. Encontramos un excelente director, quien acaba de iniciar, se llama Mark Williamson. Reúnete con él y empieza a colaborar con nosotros.

Y eso fue todo. Alrededor de un mes después fui a tomar un café con Mark y empezamos a intercambiar montones de ideas. Mi conocimiento sobre la psicología positiva era justo lo que se necesitaba para ayudar a identificar las acciones que podía realizar la gente para ser más feliz ella misma y hacer más felices a otros, el propósito del movimiento cuyo lanzamiento oficial se estaba preparando para abril de 2011. Comencé a revisar todo lo que había aprendido, al igual que las investigaciones disponibles en ese momento, y con ayuda de un pequeño ejército de voluntarios pasé muchos meses sintetizando y resumiendo todo el material para nuestro sitio web.

Mark, Richard y yo tuvimos largas discusiones sobre cuáles acciones eran las más importantes y cómo podíamos articularlas. Queríamos basarnos en las “Cinco maneras para lograr el bienestar” que desarrolló la New Economics Foundation en 2008 como parte de un gran proyecto de investigación respaldado por el gobierno. Las cinco áreas de actividad (conecta, mantente activo, presta atención, sigue aprendiendo y contribuye) que se ha demostrado que aumentan la felicidad y el bienestar se estaban utilizando cada vez con más frecuencia en entornos de salud, educación y otros, tanto en el Reino Unido como en otras partes. Se nos ocurrió formar un acrónimo con estos factores: "GREAT". A partir de nuestra investigación, también se hizo evidente que había algunos factores "internos" que eran importantes y en los que podíamos influir de manera personal. Al hacer esto los factores se redujeron a cinco, por lo que necesitábamos encontrar un acrónimo adicional. De pronto me llegó la idea, pensé en un término que parecía adecuado. El sueño de los fundadores era que Acción para la Felicidad creara una sociedad e incluso un mundo más solidario y feliz, así que nuestro acrónimo en inglés para las Diez claves para vivir feliz se convirtió en "GREAT DREAM" (GRAN SUEÑO: generosidad, relación, etc.). Éstas son las diez áreas en que podemos llevar a cabo acciones —del interior al exterior y viceversa— para aumentar y mantener nuestra felicidad. Cada una de ellas tiene un capítulo dentro de este libro.

Desde el lanzamiento de Acción para la Felicidad, a través de nuestro sitio web, charlas, cursos y talleres, las diez claves ya han llegado a todos los confines de la Tierra. Se las utiliza en escuelas, comunidades y entornos laborales, y se nos han contado muchísimas historias sobre cómo han inspirado a la gente a realizar acciones que les causan felicidad a ellos mismos y a los demás. Espero que también te ayuden a ser más feliz.

Cómo usar este libro

Más que otra cosa, este libro se refiere a tomar acciones. Está lleno de actividades e ideas prácticas (claves) que han comprobado que contribuyen a alcanzar la felicidad, al igual que de explicaciones de por qué y cómo lo hacen.

De ti depende cómo abordes el libro: puedes leerlo de principio a fin o elegir determinados capítulos, quizás partes que atrapen tu atención o que contengan algo que quieres aprender. Puedes ir directamente a las actividades y empezar. Y, si tienes curiosidad, puedes introducirte en las bases científicas que las respaldan.

Este libro se basa en muchos estudios experimentales y espero que lo abordes del mismo modo. Pon a prueba las ideas, aunque parezcan extrañas o nuevas, o sean algo que "no va mucho" contigo. Sólo al hacerlo descubrirás las acciones que mejor te funcionan y es en los límites de nuestra zona de confort donde aprendemos y crecemos con mayor facilidad. Como cualquier investigación, te serviría tener una libreta —ya sea en papel o electrónica— donde anotes tus pensamientos y reflexiones para que puedas consultarlos posteriormente.

Se ha dicho que "la felicidad es un viaje, no un destino". Espero que este libro te sirva para disfrutar el trayecto.

1

GENEROSIDAD

Haz cosas por los demás

Es gracioso, ¿no crees? La primera clave para la felicidad se refiere a la felicidad ajena, no a la propia. Es posible que esa idea te parezca extraña a primera vista, pero ser generoso, amable y ayudar a los demás puede representar un modo poderoso de aumentar la felicidad de quienes nos rodean y de hacernos más felices a nosotros mismos. Pero no siempre es fácil, así que en este capítulo examinaremos también las ideas que han comprobado que ser generosos con otros nos alimenta en lugar de mermarnos.

Generosidad: introducción

> "La mejor manera de alegrarse es tratar de alegrar a alguien más".
> Mark Twain, *Mark Twain's Notebook*

Antigua sabiduría, nueva ciencia

A veces se dice que la mejor forma de lograr la felicidad es "de manera colateral". En otras palabras, si queremos ser felices no deberíamos enfocarnos en nuestra felicidad, sino en concentrar nuestra atención y acciones en algo, o alguien más. Un creciente número de estudios científicos respaldan este concepto, indicando que ocuparse de la felicidad ajena es un ingrediente importante de nuestra propia felicidad. Se ha demostrado que la gente que es generosa o que ayuda a los demás está más satisfecha con su vida; tiene mayor sentido de significado y se siente más competente. Esto también puede ayudar a mejorar nuestro estado de ánimo, reducir el estrés y distraernos de nuestros propios problemas. Y parece que la compasión y bondad hacia otras personas se integra a lo que significa ser humano.

Aunque la ciencia es nueva, la sabiduría que representa es antigua. "Hagan por los demás lo que quieren que ellos hagan por ustedes", una regla que se conoce como la "regla de oro", está presente en muchas tradiciones filosóficas y religiosas. En vista de que la mayoría quisiéramos pensar que, cuando lo necesitemos, habrá otros que nos den una mano (ya sean amigos, familiares o incluso totales desconocidos), la regla de oro nos impulsa a pensar en cómo ayudamos también a otros y, al hacerlo, contribuye a crear los tipos de comunidades, sitios de trabajo, ciudades y sociedades de las que queremos formar parte.

En este capítulo exploraremos algunos elementos destacados de la investigación científica acerca de las relaciones entre la generosidad y la felicidad, así como las formas de ayudar a otras personas que maximizan los beneficios para los demás y, al mismo tiempo, impulsan nuestra propia felicidad. Espero que esto te inspire a ser más generoso, y a serlo con más frecuencia y de nuevas maneras… y te insto también a pedir ayuda cuando la necesites.

Piensa en lo siguiente Felicidad caída del cielo

Imagina que te pones un abrigo que no te has puesto por meses. Al meter la mano en la bolsa encuentras un billete de alta denominación que olvidaste que tenías. ¿Qué sería lo más probable que hicieras con este dinero caído del cielo?

(A) Lo pondrías en tu bolsa/cartera mientras piensas: “esto pagará mi comida de hoy”.
(B) Lo usarías para comprarte un antojo —chocolates de lujo, un delicioso queso, un nuevo libro—, cualquier cosa que te gustaría mucho.
(C) Invitarías a un amigo, conocido o colega a tomar café o una copa.
(D) Lo regalarías a una persona que haga una colecta de caridad o a un indigente con el que te topas regularmente en la calle.

Descubre al final del capítulo (página 47) cuál de estas opciones tiene la probabilidad de tener el mayor efecto en cuanto a elevar la felicidad.

¿Qué significa *generosidad*?

Es posible que pienses que la generosidad se refiere a dar dinero o cosas, pero existen muchas formas de dar que no implican eso, como ayudar o ser amable. En esencia, la generosidad se refiere a un acto de consideración hacia otra persona, un momento de atención, cariño y conexión. Éstos son algunos ejemplos de diferentes maneras en las que podemos ser generosos y que no implican dinero:

- **Sé amable**, ya sea con personas conocidas o con desconocidos, familiares, amigos, colegas, vecinos, sean jóvenes o viejos, o con aquellos que estén necesitados, tanto cerca de ti como lejos.
- **Dona tiempo**, ya sea ofreciendo tus habilidades, tus conocimientos, tus recursos o tu lealtad, o simplemente prestándote como un oído listo para escuchar.
- **Ayuda a otros tanto en los buenos tiempos como en los malos.** Esto podría significar que ayudes a alguien a aprender y a crecer, a desarrollar ideas, o a formar y construir relaciones.

- **Sé menos duro con la gente.** Cuando alguien (por ejemplo un compañero de trabajo o miembro de tu familia) pasa por un momento difícil y causa dificultades a otros, sé generoso dejándolo en paz y dándole el beneficio de la duda.
- **Incluye como parte de tu rutina** visitar a un vecino anciano o fungir como mentor para un nuevo colega de menor rango.
- **Realiza acciones pequeñas y simples.** El acto de dar no siempre requiere enormes cantidades de esfuerzo. Puede ser tan sencillo y rápido como expresar un pensamiento amable y alentador, prestar tu atención por un momento, premiar a alguien con una sonrisa o un gesto de consideración.
- **Planea acciones por anticipado,** como hacer algo especial para un amigo o vecino, entrenar para una carrera auspiciada, organizar un evento de caridad, o ayudar a un amigo a mudarse de casa o a arreglar su jardín descuidado.
- **Realiza acciones por impulso** cada vez que te percates de una necesidad. Esto podría ser simplemente recoger el guante que alguien tiró o realizar un acto de generosidad espontánea, como permitir que otro conductor tome un espacio de estacionamiento delante de ti. Tal vez hacer reír a alguien o simplemente escuchar a otra persona.

Como dijo alguna vez Winston Churchill: "Nos ganamos la vida con lo que conseguimos. Hacemos una vida con lo que damos".

Momento de reflexión...

- ¿De qué maneras, grandes o pequeñas, has ayudado o dado algo a otra persona en las últimas semanas?
- ¿Qué te impulsó a ayudar o a ser generoso?
- ¿Qué impacto o reacción tuvo tu generosidad en el beneficiario o beneficiarios?
- ¿Qué impacto tuvo en ti el hecho de ayudar?

La ciencia detrás de la generosidad

> "Hagan por los demás un 20% más de lo que esperarían que ellos hagan por ustedes, para corregir el error subjetivo".
> Atribuido a Linus Pauling, conferencia en Monterey Peninsula College (c. 1961)

Un círculo virtuoso

Parece que existe una relación bidireccional entre la felicidad y ayudar a los demás.

- Ayudar a otras personas puede hacernos más felices.
- Las personas más felices tienden a ayudar más a los demás.

Sin importar nuestra edad, se ha demostrado que ser generosos nos hace más felices. Por ejemplo, los niños en edad preescolar que mostraron empatía hacia los demás tenían más probabilidades de exhibir ellos mismos un estado de ánimo feliz. Se encontró que las personas que donaban una parte de sus ingresos mensuales a causas benéficas o que la gastaban en otras personas eran más felices que aquellos que no gastaron en otros, y esto ocurrió independientemente del nivel de ingresos. El voluntariado se relaciona con un aumento en la felicidad, sin importar las circunstancias sociales y económicas del voluntario.

Y si somos felices, es más probable que estemos interesados, o nos sintamos inclinados, a ayudar a los demás. Es más probable que recientemente hayamos realizado actos de generosidad o que ocupemos un mayor porcentaje de nuestro tiempo o dinero en ayudar a otros. En el trabajo, si somos más felices, tenemos más probabilidades de ir más allá de nuestras responsabilidades para ayudar a nuestros compañeros y clientes.

Esta evidencia científica sugiere que existe un "círculo virtuoso": la felicidad aumenta la probabilidad de ser más generosos y ser más generosos puede ayudarnos a ser más felices, lo cual conduce a una mayor tendencia a la generosidad, y así sucesivamente.

El círculo virtuoso

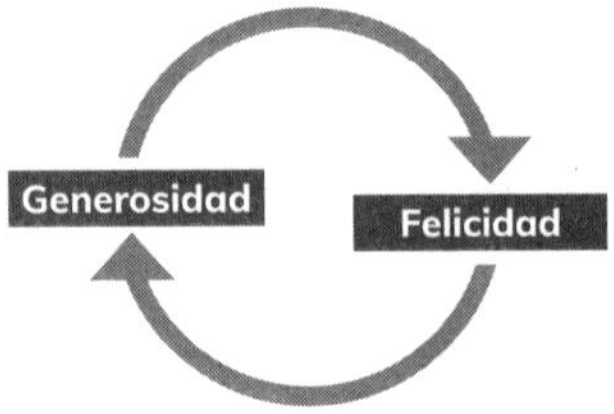

Basado en Aknin, Dunn y Norton (2011).

Ser generoso se SIENTE bien

La psicóloga Elizabeth Dunn y sus colaboradores han realizado varios experimentos sobre la relación entre gastar dinero y ser felices. Encontraron que es frecuente que nuestras predicciones de lo que nos traería la mayor felicidad sean incorrectas. Por ejemplo, en un estudio se regaló a los participantes 5 o 20 dólares para gastarlos en otros, donarlos a obras benéficas o gastarlos en sí mismos. El impacto de la forma en que usaron el dinero sobre sus emociones se midió al final del mismo día. Los participantes que lo gastaron en otras personas o lo donaron experimentaron mayor felicidad que quienes lo gastaron en sí mismos. La cantidad de dinero no influyó en el nivel de felicidad generado: las cantidades menores tuvieron un impacto personal similar al de las cantidades grandes. Sin embargo, cuando se pidió a las personas que pronosticaran qué tendría el mayor impacto sobre su felicidad personal, pensaron que provendría de tener la mayor cantidad para gastar en sí mismos.

Los estudios sobre el cerebro sugieren que donar dinero a una buena causa puede sentirse literalmente tan bien como recibirlo uno mismo, en especial si las donaciones son voluntarias. Los experimentos en el área de neurociencias revelan que el dar dinero para una buena causa activa nuestro "centro de recompensa" (la corteza frontal orbital y el estriado ventral), que son las mismas áreas del cerebro que se activan si recibimos dinero o un regalo.

Regalar dinero no es lo único que nos hace sentir bien. Los estudios experimentales demuestran que existen otros tipos de generosidad que pueden generar más felicidad. Por ejemplo, cuando los participantes llevaron a cabo cinco nuevos actos de generosidad en un día de cada semana durante un periodo de seis semanas (aunque cada acción fuera pequeña), experimentaron un aumento en su sensación de bienestar, en comparación con los grupos control. (Lee el apartado en las páginas 30-32 y prueba esto contigo mismo).

LA HISTORIA DE ANNA: MOTOCICLISTA AL RESCATE

Acababa de recoger a mis hijas de su clase semanal vespertina de danza. Mientras conducía a casa, el tránsito estaba pesado y las niñas estaban cansadas, hambrientas y peleando entre sí. Llegamos a un crucero muy concurrido y, en ese momento, el auto se apagó por completo. El motor se detuvo y ya no quiso encender. Estábamos en medio del tráfico, así que no era seguro sacar a las niñas del coche y no podía dejarlas ahí mientras iba a buscar ayuda. Mi primera reacción fue tomar mi teléfono, pero la batería se había descargado. No sólo eso, me di cuenta de que la falla del motor era mi culpa. Olvidé ponerle gasolina al coche.

Otros conductores tocaban las bocinas y entré en pánico, pero no podía permitir que mis hijas se dieran cuenta, ya estaban empezando a asustarse. En ese preciso instante, una motocicleta se detuvo a nuestro lado y el conductor tocó mi ventanilla.

—¿Está bien? —preguntó.

—Estamos atrapadas —respondí.

—Tenemos que orillar su coche —contestó.

El hombre saltó de su motocicleta e hizo indicaciones a otro par de conductores. Entre todos nos empujaron a un sitio seguro. Antes de que pudiera agradecerles como es debido, el motociclista estaba montado de nuevo en su moto y los otros conductores habían regresado a sus autos, y todos se fueron. ¡Se habían portado como unos ángeles! Las niñas y yo pudimos caminar a un taller mecánico para conseguir gasolina y 30 minutos después estábamos de nuevo en camino. También estaba muy agradecida de que las niñas hubieran visto lo amables que pueden ser otras personas. Estoy pensando en algún modo de regresar el favor, si no a esas personas amables, entonces a alguien más que necesite ayuda.

En otro estudio con más de 1700 voluntarias los científicos descubrieron que muchas de las mujeres experimentaron una "euforia del auxiliador": un sentimiento de exaltación después de ayudar a otra persona, lo cual proviene de la liberación de endorfinas, seguido de un periodo más largo de calma.

Existe evidencia de que esa sensación de "satisfacción interior" que se percibe como resultado de la generosidad ocurre en todas las culturas y circunstancias económicas. Por ejemplo, los investigadores han encontrado una relación positiva entre la generosidad prosocial, como realizar donativos para causas benéficas, y la felicidad en 120 países, tanto ricos como pobres, independientemente del nivel de ingreso de las personas.

Ser generosos NOS HACE bien

Igual que motivar a que nos sintamos bien, ayudar a otros literalmente parece hacernos bien. Por ejemplo, en el estudio con voluntarias que examinamos líneas arriba, además de sentirse más felices y tranquilas después del acto de dar, las mujeres también experimentaron un periodo más duradero de mejoría en su bienestar emocional y un aumento en su sentido de valía propia. A su vez, eso redujo sus niveles de estrés y mejoró su salud.

Otros estudios también encontraron que los adultos que trabajaban como voluntarios obtenían un bienestar psicológico superior y se sentían mejor consigo mismos. El voluntariado adolescente se asocia con una mejoría en la autoestima, reducción de comportamientos antisociales/problemáticos y ausentismo escolar, mejoría en las actitudes hacia la escuela y aumento de logros educativos. Dar a los demás puede distraernos de obsesionarnos con nuestros problemas y nos ayuda a estar agradecidos de lo que tenemos. Con toda seguridad se ha demostrado que aquellos que actúan como voluntarios se sienten más esperanzados y tienen menos síntomas de depresión y ansiedad que los individuos que no lo hacen.

Se ha demostrado que la generosidad, ya sea que asuma la forma de apoyo económico, emocional o de otros tipos, se asocia con una mayor salud general e incluso puede influir en nuestra longevidad. Los estudios sobre ancianos evidencian que aquellos que prestan apoyo a otras personas viven más tiempo que quienes no lo hacen. Esto incluyó apoyo a amigos, familiares y vecinos, así como apoyo emocional para sus cónyuges.

Es posible que el voluntariado incluso ayude a mantener el funcionamiento correcto de nuestro cerebro en la vejez. Distinguir los beneficios del voluntariado de otros factores puede ser complejo. Podría ser que los beneficios ocurrieran porque los voluntarios eran más sanos de inicio y, por ende, más capaces de prestar ayuda. Sin embargo, la evidencia sugiere que existe una relación entre hacer cosas por los demás y el bienestar físico y psicológico. Parece que ayudar a los demás es una actividad en la que pueden participar las personas como estrategia para aumentar el bienestar y mantener una salud y funcionamiento cognitivo sanos a lo largo de su vida, incluso en la vejez.

UN AGRADECIMIENTO DE MÍ PARA TONY

Volé a Filadelfia para asistir al Congreso Mundial de Psicología Positiva. Para mí representó una gran inversión de tiempo y dinero, pero mi trabajo demanda que me mantenga actualizada con las últimas investigaciones. Fueron cuatro días intensos, inspiradores y agotadores, llenos de talleres, charlas y conferencias. Mi carpeta estaba llena de grandes ideas y nuevos conocimientos. Sólo que la perdí. Todo el motivo de mi viaje estaba escrito en su interior y la dejé en el asiento trasero de un taxi. No sólo eso, estaba en una hermosa bolsa que mi pareja me había regalado de Navidad y que sería difícil de reemplazar.

En cuanto me di cuenta de lo sucedido, pensé en llamar al número central de objetos perdidos, pero pronto descubrí que no existía uno. Cada empresa de taxis en Filadelfia opera de manera independiente y hay muchas compañías en la ciudad. No pedí recibo por el costo del viaje, así que no tenía la menor idea de la compañía que había utilizado. Tuve que llamar a todas y eso me llevó toda la noche. Nadie había encontrado mi bolsa. Estaba muy alterada y molesta conmigo misma por perder mis anotaciones, además de triste por haber perdido el preciado regalo que me habían dado. No había más que pudiera hacer. Empaqué mis maletas y me alisté para regresar a Londres al día siguiente.

A las 7:30 de la mañana sonó mi teléfono.

—Bueno —dijo una voz al otro lado de línea—. ¿Anoche tomó un taxi al área de Pine Street?

—Sí —respondí.

—Soy Tony, el taxista, y creo que encontré una bolsa que le pertenece. ¿Usted la perdió? —No podía creer lo que estaba oyendo—. Estoy a la vuelta de la esquina —dijo—. Se la llevaré en un momento.

En el curso de diez minutos había llegado. Fui su última pasajera el día anterior y sus hijos encontraron mi bolsa y su preciado contenido mientras los llevaba a la escuela. Es obvio que no tenía valor monetario, ya que era una simple carpeta con unas cuantas plumas, pero era importante para mí y, por suerte, había anotado mi número de teléfono en la carátula, así que supo con quién comunicarse. No quiso recibir ningún dinero para cubrir el costo del viaje o de su tiempo.

—Parecía haber mucho trabajo dentro de ese cuaderno —comentó.

Eso pasó hace cuatro años y sigo recordando esa acción generosa.

¡Intenta esto! Actos de generosidad

En un estudio experimental, la psicóloga Sonja Lyubomirsky y sus colaboradores pidieron a los participantes que realizaran cinco actos de generosidad por semana durante un periodo de seis semanas, además de los que habitualmente hacían. Estas acciones podían ser cualquier cosa, grande o pequeña, espontánea o planeada. Por ejemplo, detenerle la puerta a alguien que estuviera cargado de bolsas, permitir que otro auto pasara frente al suyo, donar sangre, pagar el café de un desconocido que estuviera delante de ellos en la fila, ocuparse de lavar la ropa de un amigo, visitar un hogar para ancianos o llevarle un pastel hecho en casa a un vecino. Los participantes anotaron los actos de generosidad que llevaron a cabo. Sus niveles de felicidad se midieron antes del experimento y después de las seis semanas.

Los participantes que realizaron todos los actos en un solo día de cada semana aumentaron sus niveles de felicidad, en tanto que aquellos que los repartieron en los diferentes días no presentaron el mismo efecto. Así que el momento oportuno parece ser importante.

La variedad de acciones también parecieron marcar una diferencia. En otro estudio, se pidió a un grupo de participantes que repitieran los mismos tres actos de generosidad por semana durante 10 semanas. En contraste, a un segundo grupo de personas también se les pidió que hicieran tres actos de generosidad por semana, pero podían variarlos. El primer grupo redujo sus niveles de felicidad a mitad del estudio (aunque al finalizar regresaron a sus niveles previos), en tanto que el segundo grupo experimentó un aumento en sus niveles de felicidad. Así que las opciones y la variedad parecen ser importantes.

Basado en Lyubomirsky, Sheldon y Schkade (2005). Lyubomirsky (2008).

Intenta tu propio experimento de bondad

- Cada semana proponte llevar a cabo cinco actos de generosidad, además de los que haces normalmente. Pero asegúrate de variar lo que haces. (Quizá quieras iniciar haciendo una lista de todas las acciones que se te ocurran).
- Intenta llevar a cabo todos tus actos de generosidad en un solo día (o espaciarlos lo menos posible).
- Anota tus acciones y lo que detectes en ti mismo y en las demás personas al hacerlos.

Las siguientes son algunas ideas de los actos de generosidad que podrías poner en práctica:

- Dile a alguien que está haciendo un buen trabajo.
- Cédele el asiento a alguien.
- Recoge la basura en el parque o en la calle.
- Hazle a alguien un cumplido (sincero).
- Haz reír a alguien.
- Tómate el tiempo para escuchar realmente a alguien.
- Si conduces, permite que por lo menos un auto te rebase en cada recorrido.
- Ofrece indicaciones a alguien que parezca estar perdido.
- Permite que alguien se te adelante en la fila del supermercado.
- Dile a alguien lo mucho que significa para ti.
- Ofrece monedas de cambio para alguien que parezca tener dificultades para encontrar la cantidad correcta.
- Ofrécete para llevar las bolsas pesadas de alguien.
- Visita a alguien que parezca solitario.
- Perdona a alguien por lo que haya hecho.
- Visita o envía una tarjeta a un amigo, vecino o familiar enfermo.
- Ofrécete a cuidar a los hijos de una amiga, para darle un respiro.
- Ofrécete a podar el pasto de tu vecino o ayudarle con su jardín.

- Regala comida a una persona indigente y tómate el tiempo para platicar con ella.
- Cocina algo especial para otras personas como sorpresa.

Reflexión

- ¿Cómo te sentiste después de realizar intencionalmente los nuevos actos de generosidad durante las seis semanas (o durante el tiempo en que hayas hecho el experimento)?
- ¿Qué notaste de las reacciones de la gente a la cual ayudaste?
- ¿Cuáles acciones seguirías haciendo? ¿Estás percatándote de más oportunidades de ser amable?

ACTOS DE GENEROSIDAD EN EL SUBTERRÁNEO DE LONDRES

La red del subterráneo de Londres es uno de los sistemas de metro más grandes del mundo, con 1 265 millones de pasajeros por año. Su población de usuarios es una verdadera muestra transversal de la vida londinense, junto con una combinación de muchos visitantes de todo el mundo. Como se sabe, en las horas pico el metro puede estar realmente atestado de gente que corre para pasar del punto A al punto B. Como muchas grandes ciudades, Londres tiene la reputación de ser una ciudad poco amigable. Pero no creo que eso sea cierto.

En 2011, Art on the Underground (Arte en el subterráneo) comisionó al artista Michael Landy para realizar "Acts of Kindness" (Actos de generosidad), un proyecto que invitaba e inspiraba a las personas para compartir sus historias sobre las conductas de amabilidad que hubieran experimentado o atestiguado durante sus viajes en el metro. Las historias enaltecedoras se enviaron a art.tfl.gov.uk e incluyeron desde la narración de cómo un desconocido le salvó la vida a la mamá de alguien al administrarle reanimación cardiopulmonar, cuando la señora se desmayó debido a un infarto, hasta frecuentes historias de desconocidos que ofrecieron una mano amiga al cargar bolsas pesadas por las escaleras o que cedieron sus asientos a otro pasajero que lo necesitaba.

Michael Landy, Acts of Kindness (2011). Comisionado por Art on the Underground. © del artista.

La historia me inspiró a experimentar con mis propios actos de generosidad durante mis frecuentes viajes en el subterráneo. Al principio dudé en hacerlo —me preocupaba que la gente pudiera pensar que era algo extraño, o que se molestaran o incluso fueran agresivos—. Me pregunté si esto terminaría en una escena vergonzosa. Pero nunca ocurrió así. Me he topado con personas que agradecieron y fueron corteses con mis ofrecimientos de ayuda, ¡aunque no la necesitaran! Eso me hizo sintonizarme más y me ayudó a percatarme de las necesidades de los otros pasajeros, para poder ayudar de muchas maneras pequeñas y diferentes; por ejemplo:

- Percatarme de turistas que parecieran perdidos o confundidos, o indecisos de a dónde ir, y preguntarles si querían ayuda con indicaciones (¡todavía no he encontrado a nadie que me mande a volar!).
- Cambiar de asiento para que dos amigos puedan sentarse juntos y proseguir con su conversación.
- Percatarme de una joven mujer que llora y ofrecerle un pañuelo desechable para secar sus lágrimas.
- Ver que alguien no se siente bien y pasarle una botella de agua.
- Percatarme de la cartera que alguien dejó caer. Cuando la recogí, encontré que estaba llena de lo que parecía el sueldo de una semana. Quería asegurarme de que estuviera a resguardo, así que, a pesar de llevar prisa, regresé hasta la taquilla para entregarla aunque eso significó que perdiera mi tren.

Mis acciones no son premeditadas, a menudo son instintivas y simplemente se sintieron como lo correcto. Cuando ayudo, tengo una sensación momentánea de conexión humana con esa persona, y tal vez, un sentimiento de que ese día tuve un impacto pequeño, pero positivo, en su vida.

Me pregunto si me he convertido en una persona más asequible. Por ejemplo, un agradable joven que iba sentado a mi lado me pidió un poco de la crema de manos que saqué, ya que también tenía muy secas las manos. Le ofrecí tomar un poco y entonces tuvimos una divertida conversación durante el resto del viaje, ¡que fue mucho mejor que el clásico silencio imperturbable! He adquirido más conciencia y también agradezco la ayuda de otras personas. Con frecuencia ha pasado que otros pasajeros se dan cuenta de que dejé caer mi bufanda u olvidé mi paraguas, me han ayudado con bolsas pesadas o me han cedido el asiento cuando voy cargada de paquetes y parezco cansada. A veces intercambiamos unas cuantas palabras y a veces no, pero siento que nuestro día se vuelve un poco mejor. Y quizá también nuestra perspectiva del mundo, al creer que existen personas que son buenas y que están dispuestas a ayudar a otro desconocido. Éstas son las pequeñas acciones que espero que hagan de nuestro sistema de transporte y, de hecho, de nuestra ciudad, un buen sitio donde vivir.

Para leer las historias visita art.tfl.gov.uk y busca "Acts of Kindness".

La bondad es parte de la naturaleza humana

Si lo piensas, quizá tiene absoluto sentido que ayudar a los demás contribuya a nuestra propia felicidad y bienestar. Los seres humanos somos una especie sumamente social y evolucionamos para vivir en grandes grupos. Los científicos solían creer que los seres humanos sólo hacían las cosas cuando podían obtener algo a cambio. Pero si fuera de ese modo, ¿cómo podemos explicar que realicen actos de generosidad o que donen dinero de manera anónima?

Si la gente es altruista, tiene más probabilidades de formar conexiones sociales y construir redes sociales más firmes y colaborativas, lo cual también conduce a un aumento en los sentimientos de felicidad y bienestar. Hacer conexiones sociales con otras personas es una necesidad esencial para el bienestar psicológico y físico (lo cual exploraremos con mayor detalle en el siguiente capítulo). En muchos sentidos podemos afirmar que la generosidad y la ayuda entre nosotros es un tipo de "pegamento social" que mantiene unidas a nuestras comunidades y que les sirvió a éstas, y a la raza humana, para sobrevivir.

En su libro *En defensa del altruismo*, el escritor y monje budista Matthieu Ricard comparte la idea de una "economía psicológica". Es posible que los actos de generosidad nos cuesten externamente en términos de dinero, tiempo, energía o esfuerzo, pero si a cambio obtenemos una ganancia psicológica interna, ya sea al elevarse las emociones positivas, tener mayores conexiones personales o una sensación de significado, entonces ganamos tanto como la persona que recibe lo que damos.

Empezamos a exhibir comportamientos generosos desde temprana edad. Es posible observar a niños que desde los dos años de edad comparten, ayudan y cuidan de los demás, y hemos visto que los beneficios de hacerlo prosiguen a lo largo de su vida. Participar en tareas compartidas, como en un servicio comunitario y otras actividades sociales, pronostica qué tan satisfecha se siente la gente con su vida, incluso después de tomar en cuenta otros factores.

La bondad parece estar poniéndose de moda. Cuando vemos que alguien hace algo genuinamente bondadoso o considerado, o cuando nosotros mismos recibimos los beneficios de la bondad, nos sentimos inspirados también a ser buenos con otros. En ese sentido, la generosidad se puede contagiar de una persona a otra, incluso hasta influir en el comportamiento de personas que nunca fueron testigos de la acción original y, de ese modo, servir para crear comunidades más felices y con mayor confianza. De hecho, la bondad hacia otros puede ser lo que una la felicidad de los individuos, de las comunidades y el bienestar de la sociedad.

Ahora los científicos están explorando la evolución del altruismo, la cooperación, la empatía, la compasión y la bondad, y están poniendo en duda la idea de un "gen egoísta", que implica que sólo hacemos aquello que nos beneficia directamente. También podemos hacer cosas por el beneficio o supervivencia del grupo, aunque no sea bueno para nosotros. Desde una perspectiva evolutiva, tiene lógica que de ello obtengamos beneficios en cuanto a felicidad, ya que eso ayuda a la supervivencia de nuestra especie.

¡Intenta esto! Un mundo más amable, un acto a la vez

La idea de la cadena de favores es simple. Alguien hace una buena obra o acción generosa por ti, entonces tú haces algo amable o útil por otro y le pides que lo pague de la misma manera. No es una idea nueva, pero en años recientes ha surgido a la luz pública por ser el centro de la exitosa novela de Catherine Ryan Hyde, *Favor por favor*.

En este libro, un maestro pone por tarea a sus alumnos que "piensen en una idea para cambiar al mundo y que la pongan en práctica". Trevor, un niño de 12 años, decide hacer una buena acción por tres personas y, a cambio, les pide que "paguen el favor" a otras tres personas, y así sucesivamente. De ese modo, un acto generoso conduce a nueve, luego a veintisiete, después a ochenta y uno, y así en forma sucesiva. La visión de Trevor es que eso se generalizará para cambiar realmente al mundo, logrando más de lo que una persona puede hacer por sí sola.

El libro se transformó en película y los maestros la adoptaron para usarla en sus aulas en la vida real. Se estableció la Pay it Forward Foundation (Fundación de la cadena de favores) e incluso se estableció el Día Anual de la Cadena de Favores.

¿Puedes iniciar una reacción en cadena haciendo favores? No necesitas esperar a que alguien necesite ayuda; aquí hay unas cuantas ideas para ponerte a pensar:

- Paga el café de alguien que esté en la fila de espera detrás de ti.
- En un día lluvioso, regala un paraguas de repuesto y pide a esa persona que lo pase a otra cuando ya no lo use.
- Coloca monedas adicionales en una máquina expendedora con una nota autoadhesiva que diga que le estás invitando un refrigerio a la siguiente persona, y sugiere que encuentren una manera de invitar algo a otra persona.

Cómo puedes seguir siendo generoso

> "Sé gentil cuando sea posible. Siempre es posible".
> S. S. Dalai Lama

Muy bien, dar es algo positivo y también es bueno para nosotros, pero no siempre es fácil. ¿Qué puede ayudarnos a mantener la generosidad hacia otros en el largo plazo, de maneras que también sirvan para cuidar de nosotros mismos?

Momento de reflexión...

- ¿Qué te motiva a ayudar a los demás? Consulta cualquier anotación o idea que hayas tenido en el momento de reflexión anterior (página 24).
- Profundiza: en realidad, ¿qué te motiva a ayudar?

Resulta que nuestra motivación subyacente para prestar ayuda es importante para la calidad de nuestra ayuda, su impacto en el beneficiario y para nuestro bienestar.

Mantenimiento de la motivación

Adam Grant es el profesor titular más joven de la Wharton Business School. Además de ser un extraordinario maestro, pensador y prolífico escritor, también es notablemente generoso. Asimismo, es experto en los fundamentos científicos de la generosidad. Su investigación demuestra que ayudar a los demás no sólo es bueno, también puede impulsar el éxito personal y profesional… o lo contrario.

La diferencia entre las personas generosas "exitosas" y "no exitosas" es que las primeras no sólo se ocupan de otros, ya que también saben qué es importante para su propio bienestar. Un estudio detallado de las motivaciones de los "supergenerosos", que en este caso se trató de los ganadores del Caring Canadian Award (Premio al Canadiense Solidario, el reconocimiento más alto de ese país a las personas que han realizado esfuerzos extraordinarios de ayuda de una manera sostenida), reveló que los ganadores del premio tenían puntuaciones tres veces más altas de preocupación por los intereses de otras personas, en comparación con un grupo control (personas de cierta edad, género, escolaridad y origen étnico similares), pero que no llegaron a los mismos niveles de generosidad durante un periodo sostenido. De modo que estos supergenerosos se preocupan más por las otras personas, y te dirás que eso no es de sorprendese.

Sin embargo, lo que causa sorpresa es que los ganadores también obtuvieron puntuaciones más altas en egoísmo; es decir, en saber qué era importante para ellos en sus actos de generosidad. Alineaban lo que era importante para ellos mismos con lo que podría marcar una diferencia en las personas a las que estaban ayudando. Esto podría parecer contrario a nuestro concepto de los supergenerosos, a quienes con frecuencia consideramos personas que supeditan sus propias necesidades al servicio de los demás. También podríamos sentir que de alguna manera es incorrecto pensar en uno mismo en el contexto de la generosidad, pero en apariencia no es así. Grant afirma que enfocarse en el otro y enfocarse en uno mismo no son extremos opuestos del mismo continuo; son motivaciones diferentes e independientes. De hecho, parece que tener una alta motivación de ayudar a los demás y un alto impulso de lograr nuestras metas personales es lo que permite que estos supergenerosos ayuden a los demás durante un periodo sostenido.

Grant describe dos tipos diferentes de personas generosas: "generosos desinteresados" y "generosos otrocéntricos". Los generosos desinteresados tienen un fuerte interés en los demás y bajo interés en sí mismos; a la larga, quizá paguen un precio por donar su tiempo y energía sin considerar sus propias necesidades. Los generosos otrocéntricos tienen una elevada preocupación por los demás y por su propio interés, lo cual significa que pueden sostener de manera exitosa y por más tiempo sus esfuerzos. Es obvio que ninguno de ambos tipos es egocéntrico.

Veamos el caso de Sam, uno de los supergenerosos canadienses del estudio que acabamos de discutir. Cofundó una organización de beneficencia llamada Big Brothers (Hermanos Mayores) para ayudar a los niños varones que carecían de un padre. Habló de un momento culminante de su vida, cuando logró reconocimiento por su trabajo benéfico. En un gran evento que organizaron, su cofundador dijo: "El lema de Big Brothers es: Ningún hombre alcanza mayor estatura que cuando se inclina para ayudar a un niño sin padre. Y el hombre que alcanzó la mayor estatura es Sam...". Al mismo tiempo que estaba encantado con el reconocimiento, Sam pudo entrelazar su agudeza organizacional y su impulso de logro con su pasión por ayudar a niños desvalidos.

Satisfacción de tus necesidades

Pero no nos engañemos, no todas las acciones generosas estimulan nuestra felicidad. Las acciones que se realizan una sola vez no necesariamente representan un problema, pero si queremos mantener nuestros esfuerzos generosos, tenemos que considerar algo importante, en especial cuando existe un círculo virtuoso entre la felicidad de las personas generosas y el grado en que ayudan a los demás. Si la generosidad regular nos hace más felices, entonces es más probable que sigamos siendo generosos y ayudando más.

Tres simples factores, o necesidades psicológicas esenciales, marcan una diferencia crucial en el estímulo que obtenemos al hacer cosas buenas por otras personas. Estos ingredientes son comunes a todos:

- **Conexión** ¿El acto generoso te ayuda a tener un sentido de conexión con otras personas?
- **Control** ¿Elegiste realizar una acción generosa de manera libre y esa acción está alineada con la persona que eres, con lo que te interesa y con tus valores personales?
- **Competencia e impacto** ¿Eres eficiente en tus acciones? ¿Tus acciones son útiles y marcan una diferencia?

Si nuestros actos generosos no aumentan nuestra felicidad, es probable que no se estén satisfaciendo esas necesidades. Así que, en lugar de dejar de ayudar a los demás, deberíamos ver si podemos adaptar nuestras acciones para ajustarlas a esas necesidades. Esto es bueno para nosotros y tendrá un mayor beneficio para aquellos a quienes ayudamos.

Elegir ser generoso es importante

Nuestra sensación de control y de elección en cuanto a realizar un acto generoso parece ser especialmente importante. Nuestros motivos pueden tener un impulso externo; por ejemplo, ayudar a los demás principalmente para obtener recompensa o reconocimiento, o para que nos consideren buenos, o porque si no lo hiciéramos nos sentiríamos avergonzados o culpables. O bien, podemos ayudar porque simplemente queremos hacerlo, porque se ajusta a nuestros valores o a aquello que nos interesa de manera genuina. A esto se le conoce como "motivación autónoma" y proviene del interior más que de un factor externo o de una reacción al exterior.

Los estudios han probado que cuando tenemos una motivación autónoma de ayudar, eso no sólo significa que estamos en mucha mayor probabilidad de experimentar un impacto positivo en nuestro bienestar, sino que también es probable que la ayuda signifique un mayor beneficio para el receptor. Es probable que hagamos un mayor esfuerzo y, de igual manera, que seamos más eficientes, y el beneficiario nos percibirá como personas más cálidas y sintonizadas con sus necesidades. En contraste, cuando la motivación de quien ayuda es externa, por ejemplo, cuando se le ordena que lo haga, la ayuda incluso puede tener un impacto negativo en el receptor.

Ahora bien, las situaciones y los modos en que ayudamos varían. El acto de ayudar de inmediato a alguien a quien se le cayó algo, que requiere auxilio urgente o está en peligro, tiende a ser espontáneo y, por ende, es probable que la motivación sea interna. Sin embargo, cuando pensamos en ayudar en forma regular en casa, el trabajo, la universidad, la escuela o en nuestra comunidad, es importante encontrar algo que nos guste hacer.

Momento de reflexión...

Piensa en alguna ocasión en que hayas ayudado a alguien y que eso haya aumentado tu felicidad.

- ¿En qué sentidos satisfizo los siguientes ingredientes psicológicos básicos?
- ¿Te hizo sentir que tienes una conexión con otros?
- ¿Te produjo una sensación de competencia e impacto?
- ¿Te produjo la sensación de que lo que hiciste fue tu elección o que tú tienes el control y que eso se ajusta a la persona que eres?

Sé específico

La manera en que estructuramos nuestros objetivos al ser generosos es importante. A través de varios experimentos, los investigadores encontraron que cuando nos ponemos una meta específica de ayuda (por ejemplo, hacer reír a otra persona), hacerlo tiene un mayor impacto en qué tan felices nos sentimos como resultado que si nos proponemos una meta más abstracta (por ejemplo, ayudar a los indigentes). Cuando planteamos objetivos más específicos tenemos más probabilidades de ser precisos en nuestras expectativas del impacto de esa acción. En cambio, cuando nos proponemos un objetivo abstracto, tendemos a sobreestimar el impacto y, por tanto, nos decepcionamos cuando no obtenemos lo que esperábamos. En el capítulo 6 trataremos con más detalle el tema de los objetivos y la felicidad.

Ser generosos cuando ya estamos muy ocupados

Muchos sentimos que ya estamos haciendo más de lo que podemos dentro del tiempo que tenemos disponible. El trabajo, las labores diarias, el ejercicio o mantener la relación con los amigos pueden provocarnos una sensación de lo que los psicólogos llaman "hambruna de tiempo". Eso quizás implique que sintamos que simplemente no tenemos el tiempo suficiente para ayudar más a otras personas. También puede significar que será menos probable que nos percatemos de que otras personas requieren nuestra ayuda, o hagamos algo para ayudarlas. En un conocido estudio, los estudiantes que iban de prisa para asistir a un seminario sobre el tema del Buen Samaritano pasaron a toda velocidad junto a una persona que estaba tirada al borde del camino. Aquellos que no iban apresurados tuvieron más probabilidades de detenerse a ofrecer ayuda. Es posible que en las ciudades este fenómeno se exacerbe, con una correlación entre las acciones prosociales, de las cuales hubo menos. No obstante, y de manera sorprendente, los experimentos recientes han demostrado que las acciones rápidas que llevamos a cabo para ayudar a otras personas en realidad pueden aumentar nuestra sensación de que tenemos tiempo, en lugar de incrementar nuestra percepción de estar sobrecargados. En comparación con perder el tiempo, ocuparlo en nosotros mismos o en que se nos conceda un momento libre inesperado para ayudar a otras personas aumentó la sensación de abundancia de tiempo en los participantes. Por supuesto que es probable que exista un límite superior en este efecto; es decir, el momento en que donar nuestro tiempo puede resultar perjudicial para nuestro propio bienestar. Sin embargo, parece que ayudar a los demás, incluso con acciones breves que duran apenas cinco minutos, puede aumentar nuestra sensación de autoeficacia y, como consecuencia, la sensación de cuánto tiempo tenemos disponible.

Regresemos a Adam Grant (a quien mencionamos en la página 37). Recordarás que es una persona extraordinariamente generosa, pero que también está muy ocupada. Es un dedicado profesor, así que ayudar a sus alumnos representa su principal prioridad, al igual que a sus colegas y a las organizaciones con las que trabaja, pero de todos modos Adam sigue ayudando a muchas otras personas, incluyendo a antiguos estudiantes y a los lectores de su libro o de sus populares blogs. ¿Cómo lo logra? Desarrolló algunas estrategias sencillas para ayudar a tantas personas como pueda de la manera más eficiente/factible. Si estás superocupado, pero quieres ayudar a otros, estas ideas podrían ayudarte:

Haz un favor de cinco minutos: ¿qué puedes hacer para ayudar a la persona en cinco minutos o menos?

¿Cuál es el valor más alto que puedes aportarle al menor "costo" personal?

¿Eres el único que está calificado para ayudarla o puedes presentarle a alguien que sería más adecuado?

¿Puedes conectar a la persona con otros que trabajan en asuntos similares, de modo que se puedan ayudar entre sí?

¿En qué te gusta ayudar y de qué manera prefieres hacerlo? ¿Qué te resulta más fácil? ¿Cuáles son tus fortalezas? ¿Cómo podrías usarlas para ayudar? (Consulta el capítulo 9 para más detalles sobre las fortalezas).

¡Intenta esto! Amable, pero rápido

¿Cuáles son las tres formas más rápidas en que puedes ayudar a la gente que conoces? Ponlas en práctica en los siguientes uno o dos días.

Cómo sostenerte en tu esfuerzo si eres generoso de tiempo completo

Pero ¿qué pasa si en tu vida diaria te dedicas sólo a dar a los demás, como cuando eres padre o madre, eres cuidador de una persona enferma o anciana, eres profesor o trabajas como profesional en una de las "profesiones de ayuda", o quizás eres una combinación de todas éstas?

Las personas que cuidan durante largos periodos a seres queridos enfermos o ancianos pueden experimentar agotamiento (extenuación acumulativa en términos físicos, emocionales o ambos), y las que trabajan en profesiones de ayuda también pueden experimentar "fatiga de la compasión".

Cuando estamos ocupados cuidando de otras personas es frecuente que pongamos la atención de nuestro propio bienestar al final de nuestra lista de deberes (si no es que ni siquiera la enlistamos) y rara vez nos ocupamos de nosotros. Pero es importante que lo hagamos. No sólo porque sirve para evitar el agotamiento, lo cual significa que podemos mantenernos en nuestro papel de cuidadores a largo plazo, sino también porque sirve para que nuestro bienestar provoque una reacción en cadena en quienes nos rodean. De modo que cuidar de tu bienestar no sólo se trata de ti, también ayudará a las personas que cuidas y, de igual manera, a las otras personas que te rodean. Es como el consejo que recibimos en los aviones antes de despegar: "Colóquese su propia mascarilla de oxígeno antes de ayudar a otras personas". Cuidar de tu propio bienestar es importante.

A lo largo de este libro encontrarás muchas acciones pequeñas y rápidas que puedes llevar a cabo y pueden hacer una gran diferencia en tu bienestar a lo largo del tiempo, ya sea una caminata de 10 minutos por el parque, unos cuantos minutos de práctica de atención plena, bailar un poco al son de tu canción favorita o una llamada de cinco minutos con una amiga.

Antes vimos la importancia de controlar la manera en que somos generosos. Es posible que no hayamos tenido opción en cuanto a volvernos cuidadores a largo plazo, así que asegurarnos de ocuparnos de nuestro propio bienestar quizá sea incluso más importante. Esto no sólo nos ayuda de manera directa, sino también indirecta, ya que incluso las pequeñas acciones que elijamos realizar nos servirán para tener una mayor sensación de control, lo cual igualmente es importante para el bienestar.

Pedir ayuda

> Un niño intentaba, sin éxito, levantar una roca pesada. En ese momento se le acercó su padre y, notando la dificultad del niño, preguntó:
> —¿Estás usando todas las fuerzas con las que cuentas?
> —Sí, papá —respondió molesto el niño.
> —No es cierto —contestó el padre—. Aquí estoy esperando y no me has pedido ayuda.
> Autor desconocido

¿Qué tan fácil te resulta pedir ayuda?

De vez en cuando todos necesitamos ayuda: cuando enfrentamos un reto o una dificultad, o quizá cuando aprendemos una nueva habilidad, estamos investigando algo, buscando alguna cosa, probando nuevas ideas, o simplemente cuando sería útil tener un par de manos adicionales. Sin embargo, muchos nos sentimos renuentes a pedir ayuda, lo dejamos para otro momento o nunca la pedimos, ya sea porque tememos imponernos a la otra persona o por temor a que nos consideren estúpidos o débiles.

Pero piénsalo un momento. Si la generosidad hace que las personas se sientan felices, entonces pedir ayuda es una oportunidad para ayudarles a ellos al igual que a ti mismo. Cuando les pedimos ayuda, podemos hacer que se sientan valiosos y también podemos iniciar una relación con ellos. Al demostrar a otras personas algún tipo de vulnerabilidad aumentas la probabilidad de que ellas también se permitan mostrarse vulnerables y se sientan inclinadas a pedir tu ayuda cuando la necesiten.

Cuando le pides ayuda a alguien puedes hacer mucho por hacerla feliz: al permitirle que te ayude y después al pensar en formas de satisfacer sus necesidades psicológicas esenciales (página 39); por ejemplo, a través de:

- Mostrar calidez y apertura, y demostrar que agradeces lo que hacen.
- Asegurarte de que no se sientan obligados a ayudar y de que tengan opciones sobre cómo hacerlo.
- Diciéndoles cuál fue el impacto de lo que hicieron.

Momento de reflexión...

- ¿Quién te ha ayudado en los últimos dos meses más o menos, y cómo lo ha hecho? ¿Qué es lo que más agradeces de su ayuda?
- ¿Qué puede impedir que pidas ayuda?
- ¿Hay algo en lo que agradecerías que te ayudaran en este momento? ¿Quién podría ayudarte?

DÁNDOLE LA VUELTA A UNA VIDA DE DOLOR

Jasmine había sufrido dolor crónico durante más de 10 años. Una enfermedad degenerativa de la columna vertebral, el síndrome del túnel carpiano y la fibromialgia crearon una combinación tóxica que le puso un alto a su vida. Después de tener una carrera profesional durante 35 años, Jasmine ya no pudo trabajar debido a un grave accidente. Un curso de manejo del dolor no trajo ningún alivio y eso la lanzó a una depresión. "Sentía que ya no había ninguna esperanza", comentó. "Ésta es mi vida: no tengo vida". Su dolor también implicó que se sintiera aislada. "No quería estar con nadie y pensaba que yo no le importaba a nadie".

Por casualidad, se topó con el sitio web de Acción para la Felicidad y sus Diez claves para vivir feliz de las que se hablaba en él hicieron que se diera cuenta de que sí existían pasos prácticos que podía seguir para ayudarse a alcanzar una mayor felicidad. Entonces, luego de sentirse un poco mejor consigo misma y con su vida, se dio cuenta de que podía cambiar su relación con el dolor: aceptándolo en lugar de luchar contra él. Este cambio interno redujo su angustia emocional, aunque las sensaciones de dolor persistieron.

Decidió que trabajaría con otras personas que también sufrían dolor crónico para averiguar cómo podría ayudarles. "Seguía sintiéndome bastante deprimida, pero comencé a hacer más cosas", comenta Jasmine.

"Al pensar en cómo podría apoyar mejor a otras personas con el mismo problema, me di cuenta de que necesitaba un nuevo enfoque que fuera más esperanzador y que utilizara algunas de las ideas que aprendí de Acción para la Felicidad".

Ahora Jasmine aconseja a otras personas que sufren dolor crónico acerca de las maneras en que se les podría ayudar y cómo pueden encontrar una esperanza. Está en proceso de convertirse en maestra de atención plena. "Sigo teniendo malos días y es evidente que mi vida no es perfecta. Pero ahora intento convertirme en el factor del cambio que quiero ver".

En resumen

Éstos son los cinco puntos esenciales que puedes derivar de este capítulo:

1 Existe un círculo virtuoso entre felicidad y generosidad: las personas felices son más generosas y ser más generoso con los demás puede hacernos más felices. La bondad también es contagiosa: ver que otras personas son generosas aumenta la probabilidad de que nosotros también lo seamos.

2 La generosidad o la ayuda hacia los demás puede ser benéfica tanto física como psicológicamente.

3 La generosidad con los demás no requiere gran cantidad de dinero o tiempo: existen muchas formas de dar a los demás que sólo requieren unos cuantos minutos.

4 Para mantener la generosidad, encuentra maneras de asegurarte de que tu forma de ayudar aumente en ti la sensación de que estás conectado con los demás; se ajuste a tus valores, fortalezas e intereses, y te deje ver el impacto que tus acciones pueden tener sobre la persona o personas a las que intentas ayudar. ¡Esto también elevará al máximo el beneficio para las personas con quienes eres generoso!

5 Pide ayuda cuando la requieras. ¡Considéralo una oportunidad para la persona (o personas) de recibir un estímulo para su propia felicidad! (Asegúrate de dejarles elegir cómo pueden ayudarte y diles el impacto que su ayuda tendría en ti).

Conexiones con otras claves

Otras claves que quizá desees explorar en conexión con la generosidad son:

- **RELACIÓN** (página 49)
  La generosidad es una manera de formar conexiones con otras personas.

- **ADQUIRIR CONCIENCIA** (página 129)
  Las habilidades de atención plena que adquieres al ser generoso pueden aumentar tu compasión hacia los demás.
- **ACEPTACIÓN** (página 299)
  El mejor entendimiento de tus fortalezas que consigues al ser generoso te ayuda a saber cómo utilizarlas para ayudar a los demás.
- **MAYOR SIGNIFICADO** (página 333)
  Ser generoso/estar al servicio de otros puede ser una de las principales fuentes de significado en nuestras vidas.

Preguntas para reflexionar

¿Cómo aumentar tu felicidad?

(Consulta la página 23 para la pregunta.)

Si respondiste C o D, es más probable que seas más feliz. Como vimos en la página 26, al contrario de lo que podríamos pensar que contribuiría más a nuestra felicidad, gastar dinero en los demás puede hacernos más felices que gastarlo en nosotros.

Existen algunas evidencias de que gastar en personas cercanas (buenos amigos/familiares) podría tener un mayor impacto sobre la felicidad que gastarlo en conocidos poco cercanos. Esto es probable debido a la importancia que tienen nuestros vínculos sociales cercanos para nuestra felicidad, aunque, por supuesto, ocupar más tiempo en nuestros conocidos puede acercarlos a nosotros. También se ha demostrado que donar para caridades nos hace más felices. Para aumentar al máximo el efecto sobre la felicidad parece ser importante que tengamos una idea de que nuestro donativo tiene un impacto. Así que es importante dar ayuda a las causas benéficas que detallen con claridad a dónde van nuestras aportaciones y el cambio que éstas generan.

Véase Dunn, Aknin y Norton (2014); Aknin, Sandstrom, Dunn y Norton (2011); Aknin, Dunn, Whillans *et al.*, (2013).

2

RELACIÓN

Conéctate con la gente

Sentirte conectado con otras personas es el factor central de la felicidad. Asimismo, un creciente conjunto de investigaciones demuestra cuáles acciones tienen un impacto real en lo que se refiere a formar nuevas relaciones y alimentar las que ya existen. ¡Son importantes incluso los momentos breves que se comparten con otros!

Relación: introducción

> "Recuerden que para la felicidad... los demás son importantes".
> Dr. Christopher Peterson, cátedra, Universidad de Pensilvania, 2009.

Chris Peterson fue uno de los profesores con quienes estudié. Esta cita era su mantra y la repetía con frecuencia. Era común que en sus clases nos instara diciendo: "Recuerden que para la felicidad...". "Los demás son importantes", respondíamos obedientes.

Chris fue un pionero de la psicología positiva y estuvo a la vanguardia del movimiento. Como introvertido declarado, con tendencias depresivas, era un académico clásico. A pesar de que por naturaleza prefería estar solo, a través de su trabajo aprendió la importancia de enfocarse en la conexión con los demás. Conscientemente apartaba tiempo para estar con las personas y cuando hablaba con ellas les prestaba toda su atención. Se interesaba en quiénes eran y qué les importaba. Desde sus alumnos, colegas y amigos, hasta los meseros, camareros y taxistas, trataba a todos por igual: todos eran importantes y marcaban una diferencia. Chris era un catedrático favorito, nominado por los estudiantes para numerosos premios de enseñanza, y era un colega y amigo muy amado. También marcó una diferencia en su propia vida: dijo que eso lo hacía muy feliz. Eso que Chris descubrió se ha demostrado una y otra vez en numerosos estudios: estar y sentirnos conectados con las personas que nos rodean es esencial para nuestro bienestar, nuestra resiliencia y nuestra felicidad.

Por naturaleza, los seres humanos somos una especie social: ¡la supervivencia y evolución de la raza humana han dependido de ello! Los vínculos sociales son importantes a lo largo de toda nuestra vida, desde el nacimiento hasta la vejez. Parece que literalmente estamos programados para las relaciones. Piensa en las emociones y los comportamientos que nos provocan sensaciones agradables, como el amor, la compasión, la bondad, la gratitud, la generosidad, las sonrisas y la risa, o lo doloroso que es que se rompan lazos sociales importantes.

Piensa en lo siguiente

La investigación revela que las personas con fuertes relaciones sociales viven un tiempo significativamente mayor que aquellas que tienen relaciones superficiales y más débiles (esto se relaciona tanto con el número como con la calidad de ellas). Al pensar en esto, ¿qué es lo primero que te viene a la mente?

Es:

(A) "Mmm... ¿Tengo suficientes buenas relaciones con amigos y familiares como para garantizar que tenga una vida larga y feliz?" o

(B) "¿De quién soy amigo, o familiar, y cómo puedo asegurarme de que nuestra relación contribuya a que ellos tengan una vida larga y feliz?".

Como muchos de nosotros, es posible que tu respuesta automática haya sido A. Pero A no es posible sin prestar atención a B. Como señaló Ralph Waldo Emerson: "La única manera de tener un amigo es ser un amigo". Espero que las ideas que se presentan en este capítulo te sean útiles para alimentar tus conexiones sociales existentes con otras personas y formar relaciones nuevas.

Basado en Peterson (2013). "Having a friend and being a friend". *Pursuing the Good Life*. Oxford University Press.

Sin embargo, en muchos sentidos la vida actual parece socavar este propósito: la soledad está aumentando, al igual que las tasas de divorcio. Menos personas vivimos cerca de nuestra familia extensa, la naturaleza de nuestras vidas laborales implica que tengamos menos participación en nuestras comunidades locales y muchas más personas estamos viviendo solas. A pesar de que la tecnología nos brinda medios para estar en contacto o reconectarnos con viejos amigos, también puede interferir con las relaciones frente a frente, las cuales conllevan más beneficios para nuestra salud y felicidad.

En este capítulo exploraremos por qué y cómo las relaciones son importantes para la felicidad, y también expondremos muchas ideas sobre las pequeñas acciones que podemos realizar para generar un gran cambio en la calidad de nuestras conexiones con los demás.

Relaciones y felicidad

"En sí mismas, las relaciones son una parte crucial de la riqueza psicológica, sin la que no es posible ser realmente rico".
Ed Diener y Robert Biswas-Diener,
Happiness: Unlocking the Mysteries of Psychological Wealth

Juntos somos más felices

En apariencia, tenemos una probabilidad 30 veces mayor de reírnos cuando estamos con otros que cuando estamos solos. Aunque éste parece un dato curioso, es sólo una forma en que las investigaciones demuestran que las relaciones son esenciales para la felicidad de cada uno de nosotros. De hecho, nuestra necesidad de sentirnos conectados con los demás se considera un nutriente fundamental para el bienestar psicológico.

Es posible que tengamos necesidades diferentes en términos de cuánto tiempo pasamos con otras personas y cuánto tiempo queremos estar solos, pero tendemos a sentirnos mejor cuando estamos con los demás que cuando no es así. Por supuesto que eso depende de con quién estemos y de qué estemos haciendo, pero cuando los psicólogos llamaron por teléfono a las personas a diferentes horas del día y les preguntaron qué hacían, con quién y qué tan felices se sentían en ese momento, en promedio la felicidad fue mayor en las horas en que estaban con otros que cuando estaban solos. Esto ocurrió incluso con los introvertidos. Aunque tendían a pasar menos tiempo en situaciones sociales que los extrovertidos, de hecho tenían una mayor elevación de su estado de ánimo cuando estaban en compañía de otros.

Parece que, en promedio, necesitamos cuando menos seis horas al día de contacto social con otras personas, incluyendo el tiempo en el hogar, el trabajo, las interacciones por teléfono, correo electrónico o en redes sociales.

Existen muchas formas en que las relaciones y conexiones con otras personas contribuyen a qué tan felices nos sentimos; por ejemplo:

- **Amar y ser amados.** Algunos de los principales psicólogos consideran el amor como la emoción suprema y la mayor capacidad humana. Nuestros lazos más profundos con otras personas son una fuente clave de significado en nuestras vidas: sentir una conexión y amor por ellos, compartir nuestras vidas, tener alguien que nos valore y se sienta orgulloso de nuestros logros, y nosotros de los de ellos, son importantes para nuestro bienestar.
- **Pertenencia e identidad.** Los diversos grupos sociales de los que formamos parte ayudan a moldear y definir quiénes somos y nos conectan con algo que es más importante que nosotros mismos. Éstos pueden ser la familia, las escuelas, empresas, vecindarios, países, regiones, grupos comunitarios, religiones, partidos políticos o grupos con intereses o actividades compartidos.
- **Aprendizaje, crecimiento y desarrollo** en la infancia, niñez y adultez. Desde el aprendizaje que recibimos de nuestros padres y familiares, maestros, colegas, entrenadores y mentores, hasta la integración en relaciones amorosas, románticas o de otro tipo que impliquen una vinculación adulta cercana, nuestras conexiones con otras personas nos ayudan a crecer. Las demás personas, con su infinita variedad de perspectivas, talentos y habilidades, pueden instruirnos e inspirarnos, ampliar nuestros horizontes, ayudarnos a desarrollar sabiduría y madurez espiritual, e impulsar nuestra propia creatividad.
- **Resiliencia.** El apoyo de otras personas nos ayuda a lidiar con los altibajos de la vida, ya sea a través de prestarnos literalmente su ayuda para hacer algo, estar presentes para darnos su apoyo emocional en tiempos difíciles o alentarnos cuando asumimos nuevos retos.
- **Significado.** Además del significado que derivamos del amor y cuidado que brindamos a las personas más cercanas, podemos derivar una sensación de significado al saber que aquello que hacemos tiene un impacto en los demás. Eso no sólo se refiere a las profesiones dedicadas a la atención, salud o enseñanza, o a los trabajadores de los servicios de urgencia que nos mantienen seguros. Podemos derivar significado de cualquier trabajo al saber que eso marca la diferencia para otras personas. Por ejemplo, un diseñador que desarrolla productos para facilitar la vida a la gente, el personal de servicio y empleados de restaurantes y tiendas que ayudan a los clientes, los

contadores que se aseguran de que nuestro dinero esté seguro y se gaste con inteligencia, los arquitectos y constructores que desarrollan las casas donde vivimos, el personal de limpieza que se asegura de que nuestros ambientes de trabajo, edificios públicos y calles estén libres de suciedad y basura, y con ello reducen las enfermedades y accidentes, incluso los inspectores fiscales que se aseguran de que exista el suficiente dinero para proporcionar los servicios públicos... y la lista continúa. Además, como vimos en el capítulo anterior, ayudar a los demás también puede ser una fuente de significado. (Exploraremos este tema en el capítulo 10).

- **Disfrute**. Además de todo lo ya expuesto, realizar actividades con otras personas es más divertido. Compartir la experiencia con otros aumenta nuestro disfrute de la mayoría de las actividades, ya sea que se trate de cocinar juntos, ejercitarse, ir al cine, salir a una caminata, ver una obra de teatro o un concierto, viajar a otros sitios y países. Incluso nuestras labores diarias pueden ser más divertidas cuando las hacemos con otros.

Las relaciones son esenciales para prosperar

Existen fuertes evidencias científicas que indican que nuestras relaciones sociales son un ingrediente vital para ser felices y prosperar. Por ejemplo, un importante estudio con la población general de Estados Unidos encontró que entre los diversos factores de la vida que tienen un impacto en la felicidad, las relaciones familiares alcanzan el sitio más importante; más que nuestra situación económica y laboral (que están en segundo y tercer lugar). Y la comunidad y los amigos, que estuvieron en cuarto.

La satisfacción que sentimos al estar con nuestra familia y amigos tiene una fuerte relación con nuestra felicidad. La sensación de tener relaciones de apoyo se asocia con una autoestima más alta, mejores estrategias de afrontamiento y menor riesgo de problemas psicológicos, como la depresión. La sensación de tener relaciones de apoyo en el trabajo se asocia con un compromiso con aquello que haces.

La especie humana sobrevivió y progresó al vivir en grupos sociales, así que quizá sea lógico que la felicidad sea un beneficio directo de amar, cuidar y estar con otros. A medida que evolucionamos, vivir en grupos sociales cada vez más amplios nos permitió trabajar juntos y dominar nuestro ambiente, para poder cazar y competir con otras especies con el fin de conseguir los recursos; eso nos protegió y sirvió para nutrir y cuidar de nuestras crías. De hecho, se afirma que desarrollamos lóbulos frontales grandes para ayudarnos a coexistir con los demás. Necesitamos gran cantidad de capacidad cerebral para cooperar, coordinarnos y vivir en armonía con los demás. La gran corteza prefrontal de nuestros cerebros implica que podemos enfrentar problemas sociales complejos, como los que se presentan al tratar de manera constante de equilibrar las necesidades, perspectivas y capacidades de otras personas con las nuestras. Éstos son enigmas sociales que debemos resolver muchas veces todos los días.

Las relaciones también son importantes para nuestra salud física. Si te preguntan cuáles factores relacionados con el estilo de vida son buenos para tu cuerpo, ¿qué responderías? Lo más probable es que, como la mayoría de nosotros, harías la siguiente lista: nada de tabaco, hacer suficiente ejercicio, cuidar tu peso y beber alcohol con moderación. Pero ¿qué pasa con tus relaciones sociales? ¿Incluirías esta característica en tu lista?

Podría ser que no pienses de inmediato que nuestras relaciones con los demás son importantes para la salud física, pero sí lo son. Representan un papel fundamental que es tan grande, sino mayor, que los factores que comúnmente pensamos que son importantes para tener una vida larga y sana. Los estudios sugieren que si nuestras relaciones sociales son adecuadas en términos de calidad y cantidad, podemos tener hasta 50% más probabilidades de vivir más tiempo, lo cual es comparable con dejar el tabaco, ¡y con un impacto mayor que no ser obeso o ser físicamente activo!

Nuestras relaciones sociales influyen en nuestro bienestar físico y psicológico en tres sentidos importantes:

- Al tener un impacto positivo directo en nosotros en los niveles cognitivo, emocional, conductual y biológico (examinaremos estas reacciones con un poco más de detalle en un momento posterior del capítulo, en la página 81).
- Al ser una fuente de apoyo y un recurso que podemos aprovechar cuando tenemos dificultades. En este sentido, nuestras relaciones sociales pueden tener un efecto de "amortiguación" en tiempos difíciles, al reducir los niveles de cortisol, la presión arterial y el estrés, todos

los cuales anteceden a la enfermedad física grave. Sentir que tenemos apoyo social también disminuye las probabilidades de que participemos en comportamientos de riesgo como el alcoholismo.

- Por el "contagio" de la felicidad y de comportamientos sanos a través de nuestras relaciones sociales. Cuando nuestros amigos se sienten felices, tienden a propagar la sensación. Ampliaremos el tema en las siguientes páginas.

Efecto dominó de las personas felices

Nuestra felicidad no sólo depende de lo que hacemos, sino de quienes nos rodean y de qué tan felices estén.

Los científicos de la Universidad de Harvard encontraron que si una persona con quien tienes contacto está feliz, tienes 15% más probabilidades de sentirte feliz tú mismo. Pero la situación no se queda ahí. Si esa persona también está en contacto con alguien feliz, esto tiene un efecto dominó sobre nosotros, lo cual implica que la probabilidad de que estemos felices aumenta 10%. Y si esa tercera persona también está en contacto con un amigo feliz, puede ser que nuestra propia felicidad aumente 6%. Así que, en otras palabras, los amigos de los amigos de tus amigos pueden influir en tu felicidad, aunque nunca los hayas conocido. Y aunque estos porcentajes quizá no parezcan especialmente elevados, compáralos con la estimación de que un aumento de ingresos de $10 000 dólares equivale, en promedio, a un aumento potencial de 2% en felicidad. La infelicidad también se generaliza a través de nuestros contactos sociales pero, curiosamente (y por fortuna), su efecto dominó es menor.

La felicidad no es lo único que se propaga a través de nuestras conexiones sociales. Si nuestros amigos y familiares, y las personas con quienes ellos tienen contacto, comen bien y controlan su peso, se ejercitan con regularidad y no fuman, existe mayor probabilidad de que nosotros también lo hagamos (y viceversa). Estos efectos dominó funcionan en reversa, lo cual implica que nuestra felicidad y nuestros comportamientos sanos tienen el potencial de influir en la gente con la que tenemos contacto directo ¡y en las personas que nunca hemos conocido!

Es interesante señalar que también se ha demostrado que las personas que son más felices tienen un mayor interés en las actividades sociales, lo cual conduce a más interacciones, que de igual manera son de mayor calidad, y a mejores relaciones. Si nuestro estado de ánimo es elevado, podemos esperar que las interacciones sociales sean más gratificantes y que tengamos más energía para invertirla en ellas. También es más probable que seamos personas más abiertas y comuniquemos más información personal, lo cual ayuda a desarrollar la relación. Asimismo, es típico que las otras personas nos perciban como más simpáticos.

Calidad contra cantidad de las relaciones sociales

¿Cuántas relaciones sociales necesitamos para fomentar nuestra felicidad y bienestar? Bueno, no hay una respuesta simple. Eso depende de la calidad, al igual que de la cantidad (y, por supuesto, las circunstancias y preferencias personales también desempeñan un papel relevante).

Efecto dominó de la felicidad a través de nuestras relaciones sociales

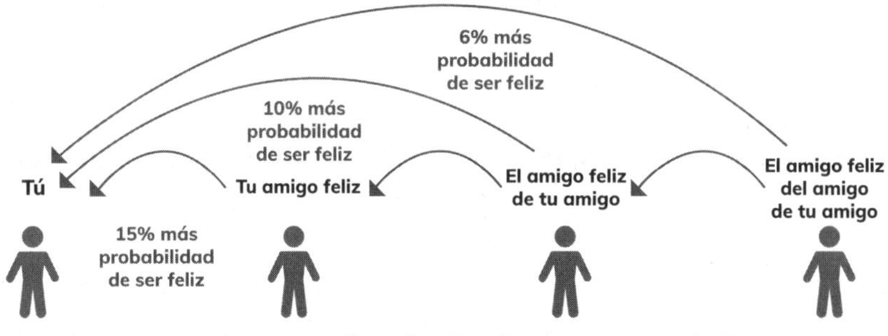

Basado en J. H. Fowler y N. A. Christakis (2008). "Dinamic spread of happiness in a large social network: longitudinal analysis over 20 years in the Framingham Heart Study". *British Medical Journal*, 337, a 2338.

Un estudio de investigación encontró que las personas con tres o menos relaciones cercanas (familiares o buenos amigos) tenían una probabilidad mayor de desarrollar enfermedades mentales comunes, como la depresión. Esto fue especialmente válido en el caso de los varones. Otros estudios señalan que las personas que tienen cuando menos tres o cuatro relaciones muy cercanas, son más sanas y experimentan mayor bienestar. Pero la calidad es tan importante como la cantidad. De hecho, la baja calidad y los problemas en nuestras relaciones cercanas pueden contribuir a una depresión del sistema inmunitario y a la enfermedad física, al igual que a infelicidad, depresión y ansiedad. Así que se podría afirmar que es mejor tener menos relaciones cercanas de alta calidad que más relaciones que nos causen estrés y demasiado conflicto, que dañen nuestra confianza y que nos decepcionen con frecuencia.

Entonces, ¿qué hace que una relación tenga calidad?

Las relaciones de calidad son aquellas que nos ayudan a sentirnos valorados, amados y cuidados; son aquellas en las que podemos ser nosotros mismos y donde sentimos confianza y seguridad de que podemos depender del otro. También aquellas que nos proporcionan apoyo y aliento, compañía e intimidad, y en las que también disfrutamos de formar parte. Como consecuencia, sentir que tenemos relaciones de calidad tiene una fuerte asociación con un mayor bienestar, salud, satisfacción con la vida y con el funcionamiento de la relación. Tener un matrimonio de calidad incluso puede implicar que nos recuperemos más pronto de las enfermedades. ¡La sensación de contar con un buen apoyo cuando lo requerimos quizá sea mejor para nuestro bienestar que recibirlo!

La naturaleza de nuestras interacciones dentro de una relación tiene un importante impacto en su calidad y, por tanto, en el bienestar. Las interacciones positivas con nuestra pareja e hijos —sentirnos entendidos, poder depender de los otros y abrirse con ellos— se asocian con una menor probabilidad de depresión. En cambio, las interacciones negativas, como la sensación de que el otro nos critica, decepciona o molesta, pueden aumentar la probabilidad de depresión. Las interacciones negativas entre amigos y con otros tipos de miembros de la familia también aumentan las probabilidades de experimentar depresión.

En el contexto del matrimonio, el experto en relaciones John Gottman sugiere que para el bienestar y felicidad de esa relación, debemos tener como objetivo cinco interacciones positivas con nuestra pareja por cada interacción negativa. Sugiere que nos propongamos de manera consciente alcanzar este equilibrio mediante muestras de afecto, dando las gracias y pensando en aquello que valoramos en nuestra pareja. Gottman observa filmaciones de cinco minutos con matrimonios que se comportan en forma normal y puede pronosticar con una precisión de 91% cuáles parejas sobrevivirán y cuáles no, con base en la calidad y naturaleza de sus interacciones. Este investigador afirma que las críticas, la conducta defensiva, el desprecio y la negativa a comunicarse son las amenazas más corrosivas para la calidad de las relaciones.

Asimismo es importante la calidad de nuestras interacciones en el trabajo. Por ejemplo, llevarnos mal con nuestro jefe, nuestros colegas, o ambos, puede ser una causa importante de ausencia laboral a largo plazo debida al estrés. A su vez, sentir que contamos con un buen amigo en el trabajo ¡puede elevar siete veces la probabilidad de que nos comprometamos con nuestras tareas! Posteriormente (página 70) examinaremos qué se puede hacer para aumentar la calidad de tus relaciones; éstas son cosas pequeñas que marcan la diferencia con tu pareja, al igual que con tus amigos, compañeros de trabajo y en otras interacciones.

Sensación de soledad

Sentirnos solos puede ser peor que estar socialmente aislado. Aunque tener una red social amplia se asocia con mayor bienestar, todos diferimos en el nivel de contacto social que preferimos. Por ejemplo, es posible que sólo contemos con una o dos personas en nuestro círculo social cercano y que nos sintamos muy felices con ello. O tal vez tengamos muchos contactos sociales pero sigamos sintiéndonos solos.

Si nos sentimos solos, no sólo somos infelices, también es posible que nos sintamos inseguros y tengamos más probabilidades de sufrir depresión. Éste puede ser un factor de riesgo en relación con la salud física e incluso puede implicar la muerte prematura. John Cacioppo, quien es uno de los principales investigadores de los efectos de la soledad, señala que: "No sólo nos sentimos tristes, sino que puede ser peligroso".

Como los seres humanos somos una especie muy social, sentirse solitario es una respuesta natural a la falta de contacto con personas que nos agraden y entiendan. Un poco como el hambre, que nos impulsa a enfocar nuestra atención y energía en encontrar alimentos, la sensación de soledad es una señal que se desarrolló de forma evolutiva para motivarnos a buscar mayor contacto social. Las personas solitarias tienden a moverse hacia los extremos de sus grupos sociales. Esto puede exacerbar la situación, ya que estar en el perímetro de un grupo social puede volvernos más recelosos de los demás y sentir menos inclinación al comportamiento social, lo cual forma un círculo vicioso.

Desde una perspectiva evolutiva, si no se tenía la seguridad de contar con un grupo grande que ofreciera respaldo, se necesitaba hacer un mayor esfuerzo para cuidar de uno mismo. Esto nos protegía a corto plazo, pero podía ser perjudicial para nuestro bienestar a largo plazo. De modo que, si nos sentimos solos, quizá no nos percatemos de que estamos actuando de manera natural en forma más defensiva y autoprotectora, lo cual socava a la vez nuestra necesidad de sentirnos socialmente conectados.

¿Qué puedes hacer si te sientes solo? Las ideas de acciones que se incluyen en este capítulo (página 70) son ejemplos de las pequeñas cosas que cualquier persona, solitaria o no, puede hacer para desarrollar conexiones sociales y cultivar relaciones cercanas a través del tiempo. Además, las ideas que se presentan en todo el libro pueden ayudarnos a ser más felices, lo cual también facilita que nos conectemos con los demás.

Los momentos breves de interacción tienen el potencial de dar esperanza de que sí hay cosas que podemos hacer, incluso los pequeños pasos que tienen un impacto positivo y activan espirales ascendentes en nosotros mismos aumentan nuestra apertura hacia los demás y nuestro interés en ellos. Por lo tanto, aunque es posible que no tengamos una persona especial o una pareja en nuestra vida, o la suficiente cantidad de personas con las que sintamos cercanía, podemos encontrar modos de interactuar más y mejor con los demás en nuestra vida diaria.

Comunidades personales

> "Los buenos amigos son como las estrellas.
> No siempre las ves, pero sabes que están ahí".
> Fuente desconocida

Las relaciones cercanas, seguras y comprensivas son, en general, las más importantes para nuestra felicidad y bienestar, ya sea que se trate de un esposo o esposa o una pareja, de otros familiares y amigos cercanos, o de todos ellos. Aparte de estas personas, es probable que tengamos numerosas conexiones con gente de todos los diferentes círculos de nuestras vidas, como el trabajo, la escuela o la universidad, el sitio donde vivimos o a través de nuestras actividades sociales, las cuales también contribuyen a nuestra felicidad. Los investigadores Pahl y Spencer utilizan el término "comunidad personal" para describir el conjunto de relaciones personales que cada uno de nosotros considera importantes en su vida en determinado momento. Éstas pueden incluir a familiares, amigos, colegas de trabajo y vecinos y, por supuesto, algunas de estas personas pueden desempeñar más de un papel en nuestras vidas; por ejemplo, una hermana puede también ser nuestra mejor amiga.

Podemos considerar que nuestras relaciones son algo "dado", como la familia, o algo que "elegimos", como las amistades. Aunque la tradición o la cultura sugieren que nos comprometamos más con nuestras relaciones dadas, eso no refleja la realidad de la vida moderna o, de hecho, las complejidades de las familias actuales. En realidad, como dice el dicho, "puedes elegir a tus amigos, pero no a tu familia", es posible que tengamos parientes con quienes no tenemos cercanía y donde no existe un alto grado de compromiso personal. En una época en la que hay más gente viviendo sola que en ninguna anterior, esto no implica en sí mismo que estemos aislados en términos sociales y que nos perdamos de los beneficios potenciales de los amigos cercanos y de otras interacciones sociales. En efecto, es posible vivir solos y tener una comunidad personal de relaciones cercanas dentro de una red social amplia.

Momento de reflexión...

¿Quiénes son las personas importantes en tu vida? Pueden ser familiares, amigos, colegas o vecinos de tu comunidad local. Anota sus nombres en el siguiente "mapa", colocando a las personas que son más importantes cerca de ti y a aquellas que son menos cercanas o importantes en círculos más alejados.

Tu comunidad personal

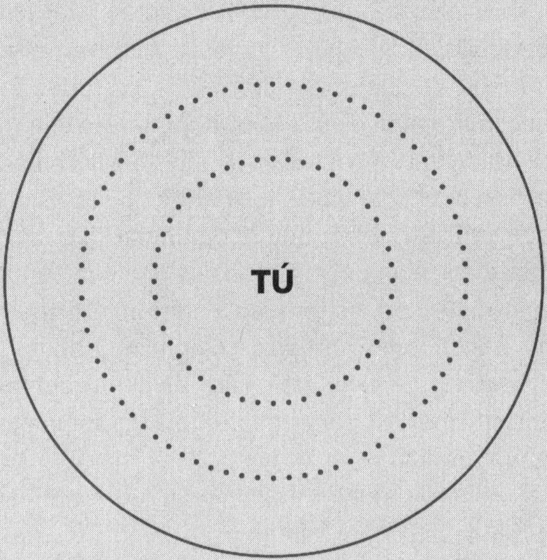

¿Quiénes son las personas con las que pasas más y menos tiempo?

¿A quién le prestas más, y menos, atención y energía?

Encierra en un círculo a cualquier persona con la que te gustaría formar, o fomentar, activamente tu relación.

Basado en R. Pahl y L. Spencer (2010). "Family, Friends, and Personal Communities: Changing Models-in-the-Mind". *Journal of Family Theory & Review*, 2(3), pp. 197-210.

Todos necesitamos amigos

"De todas las cosas que provee la sabiduría para ayudarnos a vivir toda una vida de felicidad, la mayor de todas es la amistad".
Epicuro

Impartía un taller sobre bienestar y resiliencia en una gran organización. Estábamos a punto de comenzar una actividad y pedí a los participantes que pensaran en dos ejemplos de interacciones recientes que hubieran tenido con otra persona: una del trabajo y una de su casa. Terminamos la actividad como correspondía y tomamos un descanso. Mientras tomaba una taza de café con uno de mis alumnos más atentos, una vivaracha mujer de treinta y tantos años me llevó aparte y me dijo: "Tienes que cambiar eso de 'casa' por 'fuera del trabajo'. No todos tenemos la buena fortuna (o no) de tener una pareja o cónyuge". Tenía razón. Es cierto que el número de hogares de personas solteras está aumentando, y aunque gran cantidad de la investigación psicológica se enfoca en matrimonios o en relaciones entre padres e hijos, tener amigos cercanos es importante para todos nosotros. Tener buenos amigos se asocia de manera consistente y robusta con la satisfacción con la vida y es evidente que las amistades pueden ser tan importantes como los lazos de sangre.

Incluso dentro de las relaciones románticas o matrimonios la amistad es importante. Según John Gottman, uno de los principales expertos mundiales en relaciones, la amistad es el factor más importante para determinar si tanto las mujeres como los hombres están satisfechos con el sexo, el romance y la pasión en su relación. Así que tu "mejor amigo" también puede ser tu pareja.

Las amistades son significativas a lo largo de toda la vida. La palabra "amigo" entra en nuestro vocabulario desde los tres o cuatro años de edad en relación con las actividades compartidas, en las que nos ayudan a aprender y a desarrollarnos por medio del juego. A medida que crecemos, nuestros amigos nos ayudan a sentirnos aceptados y a resolver las transiciones (como aquélla entre la secundaria y la preparatoria). En general, los adolescentes distinguen entre sus "mejores" amigos y sus "buenos" amigos, y al igual que compartir actividades, estas amistades también proveen apoyo emocional y revelaciones íntimas. Es común que escuchemos que afirmen que se lo cuentan todo. Como adultos, es frecuente que se pase cada vez más tiempo con una pareja romántica pero, aun así, las amistades siguen siendo importantes, ya que ayudan a afirmar nuestra valía y nos proporcionan compañía y apoyo, tanto práctico como emocional, siendo estas últimas características especialmente trascendentales en la vejez.

Momento de reflexión...

¿Qué hace que una amistad sea duradera? Piensa en tu mejor amigo (alguien con quien hayas tenido cercanía por cierto tiempo).

- ¿Qué factores contribuyeron a que iniciaran su amistad?
- ¿Qué es lo que más valoras de tu amigo?
- ¿Qué les ayuda a permanecer en una relación estrecha?

Si tienes una pareja, marido o esposa, es posible que también quieras reflexionar en las preguntas anteriores teniendo en la mente a esa persona.

¿Qué hace que una persona sea tu mejor amigo y qué ayuda a que esa relación perdure?

Podemos formar nuestras relaciones cercanas en una etapa temprana de la vida, como cuando estamos en la escuela o en la universidad, o quizá sean personas a quienes conocimos más recientemente y con las que encontramos coincidencias o fuimos construyendo un vínculo a través del tiempo. En términos de qué favorece que nuestras amistades perduren, un estudio se centró en preguntarles a personas adultas acerca de sus mejores amigos, es decir, relaciones que habían durado desde cinco hasta cuarenta y nueve años. Por lo común, la gente indicó:

- Intereses y valores compartidos.
- Experiencias compartidas.

- Divertirse y reírse juntos.
- Poder relajarse en compañía de la otra persona.
- Llevarse bien, considerar buena compañía al otro.
- Poder hablar de manera abierta, compartiendo confianza y lealtad
- Aceptarse uno al otro.
- Reciprocidad: sentir que la relación está equilibrada en general en cuanto a lo que se da y se recibe.
- Dedicar tiempo a la otra persona.

Es interesante señalar que la proximidad no pareció ser esencial: 44% de los entrevistados dijeron que su mejor amigo no vivía cerca.

Las principales características personales que la gente describe en sus mejores amigos incluyen a menudo ser confiables, honrados, leales, comprometidos, amables, amorosos, y juguetones, divertidos, o ambos. Su nivel socioeconómico, habilidades, atractivo físico y logros no se consideran tan importantes.

En tanto que nuestros mejores amigos aumentan nuestro bienestar, los malos amigos pueden ponerlo en riesgo. Estos amigos pueden ser personas con quienes tenemos un vínculo emocional, pero que no nos dan su apoyo, nos drenan energía o nos socavan. Los malos amigos tienen el potencial de reducir más nuestro bienestar que lo que nuestros buenos amigos pueden añadirle. Como lo expresa el psicólogo Chris Peterson: "Los malos amigos no son amigos en absoluto".

Cómo conservar nuestras amistades

Nuestras relaciones cercanas son dinámicas y cambiantes a lo largo de tiempo, en respuesta a lo que sucede en las vidas de cada uno, las diferentes situaciones que afrontamos, el estrés y las situaciones complejas, el cambio en intereses y prioridades, y en cómo crecemos a nivel personal. Entonces, ¿cómo mantenemos nuestras amistades?

El experto en relaciones John Gottman dice que estar enterados de los detalles de las vidas de nuestros amigos cercanos y de sus situaciones internas es importante para estar, y permanecer, conectados emocionalmente, y eso ayuda a garantizar que nuestras relaciones con ellos sean duraderas y felices. Gottman habla de nuestro "mapa amoroso" de la otra persona: el mapa detallado que llevamos dentro de nuestra mente acerca de la otra persona y de su mundo. Esto significa conocer lo que le gusta y desagrada, las experiencias malas y buenas en su vida, las peculiaridades y puntos débiles de su personalidad, las cosas que disfruta y también las que le causan estrés, y cuáles son sus metas y sueños.

Tendemos por naturaleza a invertir mucho tiempo en la creación de nuestro mapa de la otra persona en las primeras etapas de la relación, pero a la larga éste puede ir menguando. Necesitamos asegurarnos de actualizar con regularidad estos mapas mentales interesándonos activamente en lo que le sucede a la otra persona. Eso puede ayudar a que también sienta que se le valora y comprende.

LOS 60 DÍAS DE CAMPO PARA EL CUMPLEAÑOS DE SUE

Sue goza de una vida satisfactoria al equilibrar una amplia diversidad de intereses con su trabajo como empresaria. Vive sola y nunca tuvo hijos. En todo el tiempo que llevo de conocerla, nunca ha tenido una relación amorosa. Esto no es porque nunca haya querido una pareja, sino simplemente así sucedió. No obstante, no es algo que le impida ser feliz. En ocasiones extraña tener una persona especial en su vida, pero nunca he visto que eso represente un obstáculo para ella. Tiene una amplia red de amigos de todas las edades, tanto en el sitio donde vive como en el resto del país y otras partes del mundo. Se esfuerza por encontrarse con sus amigos y, más importante aún, en compartir actividades y experiencias con ellos, y siempre está abierta a entablar amistad con personas nuevas. Ella y sus amigos más cercanos se ayudan y apoyan entre sí cuando lo necesitan.

Hace un par de años Sue celebró su sexagésimo cumpleaños. Al juguetear con la idea de juntar a todos sus amigos para una gran fiesta, pensó: "Aunque esto sería encantador y muy divertido, no me permitiría tener tiempo individual con mis huéspedes, y los estoy invitando porque me agradan ¡y porque a muchos de ellos no los he visto en mucho tiempo!".

En lugar de ello decidió hacer días de campo con 60 personas a lo largo del año. Le encantan los días de campo y esto generalizaría la diversión entre todos. También le daría tiempo para estar individualmente con sus amigos y seres queridos en pequeños grupos, donde podrían ponerse al corriente y reconectarse como es debido. En vista de que algunos de los días de campo sucederían en invierno y en las ciudades, Sue definió el concepto de "día de campo" como una oportunidad para compartir los alimentos y la conversación en un ambiente poco común, de modo que no ocurriría alrededor de una mesa o en un café o restaurante. Esto convirtió las reuniones en algo poco convencional y divertido. Sus amigos suecos en París crearon un festín marroquí en el piso de su sala, una pareja dispuso un día de campo en el lobby de un teatro, otro ocurrió arriba del muro de Adriano, lo cual implicó compartir no sólo la comida, sino también la vista. El día de campo más frío consistió en compartir un gran pastel a temperaturas bajo cero en un cementerio en Berlín; ¡comer el pastel requirió creatividad, ya que nadie llevó un cuchillo!

Sue logró su meta de 60 días de campo en un año y valoró realmente el tiempo que pasó compartiendo, reconectándose y riendo con amigos, tanto viejos como nuevos.

¡Intenta esto! ¿Conoces a tu amigo?

Piensa en un amigo cercano o pareja. ¿Puedes responder las siguientes preguntas acerca de ellos? ¿Por qué no te reúnes con esa persona y resuelven juntos las preguntas?

- Comida favorita actual
- Pasatiempo o interés más reciente
- Último lugar al que fue de vacaciones y lo que disfrutó más de ese sitio
- ¿Qué es lo que más disfruta actualmente del trabajo/escuela/universidad?
- ¿Qué es lo que más le estresa en este momento?
- El acontecimiento más feliz de su vida hasta la fecha
- La persona que tuvo más impacto en su vida mientras crecía
- ¿Cuál es su trabajo ideal?
- La primera cosa que haría si recibiera una herencia sorpresiva
- Su sueño o ambición secreta
- ¿Qué le enorgullece más de sí mismo?
- Metas en las que se esfuerza actualmente
- Sus valores esenciales

Piensa en tu mapa comunitario personal (página 62). ¿Quiénes son las personas con las que quisieras fomentar más tu relación? ¿Puedes responder estas preguntas acerca de cada uno de ellos? En caso contrario, ¿cómo puedes actualizar tu conocimiento de ellos? ¿Qué otras preguntas harías?

Basado en J. Gottman y J. DeClaire, *The Relationship Cure: A 5 Step Guide to Strengthening Your Marriage, Family and Friendships.* Three Rivers Press. (*Guía del amor y la amistad.* Editorial Kairós).

Cómo conectarte con tus comunidades locales

Aunque nuestros vínculos cercanos son muy importantes para la felicidad, las relaciones incidentales (o "menos cercanas") también importan. Formar conexiones en el lugar donde vivimos puede tener un impacto positivo en cómo nos sentimos y aumentar nuestra sensación de seguridad y bienestar. Cuando la gente conoce y confía en sus vecinos se siente más segura y tiene un mayor sentido de pertenencia. Eso no significa que tengas que ser el mejor amigo de todos. Aunque sólo reconozcas los rostros de tus vecinos, sonreírles y saludarlos marca la diferencia e implica que las personas estén más dispuestas a pedir y darse ayuda unos a otros. Además, formar estas pequeñas conexiones puede conducir a amistades más estrechas.

Robert Putnam, un profesor de la Universidad de Harvard, habla sobre el "capital social" de un área, que se refiere a su nivel de buena vecindad, espíritu comunitario y fortaleza de las redes comunitarias locales. Señala que invertir en formar ese capital social puede tener un impacto positivo en el bienestar de toda la comunidad.

Vinculación y aproximación

Putnam describe dos tipos de conexiones que son importantes para formar el capital social: la "vinculación" y la "aproximación". La vinculación es la red de lazos que existen entre personas con características o identidades sociales similares (por ejemplo, nivel de ingresos, origen étnico o antecedentes educativos). Las conexiones de vinculación tienden a ocurrir con mayor facilidad para nosotros porque compartimos hasta cierto grado los valores o normas culturales comunes. Sin embargo, las conexiones que "aproximan" son esenciales para desarrollar el bienestar comunitario.

Las conexiones de aproximación son aquellas que forman un puente, a menudo a través de intereses compartidos, entre personas que tienen antecedentes diferentes. Por ejemplo, vivir en la misma calle o edificio, ser miembros de un grupo de vecinos, tener hijos en una escuela próxima, trabajar juntos para mejorar el ambiente de la comunidad o pertenecer a un club o equipo deportivo local.

Por naturaleza, nos sentimos atraídos por las personas que se "parecen" más a nosotros y desconfiamos de quienes son diferentes. Mientras mayor sea la diferencia percibida (o inconsciente) entre los grupos sociales, mayor desconfianza sentiremos y mayor esfuerzo necesitaremos para construir puentes entre nosotros. Pero es probable que valga la pena. La aproximación es poderosa en términos de cohesión comunitaria, ya que facilita una mayor confianza entre los grupos diferentes y, por consiguiente, tiene beneficios para nuestro bienestar, tanto individual como comunitario.

LA FIESTA DE NUESTRA CALLE

Valentina y Laura, que son amigas de Italia, se mudaron a Londres. A diferencia de en su pueblo de origen, se les dificultó conocer a la gente de la localidad. Todos tienen vidas muy ajetreadas y van y vienen a toda prisa del trabajo, la escuela o de otros compromisos y actividades.

Al encontrar un artículo sobre el próximo Día del Gran Almuerzo[2] en un periódico gratuito decidieron emprender acciones. Esa semana escribieron un breve volante y colocaron uno en cada buzón de toda su calle. Este volante decía: "¿Alguien se interesa en ayudarnos a organizar una fiesta callejera para el Día del Gran Almuerzo? Si es el caso vengan a la reunión que tendremos a las cuatro de la tarde del próximo domingo en la casa número 72 para compartir ideas y hacer un plan".

Acudieron cerca de diez personas, algunas de las cuales nunca se habían visto, incluyéndome a mí, y todos estábamos entusiasmados e interesados en ayudar. Se formó un grupo de organizadores y en el curso de las siguientes seis semanas se fueron integrando más personas, las cuales participaron creando banderines, planeando la música y los juegos para los niños, creando un enlace con el concejo local acerca de cerrar la calle y, más importante, comunicándose con todos los habitantes de la calle para asegurarse de que estuvieran al tanto de los arreglos y pudieran sentirse parte de ello.

La iniciativa fructificó el día acordado, con cerca de 150 adultos y niños que acudieron y contribuyeron con alimentos y bebidas. Fue un gran éxito y tuvo un impacto que rebasó ese día.

2 Iniciativa que desde 2009 se puso en marcha en Gran Bretaña y que convoca a los ciudadanos a organizar un almuerzo con vecinos para formar lazos en la comunidad. (N. de la T.)

Cambió el ambiente de la calle. Los niños hicieron nuevos amigos con quienes jugar, los adultos son mucho más amigables: sonríen y saludan cuando pasas junto a ellos o se detienen a charlar, cuidan unos de otros y están más dispuestos a pedir u ofrecer ayuda cuando se necesita.

Formar y cultivar las relaciones

"La gente olvidará lo que digas, olvidará lo que hiciste, pero nunca olvidará cómo la hiciste sentir".
Fuente desconocida, tomada de Carl W. Buehner

Los pequeños momentos importan

Nuestras conexiones con otras personas se conforman de pequeños momentos que pueden tener un impacto en cómo nos sentimos, y se suman con el tiempo para influir en la calidad de nuestras relaciones y nuestro bienestar. Estas interacciones momentáneas pueden ser positivas, negativas o neutras. Pueden ocurrir con desconocidos, conocidos, vecinos, colegas y con aquellos más cercanos a nosotros. Incluso unos cuantos segundos cuentan.

Por ejemplo, imagina que estás en una tienda intentando obtener consejo sobre algo que quieres comprar. Si el encargado parece poco interesado y quizá te ignora, pues sigue charlando con un compañero o te responde de mala gana "¿Qué quiere?", es probable que te sientas molesto o enojado, lo cual puede generalizarse a lo siguiente que hagas o a la siguiente persona con la que te topes. En contraste, si el dependiente es amable y está dispuesto a ayudarte, será más probable que salgas de ahí con un estado de ánimo positivo.

O piensa en una relación estrecha con un amigo o con tu pareja. Si tus interacciones con esa persona tienden a ser más positivas que negativas —sientes que son cariñosos, tienen interés en ti, se percatan de las cosas que haces bien y reconocen tus esfuerzos— es probable que incluso los pequeños momentos con esa persona te hagan sentir bien y eleven tu bienestar; por otro lado, si te critican constantemente y son quejumbrosos, o incluso te ignoran o desprecian, eso puede hacerte sentir molesto o mal en algún sentido y, aunque estés acostumbrado a ello, a la larga puede minar tu bienestar. Los principales investigadores concuerdan en que esos "micromomentos" son importantes en nuestras conexiones con otras personas. Son trascendentes en el momento y con el tiempo se van sumando poco a poco para ayudar a nuestro progreso como individuos, nuestras relaciones e incluso las organizaciones donde trabajamos. La reconocida psicóloga Barbara Fredrickson llega al grado de creer que tenemos el potencial de transformar la vida de las personas a través de multitud de diminutas interacciones diarias, al encontrar el modo de lograr que un mayor número de ellas sean positivas. Su investigación revela que los micromomentos de conexión positiva tienen un impacto único en nuestra biología, al estimular nuestro bienestar tanto físico como psicológico (examinaremos con más detalle estos datos científicos en la página 81). Fredrickson afirma que esto es algo que todos pueden experimentar, ya sean jóvenes, viejos, solteros, casados, extrovertidos e introvertidos. No sólo podemos transformar nuestras relaciones más cercanas, sino que también es algo que podemos compartir con cualquiera, incluso los desconocidos.

Un dato emocionante es que la investigación psicológica reciente ha identificado varias formas diferentes en que podemos mejorar y aumentar los momentos de conexión positiva que compartimos con las demás personas en todas las áreas de nuestra vida. Esto puede ayudar a que las interacciones sociales diarias sean más agradables, que establezcamos nuevas relaciones y cultivemos las que ya existen. Estas acciones son pequeñas y simples, pero su efecto puede ser potente. De igual manera, conocerlas puede hacer que nos demos cuenta de nuestros propios comportamientos inconscientes hacia otras personas y determinemos qué funciona y, quizá, qué no funciona. A continuación veremos cinco de estas acciones:

1. Deja de hacer muchas cosas al mismo tiempo y empieza a escuchar.
2. Aumenta tus "intentos de conexión y respuestas".
3. Lleva tu agradecimiento a otro nivel.
4. Pregunta por las cosas buenas.
5. Enfócate en lo que sí hacen bien quienes te rodean.

Es posible que quieras empezar con una y, luego de dominarla, hacer el intento con la siguiente. Aunque no existe garantía de que funcionen en toda ocasión, en mi experiencia sí lo hacen en muchas de ellas.

Tal vez nos tome un tiempo detectar las oportunidades de poner en práctica estas acciones y sentirnos cómodos con ellas, pero cada idea puede tener una influencia positiva en nuestras relaciones con los demás y, en consecuencia, en nuestra felicidad y también en la de los otros.

1 Deja de hacer muchas cosas al mismo tiempo y empieza a escuchar

¡La vida es ajetreada! Siempre hay muchas cosas que hacer. En el capítulo 4 hablaremos más sobre el impacto de esto, pero por ahora veámoslo en el contexto de lograr una mayor calidad en los momentos de conexión con los demás.

Piensa por un momento: ¿qué haces cuando alguien llega para hablar contigo mientras estás en medio de algo? Quizá tu pareja quiere hacerte una pregunta o un amigo quiere contarte algo, o un niño te pide ayuda para hacer algo o un vecino simplemente quiere saludarte y averiguar cómo estás. Como muchos de nosotros, ¿tú volteas la cabeza por un instante mientras sigues con lo que estás haciendo, ya sea actualizar algo en tu teléfono inteligente, escribir un correo electrónico o preparar la cena? Sí, quizá des una mirada a la otra persona, pero es posible que separes tu atención de la actividad que estás haciendo apenas por un instante. ¿Qué mensaje les transmites? ¿Cómo se siente que alguien te haga lo mismo?

¡Intenta esto! Momentos de atención total

Aunque no hagas nada más, intenta lo siguiente. Varios participantes de mis talleres han visto que esta simple actividad constituye una enorme diferencia. Una de ellas, quien es una gerente muy ocupada, se percató de que siempre estaba haciendo múltiples tareas cuando los miembros de su equipo se le acercaban para hablar con ella. Luego del taller se obligó a dejar de hacer lo que estuviera haciendo y prestarles toda su atención. Dijo que no podía creer el cambio que eso había representado. Los miembros de su equipo se volvieron más participativos y felices y lograron hacer más cosas.

Escuchar en forma activa es una de las habilidades de relación y comunicación más eficaces que podemos desarrollar. Implica escuchar con toda tu atención y, más importante aún, transmitir señales no verbales y verbales que indiquen que estás escuchando. Estas señales indican a las personas que estamos interesados en lo que dicen, que nos importan y las respetamos.

Las señales no verbales incluyen: contacto visual, sonrisas (en caso apropiado), postura corporal abierta en dirección hacia la otra persona o movimientos de asentimiento. Las señales verbales incluyen: sonidos que indiquen que escuchamos, como "ajá" o "mmjm", o decir "Sí, estoy de acuerdo" o "no estoy de acuerdo" (de nuevo, cuando sea apropiado), o reflejar que se está entendiendo lo que se escucha o hacer preguntas aclaratorias.

2 Aumenta tus "intentos de conexión y respuestas"

Es posible que no te des cuenta, pero en nuestras relaciones cercanas es común que hagamos pequeños intentos frecuentes de conexión para atraer la atención del otro. La manera en que respondemos a estos intentos afecta la calidad de la relación y en cómo se sienten ambos.

El experto en relaciones John Gottman y sus colegas se percataron inicialmente de este fenómeno en su investigación observacional de las interacciones cotidianas entre las parejas. Una persona hace una pequeña indicación verbal o no verbal hacia el otro (un "intento de conexión") y, a su vez, la otra persona responde (o "devuelve" la información, para usar el mismo término que los investigadores). Encontraron que estas interacciones simples y sutiles suceden cuando dos personas están juntas, aunque estén haciendo cosas diferentes, y se presentan muchas veces al día. Gottman denomina "microunidades de intimidad" a estos pequeños momentos.

Imagina que estás sentado en el mismo cuarto que un amigo. Que tú estás leyendo el periódico y la otra persona está revisando correos en su iPad. Se ríe brevemente y le preguntas qué le resultó gracioso. Te lee una línea de uno de los mensajes y ambos ríen por un momento antes de proseguir con lo que estaban haciendo. Al preguntarle a tu amigo qué lo hizo reír, haces un "intento de conexión" y él da una "respuesta a favor", al compartirte la información. Poco a poco, estos intentos y respuestas se acumulan y mantienen la sensación de intimidad entre la otra persona y tú, lo cual es benéfico para ambos.

En cambio, podrías haber ignorado la risa, o bien, al preguntar qué le hizo gracia, él pudo haber respondido: "Ah, nada" y seguir con sus correos. Ésos son ejemplos de respuestas en contra. En cada uno de estos casos, se pasaría por alto la oportunidad de conectarse por un momento. O peor, pudiste haber tenido una respuesta de enojo hacia la otra persona y pedirle que se calle, diciéndole: "¡Shhh, estoy tratando de leer! ¡¿Podrías callarte aunque sea por un minuto?!", o la otra persona pudo haber dicho: "Siempre tienes que meterte con mis asuntos". Ambos son ejemplos de "respuestas en contra", que son corrosivas para la relación.

Ser bromista, divertirse y tener sentido del humor aumentan las "respuestas a favor", de modo que se incrementa también la sensación de intimidad con la otra persona y, en el caso de las parejas, eso conduce a un mayor deseo, contacto y satisfacción sexual.

Gottman y sus colaboradores encontraron que las parejas felices dan "respuestas a favor" hacia los intentos de conexión del otro en 85% de las ocasiones. En general, las parejas felices tienen hasta 20 (¡sí, 20!) veces más intentos de conexión y respuestas que las parejas infelices.

¡Intenta esto! Responde a favor

Reflexiona por un momento. Cuando tu pareja, esposo o esposa (o un amigo cercano o miembro de la familia con quien pasas mucho tiempo) hace intentos de conexión hacia ti, ¿cuál es tu respuesta típica? ¿Respondes a favor por un momento o ignoras su intento?

- La siguiente vez que estés con esas personas percátate de los intentos de conexión y respuestas, o la ausencia de ellos, entre ustedes.
- ¿Cómo puedes aumentar el número de intentos de conexión y "respuestas a favor" que haces?

Basado en J. Gottman y J. DeClaire (2001).

3 Lleva tu agradecimiento a otro nivel

Dar las gracias es importante. Esto varía según las diferentes culturas, pero en la mayoría de las culturas europeas y de América del Norte sí es significativo. Le indica a la otra persona que te percataste de lo que hizo y que la aprecias, y que la percibes y valoras como individuo.

Piensa en una ocasión reciente en que alguien te haya dado las gracias. ¿Cómo te sentiste? Compáralo con una ocasión en que alguien no te haya agradecido y sentiste que debió hacerlo.

Resulta que existen diferentes niveles de dar las gracias y, a medida que aumentan los niveles, también aumenta el impacto positivo para la otra persona.

- **Nivel 1 — Gracias.** Es el simple hecho de decir “gracias”. Esto demuestra que reconociste algo que la otra persona hizo por ti.
- **Nivel 2 — Gracias +1.** Dar las gracias, más el impacto benéfico de lo que el otro ha hecho por ti. Por ejemplo: “Gracias por ofrecerte a cocinar, eso me quitó la presión”.
- **Nivel 3 — Gracias +2.** Dar las gracias, señalando el impacto benéfico para ti y, además, la cualidad o fortalezas positivas que reconoces en la otra persona. Por ejemplo: “Gracias por ofrecerte a cocinar, eso realmente me quitó la presión. De verdad agradezco lo considerado que eres al darte el tiempo para ayudarme”. (En el capítulo 8 hablaremos más sobre las fortalezas.)

¡Intenta esto! Da las gracias +1

Las siguientes oportunidades que tengas de dar las gracias —en tu casa, trabajo, universidad o en cualquier parte— trata de avanzar en los niveles. Al principio quizá te parezca incómodo, pero intenta hacerlo.

¿Qué notaste como resultado?

Basado en B. I. Fredrickson (2013).

4 Pregunta por las cosas buenas

“La amistad es preciosa, no sólo en la sombra, sino bajo el sol de la vida”.

Thomas Jefferson

Una característica importante de las relaciones estrechas es el hecho de comunicar nuestros pensamientos y sentimientos, y los acontecimientos que nos ocurren. La respuesta del otro es crucial para ayudarnos a sentir que nos entienden, validan y quieren.

Consideremos la siguiente pregunta: ¿qué piensas que es más importante en términos de la forma en que tus amigos, familiares y colegas califican la calidad de tu relación con ellos?

(A) Cómo respondes cuando te comunican malas noticias o dificultades contigo, o

(B) Cómo respondes cuando te comunican buenas noticias.

Como muchas personas, tu respuesta instintiva inicial a las preguntas anteriores probablemente haya sido A. Claro que es importante apoyar a la otra persona en momentos de dificultad. Por supuesto que eso es importante; de hecho, afirmaría que si no estás ahí para ayudar en momentos difíciles a quienes te rodean, ¿en realidad tienes una relación?

De hecho, los experimentos psicológicos de Shelly Gable y colaboradores encontraron que escuchar y dar apoyo cuando las cosas salen mal no es lo único importante para una buena relación, sino también nuestra manera de responder cuando nos comunican cosas buenas. Se ha observado que la manera de responder a las buenas noticias de los demás tiene un mayor impacto positivo en qué tan alta es la calificación de la otra persona para la calidad de la relación. También resulta que no todas las maneras típicas de responder a las buenas noticias tienen un impacto benéfico (en realidad, algunas pueden ser perjudiciales). Examinemos el ejemplo de las páginas 77-79 dentro del cuadro de Respuestas a las buenas noticias.

Momento de reflexión...

¿Cómo respondes normalmente a las personas con las que interactúas con regularidad? Coloca sus nombres en la casilla que represente la manera más frecuente en que respondes a ellas. (Consulta el apartado de "Piensa en lo siguiente. Respuestas a las buenas noticias" de la siguiente página.)

	Constructiva	Destructiva
Pasiva	**A** Reconozco la noticia y sigo adelante.	**B** Me pongo en primer plano.
Activa	**D** De inmediato identifico los inconvenientes, riesgos y preocupaciones.	**C** Me enfoco en el otro —muestro interés activo al hacer preguntas—; ayudo a la persona a revivir la buena noticia.

A menudo tenemos patrones típicos de respuesta que usamos con frecuencia con ciertas personas. Por ejemplo, es posible que descubramos que usamos la respuesta A con más frecuencia tanto con aquellos que son más cercanos como con otras personas con quienes tenemos interacción, o que usamos la opción D con los niños, pero la C es más frecuente en el caso de los adolescentes. ¿Qué notaste? ¿Hay alguna persona a la que quieres responder de manera más activa y constructiva?

Basado en S.L. Gable, G. Gonzaga y A. Strachman (2006). "Will you be there for me when thing go right? Supportive responses to positive event disclosures". *Journal of Personality and Social Psychology*, 91, 904-917.

Piensa en lo siguiente
Respuestas a las buenas noticias

Andas por allí y te topas con un amigo. Les da gusto encontrarse, y él dice:

"¡Qué bueno que te encuentro! Ya tiene tiempo que no platicamos. ¿Cómo has estado?".

Tú respondes:

"También es bueno verte. Me da mucho gusto. Acabo de enterarme de que me dieron un nuevo trabajo. ¡Estoy muy emocionado!".

Éstas son algunas maneras diferentes en que esa persona podría responder. Reflexiona en el impacto que podría tener en ti cada una de las respuestas. ¿Cómo te sentirías? Sus otras posibles respuestas son:

A

Es fabuloso. Me da gusto por ti. ¿A dónde vas ahora?

B

Es fabuloso. Me da gusto por ti. Yo también tengo un nuevo trabajo y estoy muy entusiasmado por eso. Es una empresa muy importante y me costó mucho trabajo entrar. Hay cientos de solicitudes para ese puesto.

C

Es fabuloso. Me da gusto por ti, pero sé que en tu vida personal te están pasando muchas cosas. ¿En realidad es un buen momento para cambiar de empleo? Ya sabes cómo es entrar a un nuevo puesto; tienes que dar el 110%. En este momento podría ser muy estresante para ti.

D

Es fabuloso. Me da gusto por ti. ¿Cuál es tu nuevo puesto y qué es lo que más deseas lograr ahí?

¿Cuál respuesta desarrollaría y alimentaría más activamente la relación para ti? Veamos qué sugieren los expertos.

Estos diferentes tipos de respuesta tienen típicamente diferentes impactos en el otro. ¡No todos ellos positivos!

(A) Reconoce tu noticia y sigue adelante. Esto se conoce como respuesta "pasivo-constructiva" y, en el mejor de los casos, tiene un efecto neutro sobre la otra persona. Quizá no hiera la relación, pero tampoco sirve para desarrollarla.

(B) Reconoce tu noticia y comparte un trozo similar de su propia noticia. Esto desvía la atención de ti al otro, lo cual puede hacer que sientas que no están interesados en ti (se conoce como respuesta “pasivo-destructiva”). A menudo respondemos así cuando intentamos demostrarle a la otra persona que la entendemos mediante comunicar una experiencia similar, ¡pero tiene el efecto contrario! Peor aún, puede sonar como si se intentara superar al otro. Ambos escenarios pueden ser perjudiciales para la relación, ¡aunque el último caso es más perjudicial!

(C) Identifica de inmediato los inconvenientes de tu buena noticia. Esto es activamente destructivo para la relación. A menudo usamos este estilo de respuesta con personas que están a nuestro cuidado y nos preocupan. Causa que el otro se ponga a la defensiva o se retraiga, lo cual implica que realmente pueden dejar de escuchar nuestras preocupaciones. ¿Esto significa que nunca deberíamos expresar ninguna preocupación? No, en especial si existe algún peligro real. Todo tiene que ver con el momento oportuno. Si primero respondemos de manera activamente constructiva (como en D), eso sirve para que la persona sienta que la escuchamos y entendimos y, por ende, a su vez estará más abierta a escuchar nuestras preocupaciones. Asimismo, podremos averiguar más sobre los aspectos de la noticia que más le complacen a la persona, de modo que podremos moderar en consonancia nuestras preocupaciones.

(D) Muestra un interés activo al hacer unas cuantas preguntas. Los estudios de la psicóloga Shelly Gable y de sus colaboradores demuestran que ésta es la única manera de responder que fomenta activamente la relación. Se conoce como respuesta “activa-constructiva”: es “activa” porque se te pregunta sobre el acontecimiento, y es “constructiva” porque construye a partir de las cosas positivas. Indica interés, atención y ayuda a revivir el suceso positivo, lo cual también es benéfico. Asimismo, nos alienta a comunicar más información, lo cual además puede desarrollar la relación. En contraste, las otras maneras de responder tienen un impacto neutro o negativo en la otra persona.

¡Intenta esto! Respuesta a las buenas noticias

La siguiente vez que alguien te comunique una buena noticia, intenta las siguientes respuestas. Los ejemplos pueden incluir una oportunidad laboral, comentarios positivos de un colega, resolución de un problema, ponerse en forma o lograr una meta personal. Responde en forma activa y constructiva. Expresa interés haciendo preguntas. Muestra curiosidad y entusiasmo por saber más. Los siguientes son algunos ejemplos:

- "¡Bien hecho! ¿Cuándo te enteraste? ¿Qué te llevó a eso?".
- "¿A dónde vas con eso? ¿Qué es lo que más te atrajo?".
- "¡Estupendo! Cuéntame más. ¿Quién estuvo involucrado? ¿Cuándo pasó?".
- "Me da mucho gusto por ti. ¡Es fantástico! Cuéntame bien todo lo que pasó".

Reflexiona en aquello que detectes sobre el impacto de tu nuevo enfoque en la otra persona. ¿Cómo te hace sentir a ti? ¿Cuál desarrollaría y fomentaría más activamente tu relación?

5 Enfócate en lo que sí hacen bien quienes te rodean

Piensa en las últimas dos o tres interacciones que hayas tenido con una persona cercana. ¿En qué te enfocaste? Quizá notaste algo que te agrada, agradeces o admiras en ellos; o tal vez tu atención se centró en algo que te resulta molesto o quisieras que cambiara.

Uno de los fundamentos de una relación feliz es conocer y seguir enfocado en la magia: aquello que nos gusta/amamos de la otra persona. En comparación, un factor que puede causar que fracasen las relaciones es llenarlas lentamente de críticas. No obstante, es muy fácil caer en esta trampa, en especial en las relaciones establecidas. Después de todo, como seres humanos tendemos naturalmente a enfocarnos en lo que está mal, en lugar de en aquello que está bien (consulta el capítulo 8 para más información). Al parecer, la familiaridad sí engendra el desprecio si no tenemos conciencia de aquello en lo que enfocamos nuestra atención.

Necesitamos esforzarnos para centrar la atención en lo que está bien. Y esta técnica no sólo funciona con los matrimonios y las amistades cercanas. Estudios recientes, en los que terapeutas y consejeros pasaron unos cuantos minutos pensando en las fortalezas de sus clientes antes de reunirse con ellos, descubrieron que eso aumentó la conexión entre el terapeuta/consejero y su cliente, y condujo a resultados más exitosos de sus sesiones.

He puesto en práctica esto mismo en diversos contextos y he visto que realmente funciona. También es útil si quiero sacar a relucir un tema difícil, ya que me ayuda a moderar mi abordaje ¡en lugar de lanzarme a dar una lista de los problemas según mi punto de vista!

¡Intenta esto! Enfócate en lo que está bien

He aquí unas cuantas cosas que puedes poner en práctica. ¡Quizá quieras volverlas un hábito!

- Antes de pasar un rato con tu pareja, familiar, colega o amigo, recuerda las cosas que valoras de ellos: sus fortalezas. No es necesario que les digas que lo estás haciendo. Luego de haber pasado un tiempo con alguien, toma algunos momentos para reflexionar en aquello que apreciaste de ellos durante su interacción.
- Tal vez descubras que quieres decirle a tu pareja o amigos lo que valoras de ellos. Esto es estupendo, en especial si les das ejemplos reales y específicos que ilustren a qué te refieres.

¿Qué impacto tiene esto en la cantidad y calidad de los momentos positivos de conexión que tienes?

La ciencia de la conexión

Los momentos positivos de conexión tienen una base emocional: nos hacen sentir bien, pero como ocurre con todas las emociones, tienen una duración breve. Ocurren y luego se desdibujan en segundos o minutos, pero se pueden renovar y repetir.

Como todas las emociones, no sólo son sentimientos, sino que se acompañan de respuestas fisiológicas que influyen en nuestras acciones posteriores. En el caso de la mayoría de las emociones, esta cadena de reacciones, que pasan de la mente al cuerpo y luego al comportamiento, sucede de manera individual. Sin embargo, solamente en los momentos de conexión positiva con otra persona se comparte esta cadena de reacciones.

Cuando dos o más personas se conectan durante un momento de emoción placentera o positiva compartida, ya sea leve o intensa, esto pone en marcha una serie de reacciones fisiológicas inconscientes dentro y entre ellas. Nuestros microcomportamientos sutiles empiezan a reflejar los de los demás (lo cual se conoce como "sincronía bioconductual") y esto lleva a una mayor disposición a interesarnos en el bienestar de los otros. La psicóloga Barbara Fredrickson dice que es como si, por un momento, la energía reverberara y se amplificara de manera bidireccional entre las personas (le llama "resonancia de positividad"). Experimentar una emoción positiva se siente bien y nos abre de manera momentánea, ampliando nuestra concienciación, de modo que literalmente percibimos más; esto, a su vez, nos permite ser más flexibles en nuestro pensamiento y respuestas, más creativos y más abiertos hacia los demás (véase también el capítulo 8). Cuando compartimos una emoción positiva con otras personas, por un momento se borran los límites entre nosotros y se amplifica el impacto benéfico, lo cual es potencialmente poderoso.

Dos cerebros que se vuelven uno

Solía pensarse que la comunicación —compartir una historia y escucharla— eran dos procesos que ocurrían de manera separada en cerebros diferentes, pero de hecho es un solo proceso compartido que llevan a cabo dos cerebros. "No es un ardid Jedi", dice Uri Hanson, el científico que estuvo al frente de este descubrimiento. "Esto es la comunicación. Es lo que mejor hacen los seres humanos, y es único y asombroso". Imagina que esperas el tren y empiezas a conversar con un desconocido que te cuenta una historia. Escuchas atentamente. En ese momento, dentro de tu cabeza, se activan partes de tu cerebro que son exactamente las mismas áreas que se activan en el cerebro del narrador. Si su actividad cerebral cambia, también cambia la tuya. Mientras más atención prestes y más comprendas la historia a medida que avanza, más estrecha es la activación en paralelo de sus cerebros, un fenómeno que se conoce como "acoplamiento cerebral". ¡En ese momento, ambos están literalmente en la misma longitud de onda!

Y eso es mucho más amplio de lo que sugerían los estudios anteriores sobre las neuronas espejo (neuronas cerebrales que nos ayudan a sentir empatía y conexión con los demás. Se activan cuando hacemos algo y también cuando observamos la experiencia de otro. Por ejemplo, si vemos que una persona se golpea el dedo gordo, también hacemos una mueca de dolor).

Los cerebros de los oyentes más atentos (aquellos que alcanzan la comprensión más profunda y precisa de la historia) no sólo seguían la activación cerebral de la persona a la que escuchaban, sino que su propio cerebro anticipaba esos patrones. Cuando compartimos momentos emocionales positivos, como al reír, al tener intereses comunes y cuando tenemos una sensación de que "entendemos" a la otra persona, el acoplamiento cerebral es mayor. Esto nos abre hacia el otro y aumenta nuestra propensión a interesarnos el uno por el otro.

Este acoplamiento de nuestros cerebros con los de otras personas nos permite coordinar comportamientos más complejos que los que podríamos ejecutar solos, como tocar música juntos y trabajar en equipo. Nuestros cerebros también inducen patrones cerebrales similares en respuesta a gestos faciales y corporales. Además, cuanto más conozcamos a alguien, más estrecho tiende a ser el acoplamiento cerebral.

Ten calma y conéctate

Es posible que hayas escuchado sobre la oxitocina, a la que en ocasiones se le llama hormona del "amor" y los "abrazos". Los seres humanos necesitamos interacciones sociales no sólo para sobrevivir, sino para prosperar, y la oxitocina es esencial para facilitar este proceso. Producimos oxitocina como resultado de las interacciones con los demás y, esto a su vez induce comportamientos en nosotros que facilitan la vinculación social, como el contacto visual, el reconocimiento social y la confianza. Alcanza un máximo en momentos fundamentales, como el parto y la relación sexual, lo cual aumenta nuestros vínculos en esos momentos, pero también tiene fluctuaciones menos espectaculares, aunque todavía importantes, durante las interacciones diarias con otras personas.

Las interacciones sociales pueden hacernos sentir atemorizados o amenazados, lo cual naturalmente provocaría que nos alejemos de la situación. La oxitocina tranquiliza nuestros temores, elevando nuestra disposición a conectarnos y demostrar señales de simpatía que, a su vez, aumentan la oxitocina en la otra persona. Eso activa una espiral de conexión, respuesta, confianza e interés mutuos. Esto es notable entre los padres y bebés, pero también ocurre en otras interacciones, incluidas aquellas con personas desconocidas, lo cual aumenta el potencial para que ellos se conviertan en parte de nuestra red social.

La oxitocina es parte de nuestra respuesta de “calma y conexión” (en contraste con nuestra más conocida respuesta de “pelea o huida”). Nuestros cerebros están más abiertos a las oportunidades sociales positivas y menos sensibles a las amenazas, ayudándonos a lidiar de manera menos estresante con los desafíos sociales.

El incremento en nuestras concentraciones de oxitocina nos hace considerar a los demás como más atractivos y confiables. Aunque eso puede volvernos más crédulos, también nos sintoniza más con los demás y, por tanto, nos hace más capaces de detectar las señales sutiles y no verbales en cuanto a si podemos confiar o no en sus motivaciones. Por ejemplo, tenemos integrada la capacidad de detectar y responder a las sonrisas, y somos muy sensibles a si son genuinas o no. Las sonrisas genuinas (o de “Duchenne”) activan pequeños músculos sobre los que no tenemos control consciente y forman arrugas en las comisuras de los ojos cuando sonreímos con sinceridad. Las sonrisas genuinas son infecciosas, de modo que si alguien nos sonríe, es difícil no responder también con una sonrisa. En contraste, detectamos a nivel inconsciente las sonrisas que no afectan a los ojos, lo cual nos vuelve cautelosos de manera instintiva a los motivos del otro.

Además de la sonrisa, experimentar emociones positivas compartidas activa otros gestos no verbales que, a su vez, nos hacen parecer más amigables y asequibles. Éstos incluyen levantar y ampliar el pecho, incrementar nuestro uso de ademanes con la mano abierta (como mostrar la mano extendida), inclinarnos hacia la otra persona y aumentar la frecuencia con que asentimos para mostrar nuestra afirmación y aceptación de los demás y de lo que dicen. Asimismo, tendemos a reflejar su lenguaje corporal.

Sin que lo sepas, estas reacciones, entre otras, se coordinan a través de tu nervio vago. Este nervio viaja desde las profundidades del cerebro hasta tu corazón, estómago y otros órganos internos. Te ayuda a hacer contacto visual, a sincronizar tus expresiones faciales con las de las otras personas y sirve para que tus oídos detecten las voces contra el ruido de fondo, todo lo cual te ayuda a sintonizarte y conectarte con los demás.

Junto con la oxitocina, el nervio vago es otra parte esencial de nuestra respuesta de "calma y conexión", y sirve para recuperarnos luego de experimentar peligro o ansiedad. En esos estados la adrenalina aumenta y nuestra frecuencia cardiaca se acelera, preparando nuestros cuerpos para pelear o huir. El nervio vago nos regresa a la normalidad.

Espirales ascendentes de conexión

A un nivel menos drástico, el vago también regula nuestra frecuencia cardiaca a la par de nuestra respiración, aumentando sutilmente la frecuencia cuando inhalamos (para acelerar el flujo de sangre oxigenada en el organismo) y reduciéndola cuando exhalamos. La diferencia entre nuestra frecuencia cardiaca al inhalar y exhalar se conoce como "tono vagal". Mientras mayor sea la diferencia entre nuestra frecuencia cardiaca durante la inhalación y la exhalación, más "elevado" es el tono vagal. El tono vagal elevado se asocia con diversos beneficios para la salud física y emocional debido a que mejora la capacidad para responder y adaptarse. También tiene beneficios sociales. Se ha demostrado que las personas con un tono vagal más elevado son más capaces de resolver las interacciones con los demás y formar conexiones y, por consiguiente, experimentan una mayor resonancia de positividad. De hecho, la psicóloga Fredrickson describe nuestro nivel de tono vagal como la capacidad para tener micromomentos de conexión positiva (o, en sus palabras, "amor").

Nuestro tono vagal no es algo de lo que estemos conscientes, pero los científicos pueden medirlo con equipo especializado. En reposo, tiende a ser estable a lo largo del tiempo. ¿Eso significa que tenemos suerte de nacer con un tono vagal alto o bajo? Bueno, se pensaba que era una característica más o menos fija, como nuestra estatura. Sin embargo, las investigaciones recientes indican que no necesariamente es así. Parece que si generamos emociones positivas de manera consciente podemos cambiar nuestro tono vagal, lo cual lleva a una mayor conexión social que, a su vez, tiene beneficios para la salud física y psicológica.

Espirales ascendentes

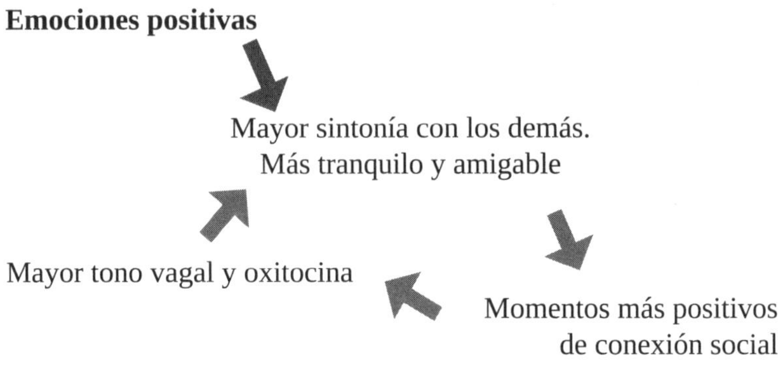

Basado en B. I. Fredrickson (2013), *Love 2.0 — How our supreme emotion affects everything we think, do, feel and become.* Hudson Street. (*Amor 2.0: Una nueva mirada a la emoción que determina lo que sentimos, pensamos, hacemos y somos.* Editorial Océano).

En un notable experimento de Bethany Kok, Barbara Fredrickson y sus colaboradores, se entrenó a los participantes en una forma de meditación que se conoce como "bondad amorosa" (capítulo 4), que aumentó su capacidad individual para autogenerar emociones positivas a través de enfocarse en la compasión hacia uno mismo y los demás. Esto aumentó su tono vagal y a su vez incrementó la frecuencia de los momentos positivos que experimentaron en sus conexiones sociales diarias, lo cual creó un tono vagal (y nivel de oxitocina) aún más alto que llevó a una mayor probabilidad de conexiones sociales más positivas. En otras palabras, una "espiral ascendente" de conexión positiva. Lo que es más, la investigación científica reciente sugiere que con el tiempo esto inicia un cambio estructural en nuestro cerebro, de maneras que facilitan la conexión positiva adicional que conduce a vínculos sociales sanos, no sólo en los lactantes, sino también en los adultos. Como señala Fredrickson: "Dicho en términos sencillos, el amor cambia la mente".

Consejos para lidiar con las dificultades

En toda relación habrá cosas en las que no estemos de acuerdo y causarán conflictos. Es normal y puede ser sano dar oportunidad de ventilar los puntos de vista, las necesidades/preocupaciones y comprender mejor al otro. Tener la capacidad de hacerlo es importante para nuestra propia felicidad, al igual que para la calidad de las relaciones.

Es mejor hacerlo antes que después

Muchos de nosotros evitamos los conflictos para no causar disgustos, pero eso implica que las molestias se enconen, llevando a resentimientos y desprecio, que son tóxicos para las relaciones y a veces causan que explotemos por algo menor. ¡Esto hace que la otra persona se pregunte de dónde vino el problema y no tenga idea de que hemos estado internamente furiosos sin decirlo! Comunicar las quejas antes de que crezcan ayuda al otro a comprendernos mejor y significa que ellos pueden hacer lo mismo. Con el tiempo, esto puede ayudar a acercarnos o, cuando menos, ¡a expresar claramente nuestras diferencias! El experto en relaciones John Gottman sugiere que cerca de dos terceras partes de los conflictos en las relaciones tanto felices como infelices son irresolubles, y que a menudo pueden permanecer durante años, de modo que es esencial reconocerlos, aceptar las diferencias y encontrar formas para desactivar los problemas cuando surjan.

Los primeros tres minutos

La manera en que abordamos y lidiamos con los conflictos es importante para la calidad de la relación. Gottman dice que los primeros tres minutos de cualquier conflicto son particularmente vitales. Estos minutos marcan el tono y determinan si la conversación será constructiva o se intensificará. Un inicio amable (lo que Gottman llama "suavizar el planteamiento") tiene mayor probabilidad de conducir a un resultado exitoso. Los planteamientos suavizados nos ayudan a evitar algunas de las maneras en que podemos detonar una respuesta de defensa, dolor o enojo. Es importante evitar que la otra persona se sienta criticada o herida en exceso al atacar su naturaleza en lugar de enfocarse en el incidente.

Consejos para un "planteamiento suavizado"

Deja en claro el problema específico y por qué es importante para ti. Las generalizaciones, como: "*Siempre* dejas la puerta abierta", pueden activar la defensividad en la otra persona e implicar que esté menos dispuesta a aceptar el problema que estás planteando. ¡Se enfocará en las ocasiones en que no hizo aquello de lo que tú te quejas! Así que enfócate en la situación o situaciones específicas. También podría resultarte eficaz destacar un ejemplo positivo de las ocasiones en que sí hizo lo que le pides: "Cuando regresé del viaje de trabajo y habías arreglado el baño, fue una bonita sorpresa". Eso no siempre es fácil. Mantener la calma y enfocarse en el problema (en lugar de sacar a relucir todo el catálogo de molestias), y señalar con claridad por qué es importante para ti, requieren control de tu propio estado emocional. En los capítulos 4 y 7 veremos consejos para lograr esto. Es esencial mantenerse enfocado y atenerse específicamente a un problema, en lugar de derivar en varios; limítate a declarar los hechos y cómo te hacen sentir, en lugar de seguir hablando sin parar del asunto.

Un abordaje que me resulta útil es el que aprendí del doctor Marshall Rosenberg. Es uno de los componentes básicos de lo que él denomina "comunicación no violenta" (CNV), que se basa en la comunicación compasiva. Se ha utilizado para desarrollar relaciones y resolver conflictos en todo el mundo. El punto de partida para la CNV es que todos compartimos las mismas necesidades humanas básicas y que cada una de nuestras acciones/conductas es una estrategia para satisfacer una o más de ellas. Muchas de las dificultades en las relaciones provienen de nuestra falta de claridad acerca de nuestras necesidades, de no comunicarlas, o de ambas cosas; o de que alguien más siente que no se satisfacen sus necesidades. Cuando no se satisfacen, es posible que se detone una respuesta emocional. Tan sólo tener más conciencia de que la base de las reacciones emocionales en los demás y en nosotros mismos son las necesidades puede ayudarnos a resolver mejor el conflicto. Otras personas pueden activar nuestros sentimientos, pero nosotros elegimos cómo responder. Exploraremos más esta idea en el capítulo 7.

La CNV proporciona una estructura sencilla que nos permite identificar/comunicar nuestras necesidades en diferentes situaciones, observar debajo de la superficie de nuestros sentimientos y de los sentimientos de los demás, y ayudarnos a entender mejor nuestros valores. Existen cinco pasos que sirven para prepararte y tener conversaciones:

1 **Percátate de tus juicios.** A menudo llegamos a conclusiones apresuradas sobre lo que está detrás de los comportamientos ajenos, las razones por las que alguien está haciendo algo o dejando de hacer algo que debería hacer. Si actuamos con base en estos juicios sin expresarlos o preguntar sobre las necesidades del otro puede conducir, en el mejor de los casos, a fallas de comunicación y, en el peor, a los peores desacuerdos, sin que ninguno de los dos comprenda qué es importante para el otro.

2 **Conviértete en un observador neutral.** Identifica los hechos asumiendo una perspectiva neutra. ¿Qué observaría otra persona que no esté involucrada en la situación?

3 **Nombra tus sentimientos.** ¿Qué sentiste cuando sucedió?

4 **Declara tus necesidades.** ¿Cuáles son las necesidades detrás de tus sentimientos?

5 **¿Cuál es tu petición?** ¿Qué cosa específica te gustaría pedir que haga la otra persona para satisfacer tus necesidades?

Por ejemplo: "Cuando no respondes (observación), me siento herida (sentimientos), porque necesito saber que me escuchaste (necesidades). De verdad me gustaría que respondieras cuando te digo algo (petición).

Aunque los pasos de la CNV son simples, requieren práctica y paciencia. Intenta permanecer en la conversación hasta que sientas que te entendieron y que entendiste a la otra persona, lo cual puede requerir que haya varios intercambios en los que cada uno exprese sus sentimientos/necesidades. Cuando ambos entienden realmente las necesidades del otro, se puede encontrar un modo que funcione para los dos. Servirá para eliminar las molestias constantes que pueden llevar a frustración/crítica.

Escucha los intentos de reparación de la otra persona y trabaja en ellos, ya que pueden desactivar la situación y ayudar a ambos a avanzar hacia la posibilidad de resolverlos. Por ejemplo, si expusiste un problema sobre ordenar la cocina y un miembro de la familia dice: "No pensé en cómo se guardaron las cosas", no respondas con un comentario sarcástico como: "¡Bueno, no se guardaron por arte de magia!". En lugar de ello, responde: "Me molesta que la comida se quede afuera porque se puede echar a perder y es poco higiénico.

De verdad sería muy importante para mí que regreses las cosas al refrigerador después de que te sirves y limpies cualquier residuo".

En resumen

Éstos son los cinco puntos esenciales que puedes derivar de este capítulo:

1. Nuestras relaciones son un ingrediente esencial de la felicidad, de modo que cultivarlas es bueno para nosotros y también para los demás.
2. La cantidad y calidad de las relaciones es importante, pero la calidad importa más.
3. Los segundos cuentan: formamos y cultivamos relaciones por unos breves instantes a la vez, así que es importante tener conciencia de las interacciones momentáneas con los demás, lo cual implica que existen acciones basadas en evidencias que podemos realizar para aumentar las interacciones positivas y, por ende, fortalecer las conexiones.
4. Prestar atención, ser un oyente activo y responder de modo constructivo a las buenas noticias son habilidades esenciales para formar/cultivar las relaciones.
5. Las relaciones cercanas son importantes para la felicidad, pero aproximarnos a otras personas en nuestra comunidad también marca la diferencia.

Conexiones con otras claves

Otras claves que quizá desees explorar en conexión con Relación son:

- **ADQUIRIR CONCIENCIA** (página 129)
  La bondad amorosa es una forma de meditación que fomenta la compasión y la conexión.
- **RESILIENCIA** (página 225)
  - Comprender los pensamientos detrás de nuestros sentimientos puede ayudarnos a controlar nuestras reacciones y permitirnos una comunicación y conexión más constructiva.
  - Nuestras conexiones con los demás son fuente de resiliencia.

- **EMOCIONES** (página 269)
  Una mirada más detallada al estudio científico de las emociones positivas.
- **ACEPTACIÓN** (página 299)
  - Saber con claridad cuáles son nuestras fortalezas y valores puede ayudarnos a comprender qué es importante para nosotros en nuestras relaciones y qué aportamos a ellas.
  - Ver las fortalezas de los demás nos ayuda a valorarlos y apreciarlos por las personas que son. Es la base de las grandes relaciones.
- **MAYOR SIGNIFICADO** (página 333)
  Nuestras relaciones pueden ser una de las principales fuentes de significado en nuestras vidas.

3

EJERCICIO

Cuida tu cuerpo

Al cuidar de tu cuerpo cuidas de tu mente, y las nuevas investigaciones acerca del cerebro muestran lo importante que puede ser esto. Es una magnífica —y veloz— ruta a la felicidad y a un mejor funcionamiento del cerebro.

Ejercicio: introducción

"Nuestros cuerpos son nuestro jardín y
nuestra voluntad es el jardinero".
William Shakespeare, *Otelo*

Movimiento para tu mente

Un creciente conjunto de evidencias convincentes demuestran ahora que la actividad física es tan importante para nuestra mente como para nuestro cuerpo. De hecho, John Ratey, uno de los principales psiquiatras de Harvard, afirma que desde su perspectiva el principal propósito del movimiento no es para el cuerpo, sino para mantener el funcionamiento y la condición de nuestro cerebro.

El ejercicio puede ser medicinal. La idea de la euforia del corredor —el factor de exaltación positiva que tiene la mayoría de la gente durante o después del ejercicio— es ampliamente conocida. En efecto, se ha demostrado que la actividad física nos ayuda a afrontar el estrés y aumenta nuestra resiliencia, nos protege de los problemas psicológicos y mantiene el buen funcionamiento cerebral a medida que envejecemos. Puede ser un tratamiento eficaz para la depresión y la ansiedad, entre otros padecimientos. Incluso llega más lejos, ya que en verdad cambia la estructura, el tamaño y el funcionamiento del cerebro. Cualquier movimiento que produzca un mayor gasto de energía que la que consumimos en reposo puede ser benéfico, ya sea que se trate de un régimen de ejercicio estructurado o que se intercale entre las demás actividades de nuestra vida diaria.

Como lo deseaba la naturaleza

Evolucionamos durante cientos de miles de años para adecuarnos con precisión al ambiente natural. Sin embargo, en tiempos recientes, nuestro modo de vida cambió de manera espectacular y la forma en que usamos nuestros cuerpos hoy en día es significativamente diferente de cómo lo hacíamos durante los milenios anteriores.

En muchos sentidos, la manera en que vivimos ahora es bastante asombrosa. Podemos trabajar todo el día o comunicarnos con colegas o clientes de todo el mundo desde la comodidad de nuestros escritorios, ya sea en casa o en una oficina. Podemos viajar con facilidad a través de distancias importantes. Tenemos una abundancia de alimentos de todo el planeta que están disponibles en nuestros comercios locales, e ilimitadas oportunidades de entretenimiento o conexión por medio del clic de un ratón o de un movimiento sobre una pantalla. Por fantástico que sea todo eso, contribuye a la mala salud actual y a que el potencial de esa mala salud se eleve en el futuro. Nuestros cuerpos simplemente no están diseñados para la vida que llevamos hoy. De hecho, se ha sugerido que, por primera vez en la historia, la generación más joven quizá tenga una vida menos sana que la de sus padres. Es importante señalar que eso no sólo tiene un impacto en nuestros cuerpos, también influye en cómo nos sentimos, elevando la probabilidad de que seamos infelices.

¿Una panacea?

Si te ofrecieran algo que te ayudara a ser feliz, estar sano y permanecer así, con casi ningún efecto secundario, ¿te animarías a probarlo? Bueno, pues parece que ya disponemos de algo parecido. El doctor Ray Fowler, un psicólogo clínico y expresidente de la American Psychological Association (Asociación Psicológica Estadounidense), enfatizó esto mismo en una conferencia a la que asistí una vez: "El ejercicio es lo que más se acerca a una panacea para la salud, tanto física como mental".

Sentir en buena condición física puede significar que vivamos más

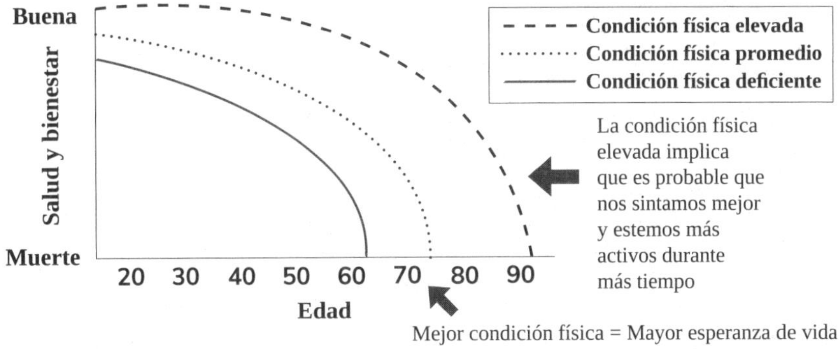

Sólo con fines ilustrativos. Basado en R. Fowler (2009), conferencia. También en C. Crowley y H.S. Lodge (2007). *Younger Next Year.* Workman. (*Más joven cada año.* Editorial Sirio).

Nacimos para estar físicamente activos. No importa si eres atlético por naturaleza. Nuestros cuerpos necesitan moverse, ya sea con ejercicios deliberados y estructurados, o con actividad física que forme una parte natural de las otras cosas que hacemos, como llegar de un lugar a otro, hacer quehaceres domésticos o en nuestro empleo remunerado.

La falta de actividad reduce la calidad y extensión de nuestra vida. Es un hecho establecido en la actualidad que esta falta de actividad física aumenta la probabilidad de tener cuando menos 35 enfermedades crónicas, que nos sintamos menos cómodos en un sentido físico y que nuestras vidas sean menos agradables al envejecer, además de que aumenta el riesgo de una muerte prematura.

Si en este momento no tienes mucha actividad física, no estás solo. En el Reino Unido y Estados Unidos muchos de nosotros no alcanzamos los niveles recomendados de actividad. Pero hay esperanza. La buena noticia es que puedes lograr una mejora significativa para tu felicidad y salud al moverte más y al integrar actividades dentro de tu vida diaria… ¡y ni siquiera tienes que inscribirte a un gimnasio!

Momento de reflexión

1 ¿Qué formas de actividad física y ejercicio has disfrutado más en tu vida: cuando eras niño, adolescente o en épocas pasadas de tu vida adulta?
¿Qué aspectos de esas actividades eran los que más disfrutabas?

2 ¿Qué formas de actividad física y ejercicio realizas ahora con más frecuencia?
¿Cuáles de ellas disfrutas más? ¿Qué es, específicamente, lo que disfrutas?

3 ¿Qué nuevas formas de actividad física te gustaría intentar?

Al reflexionar sobre tus respuestas a la primera pregunta, ¿hay algo que puedas aprender de quien eras en el pasado que te ayude a moverte más ahora?

MENTE SANA, CUERPO SANO

Mark era un exitoso consultor gerencial que trabajaba para una de las mejores empresas de consultoría del mundo y dirigía proyectos grandes y de alto perfil. También sufría de un constante dolor de espalda.

Había acudido con los médicos y cirujanos ortopédicos más reconocidos y el diagnóstico era el mismo: hernia de disco y desalineación de la columna vertebral provocada por un trastorno hereditario de columna. Se le indicó que su dolor continuaría y era probable que empeorara. Mark dejó de ejercitarse y algunos días se le dificultaba incluso levantarse de la cama o caminar. Estaba enojado, atemorizado y deprimido.

Kate, la esposa de Mark, empezó a estudiar osteopatía y se topó con un libro titulado *Back Sense* (Espalda sensible). Pensó que podría ser útil, así que le pidió a Mark que le diera una hojeada. El libro explicaba que a menudo el dolor de espalda ocurre como resultado de la tensión muscular que provocan el estrés y la ansiedad subyacentes. Si estas emociones no se reconocen y controlan, con frecuencia se manifiestan como dolor físico.

Al principio Mark no estaba convencido. Le habían dicho que sus problemas de espalda eran estructurales y ninguno de los expertos con quienes había acudido mencionó las emociones. No obstante, al pensar en ello se dio cuenta de que su trabajo no sólo era estresante, sino que también le hacía sentir muy infeliz. Decidió poner en práctica algunos de los consejos del libro. Empezó con la meditación de atención plena para relajarse, y en el curso de unas semanas su dolor había disminuido a tal grado que pudo volver a practicar deporte.

Al poder pensar con más claridad, Mark se dio cuenta de que lo más probable era que su dolor de espalda se debiera al estrés, entonces decidió que necesitaba cambiar su carrera por algo que tuviera un mayor impacto social. Ahora, 12 años después y libre de dolor, la carrera de Mark avanzó en esa dirección y en la actualidad dirige Acción para la Felicidad.

Al seguir los consejos que él mismo predica, adquirió consciencia de la manera en que cuidar de su propio cuerpo ayudó a su mente a funcionar mejor. Está en mejor condición física que nunca antes y también sabe que su espalda le envía señales de advertencia de que está estresado.

Recientemente empezó a practicar ciclismo y descubrió que es su pasión: "Me ayudó definitivamente a encontrar una actividad física que me encanta hacer. Solía correr, pero no lo disfrutaba mucho. El ciclismo es la respuesta para mí".

El movimiento nos da felicidad

> "Toda persona que esté de mal humor debería salir a caminar, y si eso no lo mejora, ¡camine de nuevo!".
> Hipócrates

Beneficios de estar activo

Si el impacto positivo de la actividad sobre nuestra salud física no fuera suficiente para elevar por sí solo la felicidad, ¡los efectos potenciales sobre el bienestar psicológico deberían serlo! La ciencia demuestra que la actividad física acelera tus latidos cardiacos en comparación con estar en reposo (como al caminar de manera rápida y enérgica, al practicar jogging, correr, andar en bicicleta o nadar). Eso puede:

1 **Aumentar nuestra felicidad,** tanto a corto como a largo plazo.

2 **Estimular nuestra resiliencia,** al ayudarnos a controlar el estrés y la ansiedad.

3 **Mantener en forma nuestro cerebro,** al conservar en buen estado su funcionamiento actual y a medida que envejecemos.

4 **Reducir la infelicidad**, al prevenir y tratar la depresión.

Veamos en mayor detalle cada una de estas áreas:

1 La actividad física aumenta la felicidad

▶ **Estimula nuestro estado de ánimo.** Muchos estudios sugieren que Hipócrates tenía razón respecto a que movernos es bueno para nuestro estado de ánimo. En general, la gente se siente más positiva, menos negativa, tiene más energía y menos fatiga luego de realizar actividad física. Desde 20 minutos al día de ejercicio moderado pueden tener efectos benéficos sobre nuestro estado de ánimo y duran entre dos y doce horas luego de ejercitarnos. ¡Ésa no es una mala ganancia a cambio de la inversión de unos cuantos minutos al día!

▶ **Nos ayuda a sentirnos bien con nosotros mismos.** Nuestra imagen corporal (cómo nos vemos, sentimos, pensamos y actuamos hacia nuestros cuerpos) puede mejorar al participar en un ejercicio. El ejercicio puede reducir la insatisfacción con nuestros cuerpos a la vez que aumenta nuestros sentimientos positivos hacia nuestro ser físico. Quienes se ejercitan con regularidad tienen más probabilidades de experimentar estos beneficios. Esto es importante, ya que la mala imagen corporal y la baja autoestima que sufren tanto hombres como mujeres se relaciona con depresión, ansiedad y con la probabilidad de inclinarse a comportamientos perjudiciales para la salud, como el tabaquismo, el consumo excesivo de alcohol y las dietas extremas.

Consejos principales para sentirte bien gracias al ejercicio

¡No te desalientes al principio! Si no te has ejercitado durante algún tiempo, tu primera sesión podría ser difícil hasta que te familiarices con lo que haces y con tu ambiente. Los beneficios del ejercicio para estimular el estado de ánimo parecen ser mayores para quienes se ejercitan con regularidad.

- **Enfócate en disfrutarlo, más que en tu peso o apariencia.** Nuestras razones para ejercitarnos son importantes. Curiosamente, enfocarnos en los beneficios para la salud y en el disfrute del ejercicio parece tener un beneficio mayor sobre cómo nos sentimos acerca de nuestro cuerpo que enfocarnos en mejorar nuestra apariencia y perder peso. Quizás esto se deba a que los cambios visibles en nuestro cuerpo requieren tiempo y pueden ensombrecer los beneficios más inmediatos de una estimulación emocional positiva.
- **Nuestra autoestima aumenta a medida que también mejora nuestra condición física.** Independientemente de qué tan buena sea nuestra condición física o cuál sea nuestro nivel de autoestima antes de empezar a hacer ejercicio, el mayor estímulo parece obtenerse a medida que mejora nuestro nivel de condición física. Por ejemplo, en un estudio se asignó de manera aleatoria a los participantes un programa de ejercicios en el que realizaban tres sesiones de aeróbicos por semana durante 10 semanas, y a un grupo control al que no se asignó ningún ejercicio. Aquéllos en el grupo de ejercicio demostraron una mejoría en su autoestima durante y al final del programa, en comparación con el grupo que no hizo ejercicio.

Véase Buckworth *et al.* (2007); Homan y Tylka (2014), y Biddle y Mutrie (2007).

2 La actividad física estimula nuestra resiliencia

▶ **Ayuda a controlar el estrés.** El estrés es una parte de la vida diaria en el caso de muchos de nosotros y el ejercicio puede ayudarnos a lidiar con él. Por ejemplo:

- Una sola sesión de ejercicio puede servir para reducir la angustia emocional y las sensaciones de ansiedad inmediatas. Las personas que tienen más actividad física informan menos episodios de estos síntomas.

- El ejercicio amortigua los efectos emocionales del estrés, lo cual reduce la probabilidad de reaccionar en forma intensa cuando las cosas salen mal y recuperarnos con mayor rapidez si eso sucede.

Consejo principal Recuerda ejercitarte cuando estés estresado

Las personas que tienen el hábito del ejercicio tienen más probabilidades de reconocer que eso les sirve y, por tanto, de utilizarlo como mecanismo de afrontamiento durante épocas difíciles. En aquellas que no se ejercitan regularmente, podría suceder que no se les ocurra recurrir a esa actividad cuando están estresados, a pesar de su potencial para ayudarles. Así que, si ése es tu caso, ¿por qué no añades un poco de ejercicio junto con las demás cosas que haces para ayudarte a controlar el estrés?

Véase Homan y Tylka (2014); Faulkner, Hefferon y Mutrie (2015).

- El ejercicio puede servir como distracción de nuestras preocupaciones y puede ayudarnos a conciliar el sueño con mayor rapidez, a dormir mejor por más tiempo y más profundamente.

▶ **El ejercicio puede ayudar a reducir, controlar o incluso a prevenir la ansiedad.**

- El ejercicio regular puede ayudar a reducir nuestra predisposición general a la ansiedad.

- Los estudios demuestran que las personas más ansiosas y con menor condición física tienden a experimentar el mayor beneficio al incrementar el ejercicio.

- El ejercicio puede ayudar a las personas con ansiedad clínica a controlar su padecimiento y puede resultar eficaz como tratamiento.

3 La actividad física mantiene en forma a nuestro cerebro

▸ **Puede hacer que nuestro cerebro funcione mejor.** Cada vez hay más evidencias de que la actividad física puede ayudar a los niños y adolescentes a aprender y a tener un buen desempeño en la escuela. Se ha comprobado que los chicos que realizan más ejercicio aeróbico mejoran su rendimiento en matemáticas, lectoescritura, solución de problemas y creatividad. Además, el tiempo dedicado al ejercicio durante el periodo diario de clases (y, por tanto, menos tiempo dentro del aula) no afecta el rendimiento académico.

Como adultos, puede ayudar también a nuestro desempeño. Desde la perspectiva del psiquiatra John Ratey: "La actividad aeróbica es una herramienta indispensable para cualquiera que desee alcanzar todo su potencial". Una vez aconsejó, luego de una conferencia, que cuando vayas a tener una junta o un examen difícil, al levantarte hagas un poco de ejercicio, y tendrás un mejor resultado. O, como señaló Nelson Mandela: "Descubrí que trabajaba mejor y pensaba con mayor claridad cuando estaba en buena condición física".

▸ **Nos beneficia a medida que envejecemos.** Es posible que pensemos que el deterioro cognitivo es inevitable, pero al parecer no siempre tiene que ser así.

Consejos principales Ejercitarnos a medida que envejecemos

▸ **No es demasiado tarde**. No te preocupes si no has sido muy activo en tu vida hasta hoy: quizá no sea demasiado tarde. Una reseña de 18 de los primeros estudios (publicados entre 1966 y 2001) se enfocó en la influencia del acondicionamiento físico en el funcionamiento cognitivo de personas de 55 años que anteriormente habían sido sedentarias. Se encontró de manera inequívoca que el ejercicio tuvo beneficios en diversas funciones cognitivas. Los mayores efectos ocurrieron en el "funcionamiento ejecutivo" (programación, planificación, memoria de trabajo u operativa, multitareas, afrontamiento de la ambigüedad, etc.). También se ha demostrado lo mismo en reseñas posteriores.

▸ **Las mezclas son buenas**. Combinar actividad aeróbica con ejercicios de resistencia puede producir el mayor beneficio para los adultos mayores. En el estudio anterior, el ejercicio aeróbico fue eficaz, pero el mayor impacto se encontró en:

- Sesiones de entre 31 y 45 minutos que persistieron durante seis meses o más.
- Programas que combinaban aeróbicos con ejercicios de resistencia.

Recientemente se encontró que el taichí puede ser una de las formas de ejercicio más favorables para conservar el funcionamiento cognitivo en adultos mayores. Es típico que combine ejercicios aeróbicos, de resistencia y de flexibilidad. ¡Quizá la ciencia esté alcanzando a la sabiduría antigua y a los millones de ancianos chinos que practican taichí todos los días!

Véase Hillman *et al.* (2008); Smith *et al.* (2010); Calcombe y Kramer (2003); Kelly *et al.* (2014).

Cuando los científicos han dado seguimiento a grandes poblaciones a lo largo de un periodo han encontrado de manera consistente que los adultos físicamente activos tienen un mejor funcionamiento cognitivo en una etapa posterior de su vida y tienen menos probabilidades de sufrir deterioro cognitivo, demencia o enfermedad de Alzheimer. Una reseña de 16 estudios mostró que las personas con actividad elevada tuvieron 28% menos riesgo de presentar demencia y 45% menos de desarrollar enfermedad de Alzheimer que los individuos con bajos niveles de actividad física.

El ejercicio mantiene más sano a nuestro cerebro. Los estudios que examinan imágenes cerebrales de adultos mayores encontraron que aquéllos con una mejor condición física aeróbica tuvieron menos pérdida de tejido cerebral relacionada con la edad, mayor densidad de la materia gris y de la materia blanca, y mayor volumen en ciertas áreas cerebrales clave (tienen cerebros más sanos que las personas con una condición física menor o que son sedentarias).

4 La actividad física puede reducir la infelicidad

▸ **El ejercicio puede ayudar a prevenir la depresión.** Existen fuertes evidencias de que la actividad física regular, mantenida a lo largo del tiempo, ayuda a prevenir la depresión. Por ejemplo, un estudio reciente con más de 26 000 mujeres trabajadoras encontró que la actividad física (tomando en cuenta tanto la duración como la intensidad de la misma) redujo el riesgo de problemas de salud mental cuatro años después, independientemente del nivel socioeconómico, el estilo de vida, la salud física y el índice de masa corporal.

- El National Health Service (Servicio Nacional de Salud) del Reino Unido sugiere que tenemos 30% menos probabilidades de sufrir enfermedades si cumplimos con los niveles recomendados de actividad (página 109).

- La investigación señala que algo de actividad es mejor que nada: incluso desde diez minutos al día de caminata a paso normal pueden marcar la diferencia.

- Más actividad es mejor. Mientras más activos estemos, tanto en términos de intensidad como en cantidad de tiempo de ejercicio, mayores son los beneficios de protección. A la inversa, reducir los niveles de actividad aumenta el riesgo de depresión.

▶ **El ejercicio puede ayudar a tratar la depresión.** Es cada vez más frecuente que los médicos recomienden ejercicio como tratamiento de primera línea para la depresión de leve a moderada, ya que puede ser eficaz para este problema. Es posible que también sugieran que la actividad física se combine con otros tratamientos. Los medicamentos pueden aliviar los síntomas de manera más rápida. Sin embargo, ejercitarse más y a mayor plazo puede significar que sea menos probable que tengamos depresión y también puede aumentar nuestra sensación de autoeficacia en el manejo de la enfermedad. Aunque no existe una sola manera probada de tratar la depresión, seguramente el ejercicio puede formar parte de un enfoque holístico. Ya que su costo es bajo o es gratuito, puede ayudar a algunos pacientes a manejar ellos mismos su padecimiento y mantener un mayor bienestar a largo plazo.

Consejo principal Un poco es de gran ayuda

Si te sientes apagado o carente de energía, empezar con el ejercicio a menudo es el mayor reto. Esto se debe a que quizás estemos atrapados en un círculo vicioso: la falta de energía nos impide ser físicamente activos y la falta de actividad física implica que tengamos poca o ninguna energía. El mejor consejo es empezar de inmediato con, cuando menos, un poco de actividad. Si en general no realizas ninguna actividad física, caminar alrededor de la manzana durante cinco minutos todos los días, a un ritmo que para ti parezca rápido y enérgico, es un logro y puedes ir aumentando poco a poco a partir de ahí (lee la historia de Julie para obtener inspiración; página 113).

¡Intenta esto! Planea con anticipación

Piensa en un próximo acontecimiento u ocasión en el trabajo, tu hogar o escuela para el que quieras que tu cerebro funcione a su máximo.

- ¿Puedes programar 30 minutos justo antes de que inicie para hacer un poco de ejercicio? Si sueles correr, nadar o ejercitarte en bicicleta, intenta con eso. Si aún no te ejercitas con regularidad, usa ese tiempo para dar una caminata enérgica.
- ¿Qué notaste? ¿Tu mente estuvo más clara? ¿Sentiste mayor energía o menos nerviosismo? ¿Tu desempeño fue mejor del que podrías haber tenido de otro modo?

La mayoría de la gente descubre que trabaja mejor y piensa con mayor claridad cuando está en buena condición física.

¡Sentarse menos tiempo también puede hacer que seamos más felices!

Parece que quitarle la carga a nuestros pies no siempre es bueno para la felicidad. En apariencia, moverse más no sólo se refiere a tener actividad física, sino a que también tenemos que cuidarnos de no permanecer sentados por mucho tiempo. En vista de que se sabe que el sedentarismo no es bueno para nuestra salud cardiovascular y metabólica, es razonable suponer que también es posible que afecte al bienestar psicológico. Están surgiendo evidencias en ese sentido.

Estar sentado y ser feliz

En 2015 el primer estudio sobre la relación entre sedentarismo y emociones positivas encontró que ambos tenían una relación inversa; es decir, mientras más tiempo permanecemos sentados al día, es menos frecuente que experimentemos emociones positivas y esto conduce a menores recursos psicosociales (como veremos en el capítulo 8). En cambio, estar sentado menos tiempo tiene el efecto opuesto. Esto superó el estímulo para el estado de ánimo que obtenemos de la actividad, demostrando que el sedentarismo puede ser un problema independiente para la felicidad, al igual que para la salud física.

Estar sentado y ser infeliz

También existe un creciente conjunto de investigaciones que indican una asociación entre el sedentarismo y la depresión. Por ejemplo, un estudio con 3645 mujeres entre 18 y 45 años de edad encontró que, mientras más alto era el tiempo promedio en que permanecían sentadas, mayor era la probabilidad de que se sintieran deprimidas. Por supuesto, bien puede ser que las personas deprimidas estén más inclinadas a ser sedentarias. Sin embargo, al parecer, el sedentarismo aumenta la probabilidad de depresión. Asimismo parece haber un vínculo entre sedentarismo y ansiedad. La primera reseña de estudios dedicados a este tema se publicó en 2015, y sugiere que mientras más tiempo pasamos sentados, más probable es que suframos ansiedad, y a medida que aumenta el tiempo que permanecemos sentados, también aumenta el riesgo de ese problema. Así que ¿cuánto o cuán poco tiempo deberíamos estar sentados? Es demasiado pronto para dar una respuesta definitiva, pero diría que es mejor excedernos del lado de la precaución y no estar sentados demasiado tiempo (proponte que no sea más de 30 minutos por cada ocasión, antes de levantarte). Como señalan los investigadores australianos: “Levántate, siéntate menos, muévete más y con más frecuencia”.

¡Intenta esto! Tu propio estudio de tiempo y movimiento

- Durante las horas de vigilia, ¿cuándo eres más y menos activo en sentido físico? ¿Qué haces en esos momentos?
- ¿Durante cuánto tiempo, en total, te sientas o reclinas al día (sin incluir cuando duermes)? ¿Son siete o más horas?

- Con respecto al tiempo que estás sentado o reclinado, ¿con cuánta frecuencia te levantas o mueves cuando estás en el trabajo o en casa?
- ¿Cómo puedes lograr interrumpir el tiempo que estás sentado levantándote cada 30 minutos, más o menos, y cómo puedes permanecer de pie por más tiempo?
- Al pensar en tu semana típica, ¿cumples con las pautas de actividad física de moderada a vigorosa (página 109)? En caso contrario, ¿cómo puedes empezar a ser más activo?

Cerebro y movimiento

> "Mantener el cuerpo en buena salud es un deber... de otro modo no seremos capaces de mantener fuertes y claras nuestras mentes".
>
> Buda

Fertilizante para el cerebro

¿Por qué movernos más tiene tal impacto positivo en nuestro cerebro? Bueno, parece que nuestros cerebros y el movimiento tienen un lazo inseparable. Existen nuevas y emocionantes investigaciones que demuestran que la actividad aeróbica, como caminar de manera enérgica, trotar y correr, lleva al crecimiento de nuevas neuronas y mayor protección de las existentes.

Cuando nos ejercitamos, producimos más de una familia de proteínas específicas que se llaman "neurotrofinas", que representan un importante papel en el desarrollo de nuevas neuronas, el mantenimiento de las existentes y la regulación de la actividad cerebral. De éstas, aquella que se conoce como "factor neurotrófico derivado del cerebro", o BDNF por sus siglas en inglés, es de suma importancia. En su libro titulado *Spark* (Chispa), el psiquiatra John Ratey describe el BDNF como fertilizante para el cerebro. Literalmente causa que produzcamos nuevas neuronas y se piensa que su efecto puede ser un subproducto de la adaptación de nuestro cuerpo a nuestra vida como cazadores-recolectores.

Los seres humanos tenemos cerebros excesivamente grandes, quizá tres veces mayores de lo que se esperaría en relación con el tamaño de nuestro cuerpo. Sin embargo, no siempre fue así. Se cree que el aumento en el tamaño del cerebro sucedió hace cerca de dos millones de años, cuando nos convertimos en cazadores-recolectores (al igual que cuando comenzamos a vivir en grupos sociales más grandes). Empezábamos a competir con otros carnívoros para conseguir el alimento y necesitábamos aventajarlos tanto a ellos como a nuestras presas. En vista de que ambos tenían la capacidad de alcanzar una velocidad mucho mayor que la nuestra, evolucionamos una capacidad para superarlos. El cuerpo de nuestros ancestros se adaptó de manera única para cubrir grandes distancias a un ritmo de trote ligero. Rastreábamos a nuestras presas, digamos a un antílope primitivo, y como éstos tenían una mayor capacidad para correr distancias cortas a gran velocidad pero no para correr a largas distancias, los perseguíamos hasta que se agotaban. Esta técnica, conocida como "cacería de persistencia", se sigue practicando en la actualidad entre algunos de los aborígenes africanos.

FERTILIZANTE PARA NUESTRO CEREBRO

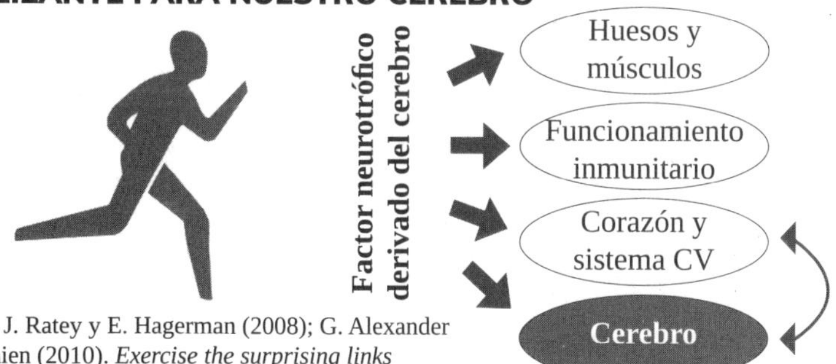

Basado en J. Ratey y E. Hagerman (2008); G. Alexander y D. Raichien (2010). *Exercise the surprising links between your brain and your body* (presentación).

En contraste con otros primates, como los chimpancés con los que compartimos ancestros comunes, nuestras extremidades, músculos, sistema cardiovascular y metabolismo se adaptaron a este tipo de actividad. De hecho, las capacidades humanas son únicas: ninguna otra especie de primates puede soportar las carreras a larga distancia tan bien como nosotros. Algunos investigadores afirman que estamos diseñados para ser los mejores corredores de resistencia del planeta y lo que nos facilita correr así es el BDNF.

Cuando nos ejercitamos, el BDNF (y otros factores que se producen durante el ejercicio) desempeña un papel central en ayudarnos a lograr que nuestros músculos reciban más oxígeno, lo cual produce un mejor desempeño aeróbico. El BDNF y las otras sustancias homólogas estimulan el crecimiento y la reparación de los tejidos y del sistema vascular. De modo que la adaptación de nuestros cuerpos a la carrera de gran distancia produjo que nuestros cerebros crecieran y se desarrollaran.

La evidencia del vínculo entre el movimiento y el cerebro se extiende a otras especies: la estructura y el tamaño del cerebro de los diferentes animales se adaptó a su forma típica de movimiento. También existe evidencia de que esta relación puede ocurrir a la inversa. Veamos el caso de los osos koala. En algún tiempo consumieron una dieta variada y requerían moverse en su entorno para mantenerla. Sin embargo, con el tiempo empezaron a comer únicamente hojas de eucalipto. Como existe una dotación abundante de esos árboles en su hábitat natural, que es Australia, eso significó que los koalas ya no tenían que desplazarse a gran distancia. Sólo tenían que sentarse todo el día a comer hojas sobre un árbol de eucalipto. Como consecuencia, sus cerebros se encogieron y ahora son mucho más pequeños que la capacidad de su cráneo, que todavía no se adapta al tamaño actual de sus cerebros. Eso quizá nos sirva de advertencia para nuestro estilo de vida cada vez más sedentario.

La actividad física y la mente

Como ya exploramos, existen muchas maneras en que la actividad física nos ayuda a ser más felices, más resilientes y a mantener el buen funcionamiento de nuestro cerebro, pero ¿cuánto ejercicio es suficiente? Las pautas para la cantidad de ejercicio que requerimos para mantenernos sanos en un sentido físico se establecieron con base en evidencias científicas acumuladas a lo largo de décadas.

Sin embargo, todavía no tenemos cantidades recomendadas para nuestro bienestar psicológico, ya que ese tipo de investigaciones es mucho más reciente. Pero no necesitamos esperar las recomendaciones formales. Lo más importante, tanto para nuestro cuerpo como para nuestra mente, es que hagamos algo en lugar de no hacer nada. Como sugiere el profesor John Ratey: “Un poco es bueno, pero más es mejor”.

Una buena opción es proponernos alcanzar las cantidades recomendadas de actividad para obtener la salud física. Las pautas actuales de la Organización Mundial de la Salud (que son correspondientes con las pautas del Reino Unido y Estados Unidos) son las siguientes:

- Un mínimo de 150 minutos semanales de actividad física aeróbica moderada, o 75 minutos de actividad física aeróbica vigorosa, o una combinación equivalente de intensidades moderada y vigorosa. (Consulta en la tabla de abajo la definición de lo que se considera "moderado" y "vigoroso").
- La actividad aeróbica debe realizarse en episodios de 10 minutos o más.
- Por lo menos dos veces por semana debe incorporarse actividad de fortalecimiento.
- Para lograr beneficios adicionales de salud aumenta la actividad física aeróbica moderada a 300 minutos por semana, o actividad física aeróbica intensa a 150 minutos semanales.

Las recomendaciones para niños y adolescentes hasta los 17 años son un mínimo de 60 minutos diarios de actividad de moderada a vigorosa, más actividad de fortalecimiento por lo menos tres veces por semana.

Guía rápida de niveles de actividad

	Moderada Aumento de temperatura, latidos cardiacos más rápidos, respiración agitada, pero poder llevar una conversación.	**Vigorosa** Aumento en la temperatura, latidos mucho más rápidos, respiración mucho más agitada. Dificultad para llevar una conversación.	**Fortalecimiento, equilibrio, o ambos** Implica el uso del peso corporal, con pesas o esfuerzo contra resistencia.
Adultos (18-64 años)	Caminata enérgica, ciclismo, baile.	Carreras, natación, deportes como el futbol.	Ejercicios con pesas, pilates, cargar peso pesado, como al cargar bolsas de comestibles.
Adultos mayores (65 años y más)	Caminata enérgica, ciclismo, baile.	Carrera, natación, subir escaleras.	**Fortalecimiento**: Cargar pesos pesados, como cargar bolsas de comestibles, actividades como baile o aeróbicos en silla. **Equilibrio:** Taichí o yoga.

Guía rápida de niveles de actividad (continuación)			
Niños (5-17 años)	Juegos y actividades en parque infantil, caminata o ciclismo, baile, saltar la cuerda.	Carrera rápida, natación, deportes como futbol, *rugby*, *netball* o *hockey* (si ya participa activamente en el juego).	Balancearse en el columpio, saltar la cuerda, saltar sobre un pie, gimnasia, tenis.

Basado en UK Physical Activity Guidelines (2011). www.gov.uk/publications/uk-physical-activity-guidelines.

Nota: Si estás iniciando apenas el ejercicio, o si lo retomas después de cierto tiempo, o no puedes alcanzar las cantidades recomendadas de actividad por tu edad o problemas de salud, deberías ser tan activo como te lo permitan tus capacidades, padecimiento, o ambos. Busca consejo de un médico o profesional de la salud en cuanto a qué es más apropiado en tu caso.

Examen rápido

Si sentarte a ver televisión o a jugar con tu computadora tiene un gasto energético de 1, ¿cuánta energía adicional (según se mide por la actividad física involucrada) crees que consumirías en las actividades que se listan a continuación? (Por ejemplo, la mitad de, el doble de, etc.)

- Ponerte de pie mientras trabajas en tu escritorio
- Planchar
- Limpiar y sacudir
- Dar un paseo a pie (aproximadamente tres kilómetros por hora)
- Pintar y decorar
- Pasar la aspiradora
- Caminar con energía (aproximadamente 6.5 kilómetros por hora)
- Podar el pasto
- Correr 1.6 kilómetros en 10 minutos (aproximadamente 10 kilómetros por hora)
- Consulta el siguiente gráfico para ver si tuviste razón.

Respuestas al examen

(A) Sentarse a ver televisión o jugar en la computadora = 1
(B) Ponerte de pie mientras trabajas en tu escritorio = 2 veces
(C) Planchar = 2.3 veces
(D) Limpiar y sacudir = 2.5 veces
(E) Dar un paseo a pie (aprox. 3 km por hora) = 2.5 veces
(F) Pintar y decorar = 3 veces
(G) Aspirar = 3.5 veces
(H) Caminata enérgica (aprox. 6.5 km por hora) = 5 veces
(I) Podar el pasto = 5.5 veces
(J) Correr 1.6 km. en 10 minutos (aprox. 10 km por hora) = 10 veces

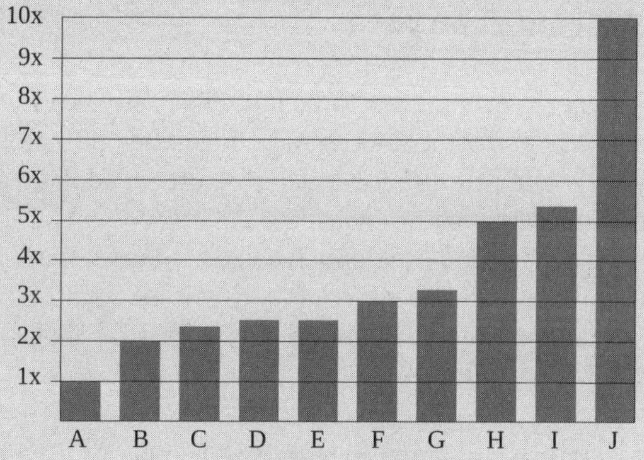

Basado en Start Active, Stay Active (2011). A report on physical activity for health from the four home countries' Chief Medical Officer, UK Government

Ideas para moverte más

> "Trata de limitar el tiempo que pasas sentado o durmiendo a sólo 23 horas y media al día".
> Dr. Mike Evans, *23½ hours*, video, 2011.

Diez ideas para comenzar

¿Quieres empezar, hacer más, seguir adelante? Éstas son ideas que te servirán:

1 Empieza lento y con poco

Una de las maneras más felices para empezar a activarte es mediante caminar más. Las personas que caminan tienen una probabilidad tres veces mayor de cumplir con los niveles recomendados de actividad (página 109) que quienes no lo hacen. Aparte de tener zapatos cómodos, no necesitas ropa o equipo especial, y la caminata se puede incorporar con facilidad a tu vida diaria. Entonces, ¿por qué no subes y bajas las escaleras en lugar de tomar el elevador, o te bajas del autobús o metro una estación antes?

2 Ten en la mente el final (y la mitad)

La expectativa de cuánto disfrutaremos algo afecta la probabilidad de que lo hagamos. En lo referente al ejercicio, los psicólogos descubrieron que con frecuencia pensamos que lo disfrutaremos menos de lo que realmente sucede porque tendemos a enfocarnos en la primera parte de la actividad o ejercicio, en cómo empezar y hacer calentamiento, que con frecuencia es la parte más difícil. Descubrieron que bastó con pedir a las personas que antes del ejercicio pensaran en cómo se sentirían a la mitad del entrenamiento, cuando ya le habían tomado el ritmo, para que se fortalecieran sus intenciones de ejercitarse en el futuro.

3 Sepáralo en partes

¿No tienes tiempo para ejercitarte? No tienes que apartar 30 o 60 minutos en un solo episodio. También sirve ejercitarte en periodos de 10 minutos.

4 Camina, piensa, habla

Usa el tiempo en que incrementas tu actividad física para hacer otra cosa. ¿Estás tratando de resolver un problema o generar ideas? Hazlo en movimiento: sal a caminar o a correr. Si estás en el trabajo, ¿por qué no sugieres que las juntas se hagan mientras caminan? Algunas personas dicen que eso mejora la calidad de la conversación e incluso puede hacer que las juntas sean más eficientes y breves.

LA HISTORIA DE JULIE: SÓLO UN MINUTO

Julie era una madre soltera muy ocupada que tenía sobrepeso y diabetes. Necesitaba ponerse en forma, pero sentía que no tenía tiempo para ejercitarse. El doctor Robert Maurer, un psicólogo que la trataba, pensó que decirle que hiciera los 30 minutos recomendados de ejercicio al día no funcionaría. Simplemente no lo haría y era probable que eso la hiciera pensar que había fallado, causando que se sintiera peor de lo que ya se sentía.

En lugar de eso, le preguntó si regularmente veía televisión.

—Por supuesto —respondió ella.

—Bueno —preguntó el psicólogo—, ¿podrías caminar en el mismo sitio durante un minuto todas las noches mientras ves televisión? ¿Podrías hacerlo durante las siguientes dos semanas?

—Sí —accedió Julie—. Eso suena fácil. Creo que puedo hacerlo.

Aunque esos minutos no reducirían en forma significativa el peso de Julie, sí podrían fortalecer su confianza y ayudarle a sentirse más capaz de ser activa. Dos semanas después, Julie regresó con su doctor.

—Hice mi caminata de un minuto frente a la televisión. ¿Qué más puedo hacer por un minuto al día?

El temor de Julie hacia el ejercicio y su resistencia a él empezaron a disolverse. Lentamente, en el curso de los siguientes tres meses, Julie pudo encontrar periodos breves en los que podía realizar actividad física y pudo ingresar a clases regulares de ejercicios aeróbicos.

Utilizado con permiso del autor. La versión completa de la historia se puede encontrar en *One Small Step Can Change Your Life: The Kaizen Way*, del doctor Robert Maurer (2004), Workman Publishing Company. (*Un pequeño paso puede cambiar tu vida: El método Kaizen*, Editorial Urano).

5 Prepárate para evitar las excusas

Una vez me enteré de un hombre que quería ejercitarse antes de ir a trabajar. Al darse cuenta de que cualquier excusa, como no poder encontrar sus zapatos deportivos, podría atravesarse en su decisión, se le ocurrió una solución ingeniosa: se puso su equipo de correr al ir a dormir. Al instante que sonaba el despertador, estaba listo. No estoy sugiriéndote que llegues a ese extremo, pero ¿qué necesitas hacer para prepararte y evitar tus excusas comunes? Por ejemplo, si trabajas desde casa, intenta ponerte tu ropa de ejercicio durante el día, para que puedas levantarte y salir a caminar o trotar en el parque cercano. También estarás preparado si quieres ir a una clase. Para las clases, intenta poner tu alarma 15 minutos antes de que tengas que salir, de modo que puedas terminar lo que estás haciendo antes de irte.

Excusas comunes para no moverse más e ideas basadas en evidencias para contrarrestarlas

¡Estoy demasiado cansado!	A menudo nos sentimos cansados porque no hacemos actividad física. Es posible que parezca ilógico, pero realizar actividad física puede darnos más energía. Salir de casa también ayuda.
¡Odio los deportes, simplemente no son para mí!	No todo se refiere a los deportes. Puedes caminar de manera enérgica, correr, bailar, hacer yoga o artes marciales, como tai chi o tae kwon do… ¡la lista es interminable!
¡Estoy demasiado ocupado!	¿Puedes apartar cinco o diez minutos a la vez, ya sea dentro o fuera de casa? ¿Qué te parece hacer dos cosas al mismo tiempo? Por ejemplo, caminar mientras tienes una junta, como oportunidad para ver a una amiga o llevar a los niños al parque, caminar o ir en bicicleta a tu trabajo; usa el ejercicio como un momento para pensar y planear.
¡Me siento demasiado decaído!	Intenta enfocarte en cómo te sentirás después. En la mayoría de la gente la actividad física genera sustancias químicas que nos hacen sentir bien y después de unos cuantos minutos empezamos a sentirlo. Hacer ejercicio también nos ayuda a sentir que tenemos más control.

6 Vuélvete sociable

Puede ser más fácil comprometerse con el ejercicio y disfrutarlo más si lo hacemos con otros; puede funcionarnos si no nos sentimos confiados de lograrlo: podemos conseguir que alguien confiable nos acompañe para darnos apoyo moral, para alentarnos o instigarnos, y para dar seguimiento a nuestro progreso. Por ejemplo, Susie, una enfermera retirada, tiene un grupo de amigas con quienes camina todas las mañanas. Se reúnen a las nueve en la entrada del parque y caminan y charlan durante cerca de 30 minutos diarios. Saber que las demás estarán allí las alienta a todas a continuar haciéndolo, además de que se ríen mucho.

7 Disfrútalo

Guy Faulkner, un psicólogo especializado en el ejercicio, y sus colaboradoras Kate Hefferon y Nanette Mutrie, nos aconsejan que encontremos un ejercicio que disfrutemos, que podamos hacer con regularidad y podamos sostener a lo largo del tiempo. Si odias ir al gimnasio pero te encanta bailar, hazlo; o mira televisión o las charlas TED mientras usas la caminadora, si eso es lo que te gusta. Una madre con la que trabajamos decidió trotar al ritmo de la música mientras empujaba el carrito de su bebé todas las mañanas.

Encontrar de modo deliberado las distracciones que nos agradan mientras nos ejercitamos puede aumentar nuestro disfrute. Trotar alrededor del parque local puede convertirse con rapidez en algo aburrido porque literalmente das vueltas al mismo círculo todas las veces. Combina otras cosas tratando de percatarte de los cambios en el entorno, como las aves y otros animales silvestres, los niños que juegan, los perros entusiastas que persiguen ardillas. Ésta es una forma de atención plena que trataremos en el capítulo 4.

8 Hazlo en exteriores

Hay un creciente conjunto de investigaciones que confirman los beneficios del “ejercicio ecológico”: la actividad física que realizamos en exteriores y en un ambiente natural, ya sea en el campo, en un parque citadino o en nuestras calles locales, puede tener efectos más positivos en nuestro estado de ánimo y bienestar psicológico, además de ser revitalizante y restaurador.

9 Monitorear tu ejercicio puede hacer que sigas con él

Ahora hay gran cantidad de *gadgets* y aplicaciones para teléfonos inteligentes que te ayudan a dar seguimiento a tu progreso; desde contadores de pasos hasta monitores de frecuencia cardiaca o dispositivos que miden la distancia que has corrido. A muchas personas esto realmente les ayuda a tener motivación.

10 Siéntate menos

Es más fácil quedarte sentado durante largas horas, en especial si estás ocupado con el trabajo o simplemente cuando te relajas, de modo que te propongo que trates lo siguiente:

- Programa el cronómetro de tu teléfono para que suene cada 30 minutos y levántate para moverte o estirarte cuando suene (es una buena excusa para hacerte una taza de té).
- Coloca tu teléfono o el control remoto de la televisión al otro lado de la habitación para que tengas que levantarte cuando los necesites.
- Mantente de pie mientras hablas por teléfono o usas juegos de computadora.
- Dispón que las juntas del trabajo transcurran de pie y utiliza un escritorio alto que te permita trabajar erguido.

Otras maneras de cuidar de tu cuerpo y mente

> "El médico del futuro no dará medicamentos, sino que interesará a sus pacientes en el cuidado de su estructura humana, en su dieta, y en la causa y prevención de las enfermedades".
> Thomas Edison

Tener mayor actividad física es importante para nuestra mente, pero otras formas de cuidar de nuestro cuerpo también son importantes. La combinación de éstas con la actividad te ayudará a maximizar qué tan feliz te sientes.

Alimentación y felicidad

Cada bocado que comemos se suma lentamente a qué tan bien funciona nuestro cuerpo. Asimismo, tiene un impacto sobre nuestra mente. La investigación hasta la fecha indica que aquello que comemos, y cómo lo comemos, puede afectar las fluctuaciones del estado de ánimo al igual que nuestro funcionamiento cognitivo, y se vincula con la probabilidad de que tengamos depresión y deterioro cognitivo a medida que envejecemos.

El alimento es más que un simple combustible para nuestro cuerpo: puede ser una fuente de placer, conexión, creatividad y significado que contribuye a la felicidad. También puede tener un impacto duradero, a largo plazo, sobre la estructura y el funcionamiento de nuestro cerebro.

¿Cuáles son los mejores alimentos para la felicidad?

Un informe de 2006 de la Mental Health Foundation (Fundación para la Salud Mental) trata sobre una reseña de más de 500 estudios acerca de la manera en que nuestra alimentación afecta nuestro bienestar psicológico, y se encontró que los alimentos más importantes son:

- **Aceites omega-3.** Las concentraciones más altas se asocian con menor riesgo de depresión e impulsividad y elevan nuestro estado de ánimo, a la vez que nos protegen contra la enfermedad de Alzheimer y la demencia. No parece requerirse demasiado. Por ejemplo, un estudio de gran magnitud descubrió que las mujeres que comían pescado una vez por semana o más tuvieron 30% menos probabilidades de presentar depresión. Las grasas son esenciales para nuestro cerebro (el cerebro es 60% grasa), pero necesitamos un equilibrio entre los aceites omega-3 y omega-6 (que se encuentra en las grasas animales) de alrededor de 2:1. No obstante, las dietas actuales han cambiado ese equilibrio, de modo que ingerimos demasiado omega-6 y no suficiente omega-3 (al igual que más grasas trans de los alimentos procesados y comida rápida, que no son buenas para nosotros). Los aceites omega-3 se encuentran en el pescado y las semillas (como la linaza), nueces (especialmente de nogal y almendras), aceites de oliva y girasol, aguacates y huevos.

- **Vitaminas y minerales**, en especial:
  - Zinc: de los granos enteros, leguminosas, carne y leche.
  - Magnesio: de las verduras de hoja verde, nueces y granos enteros.
  - Hierro: de la carne roja, verduras de hoja verde, huevos y algunas frutas.
  - Ácido fólico: de las verduras de hoja verde y cereales fortificados.
  - Una variedad de vitaminas del grupo B: de productos de grano entero, levadura y lácteos.
  - Vitaminas antioxidantes, como C y E: de una amplia variedad de verduras y frutas.

De modo que, si tenemos una dieta variada que integre una mayoría de alimentos naturales, incluida gran cantidad de verduras verdes y de otro tipo, fruta fresca, nueces y semillas, granos enteros y aquellos alimentos que son fuente de omega-3, es probable que recibamos los nutrientes que requerimos para un bienestar y funcionamiento mental óptimo. Algunos expertos dicen que deberíamos aspirar a que nuestros platillos diarios tengan un arcoíris. Tener una variedad de verduras, frutas y otros alimentos de diversos colores nos ayuda a garantizar que obtengamos todos los nutrientes necesarios.

¿Existen alimentos que se relacionen con la infelicidad?

Las dietas modernas no siempre son buenas para la felicidad. Se ha comprobado que, en particular, los alimentos procesados, el azúcar, o ambos, tienen un efecto negativo al alterar el estado de ánimo y relacionarse con la depresión.

El azúcar y los carbohidratos refinados (por ejemplo, cualquier cosa de color blanco hecha con trigo refinado, como el pan, la pasta, muchos cereales de desayuno, pasteles) pueden afectar la capacidad de nuestro cerebro para regular el estado de ánimo a corto y largo plazo; además de que algunas personas son más sensibles a éstos.

Los azúcares y carbohidratos refinados en nuestra dieta se descomponen en glucosa, que nuestro cerebro requiere en una dotación constante. Sin embargo, demasiada glucosa, demasiado rápido, puede causar una elevación o "subidón" de azúcar, al que luego sigue un descenso súbito que provoca cambios de estado de ánimo. Tener muy poca glucosa por haber pasado demasiado tiempo sin alimentos puede causar que experimentemos fatiga, baja capacidad de concentración, irritabilidad, ansiedad, problemas de memoria, o todos los anteriores.

El asunto es que ahora muchos de nosotros consumimos mucha más azúcar en nuestra dieta y, en consecuencia, tenemos más glucosa en nuestro organismo de la que requerimos. Hace 500 años era muy poco probable toparse con el azúcar, en tanto que para el año 2000 ya comíamos 69 kilos al año. De la misma manera que la ingerimos en alimentos dulces y la añadimos al té o café, a menudo el azúcar está oculta en otros alimentos y bebidas (refrescos, comidas preparadas, bebidas alcohólicas y jugos de fruta).

Para ser felices necesitamos azúcar en una forma que se digiera con mayor lentitud y no requerimos demasiada. Así que te aconsejo bajar su consumo y comer más frutas y granos enteros.

Sueño y felicidad

"El sueño es la cadena de oro que enlaza nuestra salud con nuestro cuerpo".

Thomas Dekker, *The Guls Horn-Booke*

¿Con cuánta frecuencia te despiertas descansado y revitalizado por las mañanas, y lleno de energía para enfrentar el día? En esos días saltas de la cama sin tener que apagar el despertador. A medida que avanza la mañana piensas con claridad y puedes resolver ese problema difícil que has tenido durante algún tiempo y, cuando algo sale mal, lo enfrentas con calma y sin alterarte o frustrarte. Y si alguna idea u oportunidad llega a ti, estás abierto, interesado y curioso.

Esto me sucedió hace poco: regresé de un periodo de vacaciones en el que empecé a irme a dormir más o menos una hora antes de lo común y decidí practicar la misma rutina al volver a casa. Me asombró la diferencia que representó ese tiempo adicional de sueño en cómo me sentía y funcionaba: mejoró mi actitud, mis interacciones con los demás y mi capacidad para lidiar con lo que el día me tuviera reservado. Además, me di cuenta de que había pasado la mayor parte de mi vida adulta en un estado de privación de sueño. Simplemente no sabía cómo se sentía obtener descanso de manera regular y resulta que no soy la única; 73% de los estadounidenses dicen que no obtienen la cantidad de sueño que necesitan durante la semana. Un estudio de 2013 acerca de los hábitos de sueño en Gran Bretaña indicó que un asombroso 70% de las personas duermen siete horas o menos, y que una tercera parte de la población sólo duerme cinco a seis horas, con un aumento en esa cifra con respecto a la que se obtuvo en la encuesta que se hizo tres años antes.

Pero el sueño no es sólo un beneficio adicional, un lujo inútil, sino que es esencial para la salud y el bienestar. Cuando dormimos el principal beneficiado es el cerebro, ya que dormir le permite procesar los sucesos del día, recuperarse y regenerarse. Tener un sueño de buena calidad es esencial para aprender, y también para el funcionamiento adecuado del cerebro.

Sueño y bienestar psicológico

Muchas de las funciones del sueño han sido un misterio, pero poco a poco se están volviendo más evidentes. Un hecho que se acepta en términos generales es que el sueño y el bienestar psicológico tienen un lazo intrínseco. Una buena noche de sueño fomenta nuestra resiliencia, mientras que la falta persistente de sueño puede inducir a ideación negativa y vulnerabilidad emocional, lo cual pone en marcha un ciclo de deterioro que, si no tenemos cuidado, puede derivar en depresión y ansiedad.

Un factor que participa en esto es la manera en que procesamos la información emocional. Veamos como ejemplo el siguiente experimento. A las personas se les mostraron imágenes con contenido positivo, neutro o negativo notablemente contrastantes: quizá bebés sonrientes o imágenes de la destrucción provocada por la guerra. Luego se les pidió que las recordaran. Aquellos que carecían de las suficientes horas de sueño no sólo tenían más dificultad para recordar en términos generales, sino que las imágenes que recordaban eran las negativas. La falta de sueño aumenta la probabilidad de que nos enfoquemos en, y recordemos, lo peor en lugar de lo bueno. Esto abre el camino a la depresión (examinaremos en mayor detalle este concepto en el capítulo 8).

Muy pocas horas de sueño pueden impulsarnos a hacer elecciones poco sanas en otras áreas importantes para nuestra salud. Cuando estamos demasiado cansados empezamos a ansiar azúcar y carbohidratos, comemos más en total y tenemos menos probabilidades de ejercitarnos. Como señala Robert Stickgold, uno de los principales expertos en el sueño: “Si no duermes suficiente, terminarás gordo, enfermo y estúpido”. Sin embargo, añade que la mayoría de nosotros no establecemos la relación con la cantidad de horas de sueño.

Consejo principal

Tener un estado mental de gratitud parece ayudarnos a dormir con mayor rapidez, durante más tiempo y mejor, al igual que a sentirnos más despiertos durante el día. Esto fue lo que se encontró en un estudio con 300 hombres y mujeres de entre 18 y 68 años. Se instó a los participantes a tener pensamientos positivos y de agradecimiento antes de dormir, en lugar de pensar en sus preocupaciones actuales. La actividad de las “tres cosas buenas” que veremos en el capítulo 8 es una estupenda herramienta de entrenamiento cerebral que se puede utilizar antes de dormir para ayudarnos a dejar de lado las preocupaciones, volvernos más agradecidos y tener una buena noche de descanso.

Basado en Wood *et al.* (2009).

El estrés en la vida es una causa importante de pérdida de sueño. En el British Bedtime Study (Estudio de hábitos de sueño en Gran Bretaña) de 2013, alrededor de 50% de las personas dijeron que el estrés y las preocupaciones los mantenían despiertos por las noches. A veces los factores que causan ese estrés están fuera de nuestro control. Sin embargo, otro estudio reveló que tener una actitud más positiva y un mayor sentido de propósito en la vida ayudó a las personas a conseguir una buena noche de sueño, a pesar de las circunstancias y los problemas.

Sueño y buen funcionamiento

Los bebés y niños pequeños requieren dormir mucho porque están aprendiendo durante cada instante del periodo de vigilia. Pero los adultos también necesitamos dormir. Si dormimos poco, tenemos un desempeño menor en pruebas de memoria y de habilidades directas. Otros ejemplos del impacto de la falta de sueño incluyen:

- Se ha demostrado que conducir luego de perder cuatro horas de sueño es equivalente a hacerlo luego de beber seis cervezas.
- La somnolencia representa la causa de más de 100 000 accidentes vehiculares informados por año en Estados Unidos. Las estimaciones en Australia, Inglaterra y varios países europeos sugieren que los conductores somnolientos provocan de 10 a 30% de todos los choques.
- Mientras más complejas o creativas son las tareas, o demandantes las decisiones que enfrentamos, peor es el impacto en la falta de sueño.

El sueño puede ayudar a nuestro cerebro a funcionar bien. Si tomamos una siesta entre el momento en que aprendemos algo y el momento en que tenemos que recordarlo, nuestro desempeño es mejor que si permanecemos despiertos durante el mismo número de horas antes de que tengamos que recordarlo. Robert Stickgold sugiere que por cada dos horas de información que recibimos, necesitamos una hora de sueño. Indica que: “La diferencia entre ser inteligente y ser sabio está en dos horas más de sueño por la noche”.

La cantidad de sueño que requerimos depende mucho del individuo y es posible que la subestimemos. Uno de los expertos mundiales en el tema del sueño afirma que la mayoría de los adultos necesitan entre ocho y nueve horas de sueño para que se satisfagan sus misteriosos procesos biológicos, que proporcionen sus beneficios para la salud y nos permitan funcionar a nuestra máxima capacidad. Las personas que tienen un desempeño máximo lo saben —atletas, deportistas y músicos de primer orden reconocen que es crucial tener una noche completa de descanso— y, de hecho, la investigación muestra que, en promedio, estas personas duermen 8.6 horas por noche. Eso es mucho más de lo que dormimos la mayoría de los demás.

Momento de reflexión...

- Piensa en la última vez que dormiste muy poco. ¿Cómo te hizo sentir? ¿Cómo afectó tus interacciones con los demás, tu capacidad para pensar con claridad y para lidiar con los asuntos y problemas? ¿Cómo funcionaste en el trabajo? ¿Qué impacto tuvo en ti?
- Ahora compáralo con una ocasión en que hayas despertado revitalizado, cuando hayas tenido una noche de sueño verdaderamente buena. ¿Qué diferencia hizo en ti?
- ¿Cuántas horas dormiste? ¿Cómo lo comparas con tu noche promedio? ¿Te sentiste descansado luego de esa cantidad de sueño?
- ¿Cuáles son tus hábitos en la hora previa a ir a dormir? ¿Qué tan adecuado es tu dormitorio para tener una buena noche de sueño?

Consejos principales Hábitos de sueño más felices

▶ **Activa tu alarma para ir a dormir**. Quizá parezca contradictorio, pero ir a dormir y despertarse a horas regulares ayuda a garantizar que recibas la cantidad de sueño que realmente necesitas. Dormir por más tiempo en los fines de semana causa un "*jetlag* social", ¡y ésa es la razón por la que quizá te cueste trabajo despertar los lunes! ¿Por qué no pones la alarma del despertador una hora antes del momento en que quieres ir a dormir, como recordatorio para relajarte antes de acostarte? (¡Te sugiero que uses un sonido agradable y que sea diferente de la alarma que normalmente pones para despertar!)

▶ **Olvídate de la tecnología antes de dormir.** Nuestro cerebro interpreta como luz diurna la iluminación que emiten los dispositivos, lo cual nos hace sentirnos más despiertos y eso significa que se nos dificulte conciliar el sueño. Cualquier cosa interactiva, como los videojuegos o consultar el correo electrónico, nos alerta incluso más. Así que si te sientes tentado a consultar tus correos, textos, ver el final de una película o jugar un poco más con un videojuego, pregúntate: "En términos de mi felicidad para mañana (y mi salud a mayor plazo), ¿cuál sería el mayor beneficio que obtendría de invertir los siguientes 30 minutos o una hora (más o menos) en esta actividad o en dormir más?

- **Vigila lo que bebes.** ¡Esa copa antes de dormir quizá no sea tan buena idea después de todo! El alcohol nos ayuda a conciliar el sueño más rápidamente, pero reduce la calidad del mismo, en especial del sueño profundo, y puede provocar que despertemos antes. El café, el té y el chocolate (y también el tabaco) dificultan dormir. Cualquier líquido poco antes de ir a la cama puede significar que necesitemos ir al baño a mitad de la noche. Intenta beber líquidos cuando menos una hora y media antes de la hora de dormir.
- **Ejercicio durante el día.** Las personas que se ejercitan con regularidad tienden a conciliar el sueño con mayor rapidez, a pasar más tiempo en sueño profundo y a despertar con menos frecuencia durante la noche. Ejercitarse en exteriores, en especial durante la mañana, puede ayudar a ajustar nuestro reloj biológico y facilitar que durmamos al terminar el día. (La siguiente página contiene más detalles sobre las razones de esto.)

Nota importante: Si tienes problemas para dormir y éstos persisten a pesar de tratar con algunos de los consejos que te sugiero aquí, acude con tu médico.

¡Espabílate!

Luz diurna y felicidad

A menudo la luz es un ingrediente subestimado, pero esencial, en la compleja mezcla de las cosas que requerimos para sentirnos bien y estar bien. La luz natural influye en nuestro bienestar físico y felicidad. La mayoría de nosotros nos sentimos más felices cuando el día está soleado que cuando está nublado. El trastorno afectivo estacional (TAE) es un padecimiento médico reconocido que sufren algunas personas durante el invierno, cuando hay falta de luz diurna. Los experimentos confirman que las personas que trabajan en oficinas tienen un mejor desempeño y se sienten mejor si están cerca de una ventana porque reciben luz natural; de igual modo, las personas internadas en hospitales sanan con mayor rapidez si están cerca de la luz natural.

Cuando nuestra piel se expone a los rayos del sol producimos vitamina D. Por esa razón se le conoce como la "vitamina del sol". Tener poca cantidad de vitamina D se asocia con estados de ánimo decaídos, problemas de sueño y depresión. Asimismo, es un nutriente importante para nuestros huesos y para muchos otros procesos corporales. Sin embargo, con nuestros horarios de trabajo, estilos de vida en interiores y el uso generalizado de filtros solares, la deficiencia de vitamina D se está volviendo cada vez más común en Occidente. Se estima que hasta la mitad de las personas carece de la vitamina. De hecho, se cree que posiblemente la falta de exposición al sol y, por consecuencia, las bajas concentraciones de este nutriente vital, contribuyen al aumento en los niveles de trastornos del sueño y depresión, y afectan nuestra salud física.

Todas las células del organismo están programadas para sintonizarse con la luz diurna. Está dentro de nuestro ADN. El Sol existió mucho antes que nosotros y, como la mayoría de los seres vivos, el ritmo de nuestros sistemas biológicos evolucionó para seguir ese patrón. Nuestros cuerpos anticipan la salida y la puesta del Sol a lo largo de un periodo de 24 horas. A esto se le conoce como "ritmo circadiano" y se confirma, por ejemplo, por el hecho de que nos sentimos más alertas y hambrientos en las mañanas y empezamos a sentirnos adormilados y cansados cuando oscurece.

Evolucionamos para estructurar nuestros días de acuerdo con el Sol, levantándonos junto con él y yendo a la cama al atardecer. El Sol indicaba a nuestros cuerpos cuándo comer y cuándo descansar. Sin embargo, desde la invención de las bombillas eléctricas hace 140 años, todo eso cambió. Ahora podemos decidir que nos levantaremos y acostaremos cuando queramos, que trabajaremos tarde cuando lo necesitemos o que estaremos despiertos toda la noche para divertirnos, si eso es lo que nos indica nuestro ánimo. Si a eso añadimos la cafeína, junto con la tecnología, las cosas empiezan a empeorar. Nuestros cuerpos se confunden porque se altera su patrón natural. Como demuestran los estudios sobre personas que trabajan el turno de noche, esto es potencialmente nocivo para la salud física y mental.

¿Cuánta luz necesitamos?

Para obtener el mayor beneficio de la luz solar, necesitamos recibir el espectro completo. Aunque la luz natural que entra por las ventanas nos hace cierto bien, el vidrio, como los bloqueadores solares, filtra algunas de las longitudes de onda que componen a la luz diurna. Necesitamos salir y dejar que la luz del Sol toque nuestra piel desnuda (manos, antebrazos y cabeza, cuando menos). Quizá por esta razón ejercitarnos en exteriores tiene beneficios adicionales para nuestro bienestar.

La cantidad de exposición que necesitamos varía, dependiendo de la intensidad del Sol (la cual difiere de acuerdo con nuestra ubicación y hora del día), nuestro color de piel y la cantidad de piel expuesta. Sin embargo, desde 10 a 15 minutos entre las diez de la mañana y las tres de la tarde, sin protector solar y en el norte de Europa, pueden ser suficientes para generar concentraciones sanas de vitamina D (un tiempo menor al que se requeriría para que la piel clara se dore en el verano). Todos sabemos los peligros de la sobreexposición al Sol y que necesitamos cuidarnos de las quemaduras, en especial a horas pico, pero obtener un poco de luz solar realmente ayuda a sentirnos bien y también nos hace bien.

Momento de reflexión...

- ¿Cuánto tiempo pasas normalmente en exteriores, bajo la luz del Sol, todos los días del invierno, al igual que en verano?
- Si habitualmente recibes cuando menos 15 minutos diarios en exteriores mientras hay luz, ¿cómo podrías recibir más luz diurna de manera regular, en especial durante el invierno? Por ejemplo, considera caminar afuera durante el almuerzo o hacer jardinería, leer, comer o ejercitarte en exteriores.

En resumen

Éstos son los cinco puntos esenciales que puedes derivar de este capítulo:

1 Incorpora más movimiento a tu día; los seres humanos estamos diseñados para movernos. Hacerlo es esencial para nuestra salud física y psicológica y ayuda a nuestro cerebro a funcionar bien. Logra que tu corazón lata más rápido haciendo cuando menos 150 minutos de ejercicio moderado por semana. Y recuerda: ¡más es mejor!

2 Ponte de pie: sentarse es malo para tu salud, sin importar cuánto te ejercites.

3 Aquello que comes afecta cómo te sientes: asegúrate de recibir los nutrientes esenciales y limita tu ingesta de azúcar.

4 Determina cuánto sueño necesitas en realidad y vuelve una prioridad obtener el suficiente. Es vital para tu bienestar y para que funciones eficientemente.

5 Enamórate de la luz natural: estar afuera bajo los rayos del Sol es importante para la producción de vitamina D, que es importante para la salud física y la felicidad.

Conexiones con otras claves

Otras claves que quizá desees explorar en conexión con Ejercicio son:

- **ADQUIRIR CONCIENCIA** (página 129)
  Aumentar tus habilidades de atención plena puede mejorar tu experiencia y el beneficio que obtienes del ejercicio y de tu alimentación.
- **DIRECCIÓN** (página 195)
  Establecer algunas metas claras para las acciones que necesitas llevar a cabo para moverte más, comer bien y dormir mejor aumentará las probabilidades de que logres tus metas.
- **RESILIENCIA** (página 225)
  Ejercitarte y cuidar de tu cuerpo puede aumentar tu resiliencia. Existen otras áreas en las que también puedes realizar acciones: aprender algunas técnicas de pensamiento resiliente te ayuda a dormir mejor.
- **EMOCIONES** (página 269)
  Ejercitarte, comer bien y salir de casa son algunas de las fuentes importantes para la emoción positiva; averigua por qué esto es trascendental.

4

ADQUIRIR CONCIENCIA

Vive con atención plena

Hay un viejo adagio que dice: "El ayer es historia, el mañana es un misterio, el hoy es un regalo. Ésa es la razón por la que se llama presente". Bueno, la ciencia muestra que darse tiempo de percatarse del aquí y ahora puede tener un potente impacto en qué tan felices somos. A esto le llamamos estar "plenamente atentos".

Adquirir conciencia: introducción

"En comparación con quienes debemos ser, apenas estamos despiertos a medias".
William James, *The Energies of Men*

¿Bases para una vida más feliz?

La "atención plena", que en algún tiempo fue cosa de *hippies* y ahora está en boga, surge por todas partes —como aplicaciones para descargar en tu teléfono inteligente, en nuestros empleos, escuelas, centros comunitarios e incluso en los consultorios médicos—. Pero ¿es la última moda o algo más?

Parece que la atención plena literalmente puede cambiar —para bien— nuestra mente. Practicadas por miles de años en Oriente, las formas de meditación empezaron a emerger en Occidente en el decenio de 1960 gracias a los enfoques del budismo zen y la meditación trascendental, que en esa época se consideraban actividades "radicales". Aunque se hicieron algunos primeros estudios científicos sobre el tema, no fue sino hasta finales de los setentas que en Occidente se empezaron a estudiar a fondo las prácticas de meditación como vías para mejorar y promover la salud psicológica, y ahora la evidencia científica de sus efectos positivos está aumentando a gran velocidad.

En la actualidad se publican más de 500 artículos científicos arbitrados cada año sobre los mecanismos de la atención plena y sus efectos. Y no sólo está creciendo el interés entre las altas esferas de la academia. Una revisión de la prensa británica reveló que en abril de 2004 sólo hubo dos menciones sobre la atención plena, pero diez años después, aparecieron 150 tan sólo en ese mes.

El creciente número de investigaciones sugiere que algo hay detrás del gran despliegue de interés que provoca el tema. Aunque es posible que algunas de las *apps* y cursos prometan más de lo que cumplen, la atención plena no es sólo una moda pasajera y ya no está en los márgenes del campo de estudio. Es una tradición oriental con 2 500 años de antigüedad, cuyo momento ha llegado para nosotros en Occidente, y puede contribuir a que seamos más felices. La mayor atención plena es algo para lo que todos tenemos capacidad y tiene el potencial de beneficiarnos. Además, en vista de las demandas y sobrecargas que implican nuestras vidas actuales, es posible que ahora la necesitemos más que nunca.

Seguramente la atención plena puede servirnos como "paracaídas de emergencia" que podemos usar cuando nos sentimos estresados; puede ayudarnos a lidiar con nuestras emociones y cuando estamos con el ánimo deprimido o sufrimos dolor crónico. No tiene que ver con evitar o eliminar las tristezas o dificultades, sino con cambiar nuestra relación con ellas. Se refiere a liberarnos del sufrimiento que nos causa nuestra mente y experimentarnos a nosotros mismos, a nuestro entorno y al presente, de forma más completa.

Y todavía hay más. La intención detrás de esta antigua tradición de la atención plena es ayudar a desarrollar y entrenar a nuestra mente, y a nosotros mismos, para conseguir estados óptimos del ser: consciente, introspectivo, dichoso, interconectado y compasivo. De modo que, al parecer, una disciplina de este tipo puede conformar una base sólida para una vida más feliz.

¿Qué es la atención plena?

La atención plena se refiere a la calidad de nuestra atención y concienciación. Una definición de amplio uso que acuñó originalmente Jon Kabat-Zinn, el principal experto en atención plena, es: "prestar atención de modos particulares: en forma propositiva, en el presente y sin emitir juicios". Estos "modos particulares" son los que vuelven consciente a nuestra atención. Hagamos un desglose de ellos:

- **En forma propositiva.** La atención plena es una práctica que emprendemos deliberadamente con intención de prestar atención a algo específico, como nuestra respiración, nuestro cuerpo, los sonidos que nos rodean, o los pensamientos y sentimientos que experimentamos.
- **En el presente.** Es muy frecuente que nuestra mente esté tan ocupada en nuestros pensamientos o preocupaciones del pasado o del futuro —lo que acabamos de hacer, lo que podría suceder o lo que nos falta por hacer— que no nos damos cuenta de lo que sucede aquí y ahora. A través de enfocar de manera intencional nuestra atención

en algo que sucede en el presente (por ejemplo, nuestra respiración), nos permitimos librarnos del "ruido" que genera nuestra mente. Si la mente llega a divagar, traemos de nuevo la atención a nuestro objeto de enfoque.

- **Sin emitir juicio.** A medida que enfocamos nuestra atención, brotarán pensamientos, sensaciones y emociones. En lugar de reaccionar ante ellos, actuamos como si fuéramos un observador compasivo: los aceptamos como suceden, sin juzgar como bueno o malo aquello de lo que adquirimos conciencia, reconociendo que los pensamientos sólo son pensamientos, no hechos, y que van y vienen.

Nuestra actitud hacia nosotros mismos mientras practicamos, y aquello de lo que nos percatamos, es importante. Necesitamos ser bondadosos con nosotros mismos y mostrarnos abiertos y receptivos a lo que notemos.

¿Cómo se practica la atención plena?

La forma en que la mayoría de la gente empieza a desarrollar y cultivar su capacidad de atención plena es a través de practicar la meditación. Esto significa dedicar de manera regular un tiempo para enfocar intencionalmente nuestra atención en algo específico (como nuestra respiración, cuerpo o sonidos), percatándonos del momento en que divague nuestra atención para traerla una y otra vez de nuevo al objeto de nuestra atención.

Es frecuente que la meditación se practique sentándose en posición vertical en un asiento o silla normal, ya sea en casa, el trabajo o en cualquier otro sitio. Así que no es necesario sentarse con las piernas cruzadas o colocarse en la posición tradicional de loto, a menos que quieras hacerlo. También podemos practicar la atención plena de otras maneras, como al caminar, comer e incluso al cocinar, conducir o en nuestras conversaciones con otras personas. Posteriormente en el capítulo examinaremos algunos ejemplos.

A través de la práctica regular e intencional de la atención plena, nos volvemos más conscientes como personas (es decir, estamos más despiertos): vemos de manera más plena lo que nos rodea y nos percatamos de qué sucede en nuestro cuerpo y mente. También puede ayudarnos a sintonizarnos con otras personas. Nos damos cuenta de cosas que en general no notamos o que damos por sentadas. Puede darnos una mayor sensación de calma y espaciosidad, ayudarnos a controlar nuestras reacciones emocionales y romper con hábitos de pensamiento inútiles. Desarrollamos una relación diferente con nuestros pensamientos y emociones, aprendiendo a no quedar atrapados en ellos o tomarlos como si fueran un hecho confirmado, comprendiendo que van y vienen. Con la práctica, adquirimos más conciencia de dónde está nuestra atención, y nos volvemos cada vez más capaces de colocarla donde elijamos. A su vez, esto nos sirve para obtener más control de lo que sentimos y hacemos, y nos permite tomar decisiones más sanas y altruistas.

Aclaración de ciertas imprecisiones comunes

Debido a que es fácil confundirse acerca de qué es (y qué no es) la atención plena, presento aquí algunas aclaraciones sobre ciertos elementos comunes de confusión:

- La atención plena es parte integral de algunas religiones, pero no es una práctica religiosa. La puede practicar cualquiera sin tener que basarse en dogmas religiosos y sin importar si tienen fe o no.
- La atención plena no se refiere a dejar la mente en blanco. Tratar de hacerlo sólo conduce a frustración, ya que los pensamientos e imágenes siguen llegando. La mente es muy buena para recordarnos cosas o para resolver problemas, así que es poco realista tratar de apagarla. En lugar de ello, la atención plena aumenta nuestra concienciación de los patrones de la mente, de modo que podamos elegir si tomaremos acciones o si lo dejaremos pasar.
- La atención plena es más que control del estrés y no está a nuestra disposición sólo para usarla en momentos difíciles. Mucha gente llega a la práctica de la atención plena porque se siente estresada, y aunque sí ayuda con eso, también va más allá, al ayudarnos a ver con claridad y abandonar algunos de nuestros patrones de pensamiento y conductas que contribuyen a nuestras dificultades.
- La atención plena no es relajación, pero puede ayudar a relajarnos. Aunque quizá no lo parezca así para el observador externo, la atención plena es un proceso activo. Mientras las técnicas de relajación se enfocan en dejar pasar los pensamientos o apagarlos, en la atención plena

estamos alertas. Sus fines también son diferentes. Igual que la relajación, puede ayudarnos a lidiar con situaciones estresantes, pero también se filtra en la vida diaria, trayendo una capacidad de conciencia sin juicios hacia las cosas que hacemos, sentimos y experimentamos.

- La atención plena es una forma de entrenar la mente y puede ayudarnos a ser más eficaces, pero es más que un conjunto de habilidades o técnicas de pensamiento. Es "mayor que el pensamiento". Nos enseña que los pensamientos no son hechos. Sin importar cuán profundos, agradables o destructivos sean, cuando tenemos atención plena podemos dar un paso hacia atrás y observar nuestros pensamientos con objetividad, y eso puede llevar a mayor claridad, creatividad y a discernimientos más sabios.
- La atención plena no sólo nos sirve a nosotros. En general es una práctica individual y nos hace tener una mayor introspección que, en sí misma, llega a tener un impacto positivo en nuestras interacciones con otras personas. Más que eso, es posible que una de las finalidades de practicarla sea ayudarnos a desarrollar una mayor concienciación y compasión hacia los demás.

Antiguas raíces, nuevas ramas

La atención plena tiene una larga historia y encontramos variedades de ella en una amplia diversidad de tradiciones espirituales y religiosas antiguas de todo el mundo, de las cuales la más conocida, documentada y estudiada es el budismo. En las tradiciones budistas cultivar la atención plena se encuentra en el núcleo de un sistema más amplio de desarrollo y transformación psicoespiritual, cuya meta es llegar en última instancia a liberarse del sufrimiento. Esa libertad nos concede las saludables cualidades de la sabiduría, dicha, compasión y florecimiento hacia nosotros mismos y hacia otras personas, otros seres sentientes y todo el planeta, lo cual lleva a una felicidad más profunda que no depende de condiciones internas o externas.

De la espiritualidad a la terapia psicológica

A pesar de que la finalidad de la meditación budista tradicional es permitir el florecimiento, el principal enfoque de las primeras aplicaciones en Occidente ha sido para el tratamiento de los problemas de salud, lo cual refleja el énfasis de las profesiones médica y psicológica. Jon Kabat-Zinn es reconocido ampliamente como la persona que popularizó las prácticas de meditación en Occidente. Desarrolló un programa de ocho semanas al que denominó "Reducción de estrés con base en la atención plena" (MBSR, por sus siglas en inglés) para ayudar a las personas que sufren dolor crónico y que luchan con el estrés, el dolor y la enfermedad en sus vidas.

La MBSR es fiel a sus raíces budistas, pero no incluye contenido religioso ni basado en la fe, de modo que todos la acepten y utilicen. La finalidad no es instruir a la gente en el budismo o siquiera convertirlos en expertos de la meditación, sino "ofrecer un ambiente dentro del cual experimenten con métodos novedosos y potencialmente eficaces para enfrentar, explorar y aliviar el sufrimiento tanto corporal como mental", señala Kabat-Zinn. El programa comprende una clase semanal grupal de dos horas y media (que abarca diversos ejercicios de atención plena), práctica diaria en casa, con un "retiro" de un día de duración al final de las ocho semanas.

Los estudios sobre la MBSR probaron su eficacia y desde entonces se generalizó su uso. Se han desarrollado otros programas y terapias de atención plena que se basan en la MBSR para el tratamiento de padecimientos específicos; entre ellos el más conocido es la Terapia cognitiva basada en la atención plena (MBCT, por sus siglas en inglés), que se diseñó específicamente para ayudar a prevenir los episodios recurrentes de depresión.

De la terapia al florecimiento

Los programas de meditación de atención plena se usan ahora como intervenciones para personas sanas; por ejemplo, para ayudar a reducir y controlar el estrés y aumentar el bienestar.

La autocompasión consciente (MSC, por sus siglas en inglés) también está ganando atención. Es un programa que permite a las personas ser más amables consigo mismas y se diseñó para desarrollar la aceptación de uno mismo, reconociendo que es posible que tendamos a tratarnos más duramente a nosotros que a los demás, lo cual puede socavar nuestra resiliencia y bienestar emocional (examinaremos con mayor detalle este tema en el capítulo 9). El mejoramiento de relaciones basado en la atención plena (MBRE, por sus siglas en inglés) es otro programa cuya finalidad es mejorar la calidad de las relaciones y el bienestar social, principalmente en las parejas.

Algunos programas aún más novedosos combinan específicamente la atención plena con la investigación de la psicología positiva para aumentar la felicidad (como se trata a lo largo de este libro) y la evidencia parece alentadora. Por ejemplo, en uno de los primerísimos estudios, un grupo que participó en un programa que incluía meditación, y que se diseñó para aumentar la felicidad, encontró un mayor estímulo positivo que el grupo que sólo recibió el programa sobre felicidad.

¿Atención repleta o atención plena?

> "Media hora de meditación diaria es esencial, excepto cuando estás ocupado. Entonces necesitas la hora completa".
>
> Atribuido a San Francisco de Sales

Nuestra mente es maravillosa; es capaz de proezas tales como aprender nuevas cosas, tener nuevas ideas, analizar problemas complejos, construir historias creativas, anticipar dificultades y sucesos, pensar y planear por anticipado y recordar el pasado.

Sin embargo, nuestra mente también puede ir en contra nuestra; pasa demasiado tiempo pensando en casi cualquier cosa, aparte de lo que hacemos en ese momento y de lo que ocurre frente o alrededor de nosotros. Llega fácilmente a conclusiones sin tener la imagen completa, o entra en piloto automático, de modo que suponemos que las cosas son iguales a como fueron en el pasado. La mente puede acelerarse con el menor impulso, reprendiéndonos acerca de lo que deberíamos o no deberíamos haber hecho, revisando una y otra vez los sucesos pasados, o recreando, imaginando, inventando y preocupándose sobre lo que podría pasar en el futuro. Todo esto llega a crear ruido o desorden mental innecesarios y, con el tiempo, puede conducir a patrones y hábitos de pensamiento que son poco útiles.

En el mundo actual de sobrecarga general, hay muchas más cosas que compiten por nuestra atención de las que nunca antes hubo en la historia. Muchos de nosotros tenemos demasiadas ocupaciones y no contamos con el tiempo suficiente, junto con una interminable fuente de distracciones llamativas que nos rodean por todas partes, como a través de los medios de comunicación, nuestros teléfonos inteligentes y otros muchos dispositivos electrónicos.

Con todo esto, no es sorpresa que nuestras mentes se aceleren al máximo y nos causen infelicidad.

¡Intenta esto! Un minuto de atención plena

Supongamos que, ya que estás leyendo esto, probablemente estás en algún sitio donde puedes tomarte un minuto para poner en práctica un experimento simple sin que te interrumpan:

- Siéntate y coloca ambos pies planos sobre el piso/suelo (o quédate recostado, si estás leyendo en cama).
- La finalidad es pasar los siguientes 60 segundos enfocándote simplemente en tu respiración: siente el aire que entra al inhalar y que sale al exhalar. Tan sólo eso. Si tu mente divaga de tu respiración, no hay problema, regresa a enfocarte en ella (quizá tengas que hacerlo muchas veces).
- Cuando estés listo, programa un minuto en un cronómetro. Pon tu teléfono en modo de silencio para que nadie te perturbe.
- Si quieres, cierra los ojos. Si eso no es posible en este momento (por ejemplo, quizás estés en algún vagón atestado), sólo baja la mirada a un sitio neutro frente a ti.
- Muy bien, enciende el cronómetro y respira… Cuando termine el minuto, piensa en las siguientes preguntas: durante ese minuto ¿cuánto se alejó tu mente de tu respiración? ¿Te diste cuenta del momento en que divagaste?

Hablemos un poco más del tema…

Nuestra mente loca y errante

En el experimento anterior, la mayoría de nosotros, si no es que todos, descubriríamos que nuestra mente divagó muchas veces, incluso en un periodo de un solo minuto. Eso es lo que nuestras mentes hacen de manera natural. Ni siquiera necesitamos que algo externo estimule toda esa actividad mental, la mente se desvía muchas veces en forma espontánea y eso no parece provocarnos felicidad. Eso es lo que encontraron los psicólogos Matt Killingsworth y Dan Gilbert. En un experimento en el que utilizaron una aplicación para teléfonos inteligentes, se comunicaron con más de 2000 personas para preguntarles:

- ¿Qué hace en este preciso momento?
- ¿Cómo se siente justo ahora?
- ¿Está pensando en algo más que en lo que está haciendo? En ese caso, ¿es agradable, desagradable o neutro?

Los resultados fueron curiosos:

- Sin importar lo que estuviera haciendo la gente: trabajar, hablar con alguien, ejercitarse, escuchar música, ver televisión, cocinar, comer o rezar, su mente divagó casi en 50% de las ocasiones.
- Sin importar la actividad, la gente estaba menos feliz cuando su mente divagaba: aunque su mente se hubiera desviado a pensamientos agradables, esto no condujo a mayor felicidad. Si su mente se desviaba a temas neutros o desagradables, eran mucho menos felices.
- Aquello en lo que la gente pensaba fue un mejor factor de predicción de cómo se sentían que su ocupación en ese momento.

La divagación mental puede causar inconsciencia. También es culpable la costumbre de hacer muchas cosas al mismo tiempo. ¿Alguna vez has tenido la experiencia de entrar a otra habitación para tomar algo y descubres que olvidaste qué era? ¿O has estado platicando con alguien, pero te diste cuenta de que no estabas oyendo lo que decía? ¿O comes algo mientras ves televisión o lees, sin degustar realmente la comida o saber cuánto comiste?

Nuestra mente también puede entrar en piloto automático. ¿Alguna vez has viajado por un recorrido familiar, como cuando vas al trabajo, y arribaste a tu destino sin poder recordar nada de cómo llegaste ahí? ¿O incluso tu propósito era ir a otra parte, pero te descubriste siguiendo la misma ruta de siempre? Nuestras mentes identifican con mucha rapidez los patrones regulares de acción o pensamiento y éstos se convierten en hábitos. Los hábitos son útiles: nos permiten resolver cosas que necesitamos hacer regularmente sin obstruir nuestra mente consciente; sin embargo, por prácticos que sean, a veces nos causan tropiezos, en especial cuando nuestra mente está sobrecargada o se enfoca en otra parte.

Los hábitos mentales no sólo se relacionan con acciones, también se aplican a cómo juzgamos e interpretamos los sucesos y a otras personas. Llegamos a conclusiones apresuradas con base en una breve mirada a la evidencia y emitimos juicios rápidos sobre lo que es bueno o malo. Luego actuamos con base en que esas conclusiones son ciertas, lo cual puede tener consecuencias desastrosas en cómo nos sentimos nosotros y en cómo se sienten los demás. Todos esos son ejemplos de "inconsciencia" que puede resultarnos muy costosa en términos de nuestra salud y felicidad y, para empeorar las cosas, cuando estamos en un estado de inconsciencia, no tenemos idea de que es así porque nuestra mente está en otra parte.

¿Haceres humanos o seres humanos?

A veces me parece que somos "haceres" humanos y no "seres" humanos. Piénsalo un momento. ¿Conoces a alguien que no piense que está muy ocupado? Supongo que no conoces a muchos, o más bien a ninguno.

Joe, un amigo mío, calculó que para terminar todos los proyectos que necesitaba o quería hacer requeriría 80 años, y eso no incluía cualquier cosa nueva. Aunque sólo tenía 36 años, sentía que se le había acabado el tiempo. Mientras saltaba de una cosa a otra para mantener ese acto de equilibrismo, se sentía fuera de control y totalmente abrumado.

Mientras más estresados nos sentimos sobre lo que tenemos que hacer, más divagan, se preocupan y se agitan nuestras mentes, enfocándose en las cosas que están mal con nosotros mismos y con nuestra vida. A su vez, esto nos vuelve menos eficaces y nos desgasta todavía más, llevándonos a rumiar nuestros problemas y a estresarnos demasiado. Si esto no se resuelve puede significar que somos menos capaces de remediar las cosas, y llevarnos a una espiral descendente.

Piensa en una computadora en la que se abren muchos programas que corren al mismo tiempo: gradualmente se vuelve más lenta. Es posible que al principio no nos demos cuenta e incluso no nos percatemos de los programas que corren de fondo. Mientras más programas abrimos, peor es la situación. A veces tenemos que desactivar todo por unos instantes para que nuestro dispositivo funcione de nuevo con rapidez; poco a poco aprendemos métodos de trabajar sin abrir tantas cosas al mismo tiempo y consumir toda la memoria operativa. Es igual con nuestros teléfonos: mientras más aplicaciones tengamos en funcionamiento, más rápido se acaba la batería. Eso mismo ocurre con nuestra mente.

Ésta es una de las maneras en que nos ayuda la práctica de la atención plena. Nos permite desconectarnos un rato de nuestros "haceres" y del ruido mental, creando una sensación de espacio. Con ese espacio libre podemos tomar distancia y ver con mayor claridad lo que sucede. Esa mayor concienciación implica que podemos tomar más decisiones conscientes. Con más opciones tenemos más control, lo cual es esencial para el bienestar humano. De modo que la atención plena puede favorecernos en muchísimos sentidos.

La atención plena es simple, pero no fácil, y requiere práctica. No logra desaparecer todos nuestros problemas, pero sí nos ayuda a bajarnos de nuestras "ruedas para hámster" y separar los hechos de las ficciones que a menudo crean nuestras mentes.

Advertencia

La atención plena no siempre le funciona a todo el mundo. Quizá también signifique que nos concienticemos de sentimientos y pensamientos difíciles. Es posible que te resulte útil encontrar a un maestro calificado o grupo de atención plena para que te apoye en el aprendizaje o práctica de esta técnica (consulta la sección de Recursos para averiguar cómo puedes encontrar un maestro calificado). Si sufres depresión, ansiedad u otro padecimiento clínico, habla con tu médico antes de empezar a practicarla. También es posible que ese profesional te recomiende un curso específico (que en el Reino Unido está disponible a veces a través de los servicios de salud).

Momento de reflexión...

Reflexiona sobre un día típico en tu vida, quizás ayer...

- ¿Cuántas veces durante tus actividades principales del día tu mente divagó a otra parte?
- ¿Cuánto tiempo pasaste en piloto automático durante tus rutinas regulares, por ejemplo, al alistarte y viajar al trabajo o la escuela, mientras estabas ahí, cuando regresaste a casa o cuando te disponías a dormir?
- ¿Con cuánta frecuencia estuviste tan ocupado haciendo las cosas que debías resolver en el día que no notaste lo que pasaba a tu alrededor?
- De las horas del día, ¿cuántas representan momentos en que tu mente divagó, te dedicaste a tus ocupaciones o no prestaste atención? ¿Cuántas horas estuviste realmente "presente"?

En el estudio de Matt Killingsworth y Dan Gilbert acerca de la divagación mental, la gente estuvo presente y enfocada aproximadamente la mitad del tiempo. Eso significa que dejaron pasar de largo la mitad de su vida. De hecho, el profesor Mark Williams, uno de los principales expertos en atención plena, sugiere que, en sentido estricto, ¡adquirir una conciencia más plena puede duplicar tu esperanza de vida!

Véase M. Killingsworth y D. Gilbert (2010); M. Williams y D. Penman (2011).

Atención plena y felicidad

Hasta el momento hemos visto que existe evidencia de que la atención plena puede ayudarnos de diversas formas a ser más felices.

Sentirnos bien

Tener una conciencia más plena puede ayudar a la gente a sentirse feliz. En general, las personas que están más plenamente conscientes se sienten mejor acerca de su vida y tienen niveles más altos de bienestar psicológico. Es probable que tengan más esperanza, gratitud y vitalidad; que experimenten más dicha y sean más resilientes. Es menos probable que sufran depresión, ansiedad, estrés o enojo.

La atención al momento presente puede alentar una mayor participación sensorial y disfrute de la vida. En definitiva, las personas adiestradas en atención plena informan que tienen experiencias emocionales más positivas y menos experiencias negativas, y sienten que sus niveles de satisfacción general son más altos. También son más capaces de comprender y remediar los estados de ánimo negativos y se recuperan mejor de los sucesos negativos provocadores.

Lidiar con el estrés

Los individuos con niveles altos de atención plena tienden a considerar menos estresantes las situaciones demandantes y tienen menos probabilidades de enfrentarlas, lo cual evita que los problemas se acumulen y pasen menos tiempo preocupándose por resolverlos. Esto también se asocia con una mejor calidad del sueño.

Cuando estamos estresados producimos mayores concentraciones de la hormona cortisol, que hace que el corazón lata más rápido y prepara al cuerpo para enfrentar al factor estresante. Esto está muy bien a corto plazo, pero si esas concentraciones son altas durante demasiado tiempo, dañan al cerebro y al organismo. Las personas con experiencia en la meditación presentan una reacción inicial potenciada ante el estímulo estresante debido a su mayor concienciación, pero se recuperan con mayor rapidez. De hecho, la atención plena se asocia con una reducción del cortisol y la práctica repetida incluso puede revertir los efectos negativos del estrés crónico sobre el cerebro.

En lo que se refiere al trabajo, se ha demostrado que la atención plena es eficaz para reducir más el estrés y el agotamiento que los programas de relajación general. Es interesante señalar que parece ayudarnos a estar más relajados y más alertas al mismo tiempo.

Se han encontrado beneficios en las profesiones de estrés elevado, como la policía, servicio de bomberos y el ejército, que imponen intensas demandas físicas, emocionales y mentales en la gente, y que a menudo requieren tomar decisiones rápidas que afectan la vida en condiciones de presión. Se vio que la capacitación en atención plena redujo los niveles de estrés percibido, condujo a una recuperación más rápida de las frecuencias cardiaca y respiratoria, una respuesta inmunitaria más fuerte, mejor calidad del sueño y la memoria operativa (importante para la toma de decisiones bajo presión).

Ser más bondadosos con nosotros mismos

¿Cuántos de los pensamientos que descubres de pronto en tu mente son juicios acerca de ti mismo? ¿Cuántos de ellos son críticos? Quizá te reprendas por lo que acabas de hacer o decir, o por lo que debiste haber hecho o dicho. O tal vez tengas patrones de pensamiento que te dicen que no eres suficientemente bueno, que eres demasiado gordo/delgado/bajito/alto, no lo bastante listo, no trabajas con suficiente empeño, siempre estás cometiendo errores, desperdiciaste tus talentos, no tienes ningún talento o todos los problemas son tu culpa... ¡o quizás una combinación de todo esto!

Ser tan duros con nosotros mismos puede socavar gravemente nuestra felicidad, bienestar y salud. Sí, a veces nos equivocamos y a veces quizá no estemos a la altura de todo lo que deseamos lograr, pero con frecuencia somos nuestros peores críticos. Y a menudo la manera en que nos juzgamos no es como verían las cosas nuestros seres queridos, amigos o un observador neutral.

Al rumiar tanto nuestros defectos podemos empezar a creer que son hechos más que opiniones. Esto puede generar una sensación de vergüenza y falta de valía, que al igual que causarnos infelicidad puede provocar que nos desconectemos de lo que nos haría sentir mejor, como ver y cultivar nuestras fortalezas y talentos reales, formar conexiones más fructíferas con otras personas y experimentar más plenamente la vida.

La capacitación en atención plena puede ayudarnos a adquirir más compasión hacia nosotros mismos, lo cual implica que:

- Nos tratemos con mayor bondad y sin emitir juicios severos durante momentos difíciles.
- Reconozcamos que los errores, fracasos y dificultades son parte de nuestra humanidad y no implican que debamos alejarnos de los demás.
- Mantengamos, a través de la atención plena, una concienciación más equilibrada de los pensamientos y sentimientos dolorosos, en lugar de evitarlos, suprimirlos o quedar atrapados en ellos.

Tener más compasión hacia uno mismo no implica engañarnos de que siempre somos fabulosos, pero tampoco significa engañarnos de que siempre somos malos. Se trata de una "disposición generosa" a enfrentar nuestras dificultades y sufrimientos, en lugar de darles la espalda, incluyendo observar aquello que no nos gusta de nosotros con concienciación, curiosidad y bondad.

La compasión por uno mismo y la atención plena son elementos relacionados, pero independientes, que conducen cada uno a un mayor bienestar. Ambos son importantes. Se ha mostrado que las personas que meditan con regularidad tienen mayor conciencia, compasión por sí mismos y bienestar psicológico, en comparación con quienes no practican la meditación. También se observó un aumento en la compasión hacia sí mismas en personas que sufrían depresión y participaron en un programa de atención plena. Como resultado, se redujo su probabilidad de sucumbir a la rumiación mental y a la recaída en la depresión en respuesta al estado de ánimo deprimido.

Una forma de meditación enfocada específicamente en el desarrollo de compasión hacia uno mismo y los demás se conoce como bondad amorosa. En la página 160 veremos cómo se realiza. Asimismo, en el capítulo 9 examinaremos las maneras de tener mayor compasión hacia uno mismo y aceptación de las personas que somos, y cómo identificar y cultivar nuestras fortalezas.

Vivir la vida que elegimos

Algunos psicólogos proponen que la atención plena conduce a un aumento del bienestar y florecimiento porque permite una mayor autorregulación del comportamiento y ayuda a que cuidemos mejor de nuestro propio bienestar. Y, de hecho, se ha probado que la capacitación en atención plena ayuda a la gente a dejar el tabaquismo, reducir los atracones de comida y limitar el consumo de alcohol y de drogas ilícitas.

La atención plena nos proporciona una concienciación más completa de la información interna y externa, lo cual nos permite realizar evaluaciones más precisas de las situaciones y, por ende, tomar decisiones más conscientes. Esto conduce a mayor flexibilidad, ya que no nos impulsan nuestras reacciones emocionales, arrebatos o respuestas automáticas que, como hemos visto, pueden causarnos estrés. La atención plena puede incrementar nuestro sentido de espiritualidad, ayudándonos a tener mayor claridad sobre nuestros valores, fortalezas e intereses, y a realizar más acciones que se alineen con ellos. Esto tiene una fuerte asociación con un mayor bienestar y, en consecuencia, con la felicidad.

Dejar de desear lo que no tenemos

Un factor que es tóxico para nuestros niveles de felicidad es compararnos constantemente con los demás y desear lo que no tenemos; por ejemplo, un teléfono o coche más elegante, ropas de diseñador o un departamento o casa más grande. Esto es quizá más evidente que nunca en la actualidad, bajo el bombardeo constante de imágenes e historias de gente que parece “tenerlo todo” o vivir la vida “perfecta”.

Un estudio sobre los deseos económicos de estudiantes universitarios en el Reino Unido y de adultos trabajadores en Estados Unidos indicó que la mayor atención plena se vinculó con una menor diferencia entre lo que las personas tenían y lo que deseaban, y esto se relacionó con cuán felices se sentían. Es importante destacar que eso no pareció deberse al nivel de ingreso personal o por hogar (aunque el grupo estudiado podría considerarse como perteneciente a la clase media). Lo que es más, en el caso de algunos, a medida que se desarrollaron sus habilidades de atención plena, se redujo la brecha entre lo que tenían y deseaban, y aumentó su felicidad.

Amar y ser amado

Como vimos en el capítulo 2, nuestras relaciones con otras personas son esenciales para la felicidad, de modo que ¿cómo podría contribuir a esto la atención plena?

Piénsalo un momento: si somos más felices, nos sentimos mejor con nosotros mismos y tenemos más capacidad de controlar nuestras emociones y respuestas impulsivas, es muy probable que eso beneficie nuestras relaciones y conexiones con los demás. ¿Con cuánta frecuencia reaccionamos de manera impulsiva (en especial con aquéllos cercanos a nosotros) a algo que dice otra persona, lo cual lleva a una ofensa o provoca una discusión que persiste por horas o incluso días? ¿O nos alteramos por algo que hizo o dijo alguien más que nos provocó enojo e influyó en la manera de comportarnos con esa persona? Desarrollar la capacidad para evitar que nuestras reacciones instantáneas nos absorban a ese grado marca la diferencia. Veremos esto en el capítulo 7. Además, si tenemos mayor conciencia, curiosidad y una actitud sin juicios, es probable que escuchemos mejor y notemos las señales sutiles, como las expresiones pasajeras que nos ayudan a ver y entender mejor cómo se sienten los demás. Sabemos que la atención plena aumenta nuestra experiencia emocional positiva que, como veremos en el capítulo 8, nos abre más hacia los otros, nos vuelve personas más confiadas e incluso nos permite llevarnos mejor con personas de otras culturas.

Si la atención plena conduce a una mayor compasión y discernimiento acerca de nosotros, y al mismo tiempo significa que estamos menos absortos en nuestras propias necesidades, es más probable que nos preocupemos por los demás y seamos más compasivos hacia ellos.

La evidencia científica que sustenta el papel de la atención plena en la calidad de nuestras relaciones y conexiones con otras personas apenas está surgiendo en fechas recientes:

- En las relaciones amorosas, las personas con una disposición de mayor concienciación informan sentirse más satisfechas y seguras en sus relaciones, tener mayores sentimientos de empatía y aceptación hacia su pareja, y lidiar más hábilmente con el estrés de la relación.
- Los estudiantes informaron que la meditación tuvo un impacto positivo en sus relaciones. Los jóvenes adultos que estaban en el periodo de encontrar una pareja informaron sentirse más felices en sus relaciones y experimentaron mayor satisfacción sexual como resultado de tener mayor concienciación, reaccionar menos ante sus experiencias internas y tener mayor capacidad de articular sus experiencias.
- Las parejas más establecidas que desarrollaron habilidades de atención plena a través de un programa del tipo MSBR, diseñado específicamente para mejorar las relaciones, informaron sentirse más satisfechas con sus relaciones y tener una mayor aceptación de sus parejas, lo cual se explica en parte por los cambios personales obtenidos con la capacitación en atención plena.
- Los cambios cerebrales que provienen de la práctica de la atención plena se ubican en áreas esenciales para la regulación del comportamiento interpersonal.

Todo esto indica el importante papel que puede tener la atención plena para establecer y nutrir nuestras conexiones con los demás, en especial aquéllos cercanos. De hecho, un investigador sugiere que como las relaciones establecidas implican depender de manera significativa de procesos internos automáticos, es posible que la atención plena sea más valiosa que otros métodos para mejorar las relaciones, en vista de que nos hace más conscientes de dichos procesos.

LA HISTORIA DE GUI: ENCONTRÉ UN PROPÓSITO EN LA VIDA

Volver accesible la atención plena para los jóvenes a través de un *podcast* es ahora mi misión. Mi amigo Anh me metió en esto. Anh es un maestro de matemáticas que trabaja con chicos en circunstancias muy difíciles, en un área que fue escenario de disturbios. Anh ha practicado atención plena durante algún tiempo y dice que produjo un verdadero cambio en su vida. No estaba seguro, pero le permití que me llevara casi a rastras a Acción para la Felicidad para una charla de Jon Kabat-Zinn, la persona que logró que la meditación en atención plena se volviera muy popular en Occidente.

La plática fue interesante, pero no fue sino hasta que Anh le hizo una pregunta a Jon que el asunto atrajo toda mi atención. Anh tenía la corazonada de que la atención plena podría ser útil para sus alumnos y quería conocer qué pensaba Jon al respecto. ¿Qué mensaje podía darles a los jóvenes que venían de antecedentes difíciles? La reflexión de Jon fue que a menudo esos chicos se sentían repudiados y "no tenían intimidad con el resto del mundo". La atención plena podría ser valiosa para ellos, pero necesitaba planteárseles en su lenguaje: el lenguaje de las calles.

Jon sugirió que nos comunicáramos con el proyecto Mind Body Awareness (Concienciación Mente-Cuerpo, MBA, por sus siglas en inglés) en California, que ha estado enseñando atención plena a los jóvenes de zonas pobres que terminaron en centros de detención juvenil por múltiples delitos. Al parecer el proyecto ha logrado un impacto asombroso. Los chicos aprendieron a regularse por sí mismos, se volvieron menos impulsivos y violentos y, como resultado, disminuyó el número de ellos que volvió a recibir una condena. Ayudó a esos jóvenes a sentirse mejor acerca de sí mismos y a conseguir una vida mejor. Eso tocó una fibra en mí. Yo no tuve el mejor inicio en la vida y sabía que no es frecuente que nuestra sociedad valore o sienta interés por los chicos que provienen de ambientes difíciles. Si esto podía funcionarles, tenía que ser algo especial.

Después de la conferencia me puse en contacto con el proyecto MBA y pregunté si me permitirían entrevistarlos. Roger Miller, el director ejecutivo, dijo que sí. También empecé a practicar la atención plena y ahora estoy enganchado. Lo que fue verdaderamente revolucionario para mí fue el cambio que tuve en la forma en que me relacioné con mis pensamientos. Dejó de importarme tanto lo que los demás pensaran de mí y también dejé de preocuparme de si era lo bastante bueno en mi trabajo. Me volví una persona más enfocada en lo que es importante y también tengo más claras mis metas personales.

¿Por qué funciona la atención plena?

Existen varias teorías científicas que examinan por qué y cómo nos afecta la atención plena emocional y fisiológicamente. Es un asunto complejo y la investigación está en proceso, pero he aquí algunos discernimientos potenciales que quizás ayuden a aclarar esta duda.

Espirales emocionales

A medida que practicamos, la interacción entre una mayor cantidad de experiencias emocionales positivas, menos experiencias negativas y un incremento en la atención plena parecen reforzarse entre sí, creando una "espiral ascendente" de bienestar que nos permite ser más felices y desarrollar estrategias efectivas de afrontamiento cuando las cosas salen mal. Se piensa que estos beneficios provienen, en parte, de dos procesos psicológicos entrelazados.

En primer lugar, la atención plena nos ayuda a distanciarnos de nuestros pensamientos y a verlos con una actitud neutral. Si nos sentimos tristes, tal vez interpretemos todo lo que nos sucede desde una postura negativa o supongamos lo peor. Ya hemos visto que nuestra mente tiene una tendencia natural a divagar y esto es más común cuando no nos sentimos felices. Un pensamiento negativo puede darnos vueltas interminables en la cabeza; por ejemplo: "no soy lo bastante bueno" o "él es tan egoísta". Mientras más tiempo permanecen estas ideas en nuestra cabeza, peor nos sentimos. A esto se le conoce como "rumiación". O somos catastrofistas, lo cual se refiere a magnificar las situaciones en que nos sucede algo malo, o se nos ocurre un pensamiento negativo y la mente gravita hacia el peor resultado imaginable (por ejemplo, "¿Por qué no pude hacer la venta hoy? Probablemente perderé mi trabajo. ¿Qué pasará si pierdo el trabajo? No tengo dinero, perderemos el departamento, mi esposa me abandonará, terminaré en la calle…"). Si no hay control, la rumiación y el catastrofismo pueden llevar a depresión y ansiedad. Exploraremos esto con más detalle en el capítulo 7. La atención plena nos ayuda a desprendernos y mirar a distancia todo este ruido mental, para no quedar atrapados en él, y detener la reacción en cadena de un pensamiento negativo que conduce a otro —y luego a otro y a otro más— y así sucesivamente. El término técnico para esto se llama "descentración".

Las espirales emocionales ascendentes contrarrestan las espirales descendentes

Adaptado de E. L. Garland, N. A. Farb, P. R. Goldin y B. L. Fredrickson (2015) "Mindfullness Broadens Awareness and Builds Eudaimonic Meaning: A Process Model of Mindful Positive Emotion Regulation", *Psychological Inquiry*, 26:4. 293-314. Reproducido con autorización.

"Afrontamiento consciente"

Tomar distancia de los pensamientos desagradables nos hace sentir mejor; es decir, más tranquilos y felices. A su vez, esto nos abre y vuelve más flexibles en nuestro pensamiento, facilitando una mayor atención plena. Como consecuencia, cuando ocurren sucesos negativos, es más probable que podamos ver su lado positivo y eso reduce el estrés, la infelicidad y mejora los sentimientos positivos. Los psicólogos lo llaman "afrontamiento consciente", y conduce a experimentar mucho menos estrés y a aumentar nuestra resiliencia y esperanza, que no sólo nos hace sentir mejor, sino que tiene consecuencias colaterales en nuestra salud, al igual que en otros aspectos de nuestra vida.

Por ejemplo, digamos que nos sucede la desgracia de rompernos una pierna. Por supuesto que esto sería doloroso y desagradable, y podríamos empeñarnos en ver el lado negativo: "Es tan injusto que me haya roto la pierna, eso quiere decir que no podré salir y que me voy a perder toda la diversión, no puedo jugar tenis, perderé la forma y engordaré, mientras todos los demás están haciendo lo contrario. Estoy tan harto".

El desprendimiento al que nos conduce la atención plena nos permite tomar una postura diferente, ayudándonos a afrontar mejor la situación y sentirnos más felices, a pesar de que nos haya sucedido algo malo. De este modo, siguiendo con el ejemplo anterior, podemos tomar distancia de la situación, lo cual nos hace sentir mejor y eso, a su vez, nos ayuda a encontrar o producir algo constructivo a partir de ella, podemos pensar algo como: "Muy bien, si no puedo jugar tenis en mi tiempo libre, puedo aprovechar la oportunidad para ponerme al día con todos esos libros que quería leer. También puedo hacer algunas nuevas recetas sanas que me ayuden a controlar mi peso mientras no puedo ejercitarme". Esto conduce a menos estrés y a emociones más positivas. En el capítulo 7 veremos algunas otras estrategias de afrontamiento, mientras que en el capítulo 8 exploraremos más a fondo los efectos de las emociones positivas.

Atención plena y el cerebro

En los últimos 10 años más o menos, los avances en tecnología de imagen han hecho posible ver la manera en que la práctica de la meditación afecta al cerebro, y los resultados han sido notables. Se han podido observar diferencias en la forma en que se activan las áreas del cerebro después de practicar atención plena por apenas ocho semanas. Con el tiempo, de hecho puede cambiar —positivamente— la estructura física del cerebro.

- Cuando las personas están molestas, enojadas, ansiosas o deprimidas el área cerebral conocida como corteza prefrontal se activa más del lado derecho que del izquierdo. Cuando están felices ocurre lo contrario y el área izquierda se activa más que la derecha. La proporción entre la actividad del lado derecho del cerebro con respecto al lado izquierdo puede pronosticar tu estado de ánimo. Ahora bien, se pensaba que todos tenemos un "nivel fijo de felicidad", un límite al que regresamos luego de tener experiencias emocionales buenas o malas. Si tuviste suerte, naces con un nivel fijo feliz (y, si no, ¡lástima!). El nivel fijo sería el equivalente a tu proporción natural de activación prefrontal izquierda a derecha.

Jon Kabat-Zinn, quien desarrolló la técnica MBST, se la enseñó a un grupo de trabajadores. Su colaborador, el neurocientífico Richard Davidson, midió la activación del cerebro de estas personas antes y después de la capacitación. Increíblemente, la activación de sus cerebros viró hacia el lado izquierdo, aun cuando se les expuso a música y recuerdos tristes. Los estudios con individuos que han meditado durante varios años revelan que existen cambios estructurales en su cerebro, lo cual significa que sus proporciones cambian y que es más probable que se sientan felices, energizados y tranquilos, en lugar de tristes, letárgicos y enojados.

EN VIVO Y A TODO COLOR

Cuando lanzamos la iniciativa Acción para la Felicidad, diseñamos un reto de felicidad para la BBC. Se reunió a un grupo de voluntarios en Scarborough y su progreso se transmitió todos los días a la hora del desayuno durante una semana.

Entre otras cosas, el reto incluía una breve práctica de atención plena, que resultó útil para los participantes. Al investigar para ese fragmento televisivo, el periodista David Sillito se topó con un estudio científico que encontró que esta práctica cambiaba el cerebro después de apenas unas cuantas semanas. Fiel a su profesión, decidió ponerlo a prueba él mismo.

Así que junto con su amiga Fiona, que sufría dolor crónico, se inscribió en el curso de ocho semanas de MBSR; David luego pidió a la neurocientífica Elena Antonova, del King's College de Londres, que les tomara una imagen cerebral previa. Ambos asistieron regularmente a las sesiones del curso e hicieron las prácticas intermedias, y luego tuvieron curiosidad de ver qué cambios podría haber hecho. Después de pasar las ocho semanas regresaron a la máquina de resonancia magnética.

En ese breve tiempo se observaron diferencias evidentes. Fiona ya había visto que la atención plena le ayudó a reducir "un poco" su dolor, de modo que ya no gobernaba su mente, y he aquí que su cerebro mostró notables diferencias en las áreas asociadas con el dolor. Sólo para verificar que la interpretación de las imágenes fuera correcta, David las envió a otro neurocientífico independiente, quien confirmó el análisis de Elena de que la red de dolor en el cerebro de Fiona se tranquilizó a través de la meditación de atención plena.

En el caso de David también hubo cambios, pero éstos fueron sorpresivos. Su cerebro mostró una reducción en la activación de un área relacionada con el sí mismo. Esto sustentó el punto de vista de que la atención plena hace que nos enfoquemos menos en el ruido mental que se relaciona con nosotros mismos, abriéndonos a lo que nos rodea en el presente.

- Se ha demostrado que la atención plena mejora el funcionamiento de áreas cerebrales que nos ayudan a controlar nuestras emociones y a regular las respuestas instantáneas de la amígdala: el área primitiva del cerebro que influye en la reactividad emocional y en la conducta impulsiva.
- Después de periodos intensivos de meditación de atención plena (por ejemplo, un retiro de diez días), se fortalece la red de conexiones entre la corteza prefrontal y otras áreas del cerebro que se asocian con la atención. La corteza prefrontal tiene diversas funciones importantes que incluyen a la “función ejecutiva”: el área del cerebro que nos ayuda a tomar decisiones, resolver problemas complejos, planear y establecer metas, y regular nuestro comportamiento.
- Luego de ocho semanas de capacitación en atención plena, aumentó la densidad de la “materia gris” de los cerebros de los participantes, en comparación con un grupo control. La mayor densidad de la materia gris se asocia con un desempeño superior del área donde se localiza dicha materia. En este estudio, las áreas cerebrales asociadas con aprendizaje, memoria, regulación emocional y capacidad para ver las cosas desde diferentes perspectivas mostraron una mayor concentración.
- Otro estudio demostró que luego de una capacitación de ocho semanas en MBSR, se activó más un área del cerebro que se conoce como “ínsula”, y con la práctica constante de la meditación esa área se agrandó. Esto es importante porque la ínsula se asocia con nuestra capacidad para sentir empatía y compasión por los demás y, por ende, regula nuestra sensación de conectividad, un ingrediente fundamental en el bienestar y la felicidad.

Hacia un mundo más feliz

> "Si somos pacíficos, si somos felices, podemos sonreír y florecer como un capullo, y todos en nuestra familia, nuestra sociedad entera, se beneficiarán de nuestra paz".
> Tich Nhat Hanh, Ser paz

La atención plena puede aumentar la compasión hacia los demás

La mayor atención plena puede ayudarnos a lograr que el mundo sea más feliz y está surgiendo evidencia científica de que esto es realmente posible. Por ejemplo, en un estudio experimental se dividió a los participantes en tres grupos: dos de ellos recibieron diferentes tipos de capacitación en meditación de atención plena y el tercero no recibió capacitación.

- **Grupo 1:** recibió una clase semanal de meditación con duración de dos horas con un maestro experimentado (instrucción, discusión y práctica de 30 minutos) durante ocho semanas, además de una meditación de 30 minutos guiada por audio para realizar en casa. Estas meditaciones se concentraron en enfocar y tranquilizar la mente (de manera parecida a como lo hace la capacitación en MBSR).
- **Grupo 2:** recibió el mismo tipo y cantidad de capacitación en meditación con el mismo maestro, pero añadiendo el enfoque en la compasión.
- **Grupo 3:** fue un grupo control que no recibió capacitación.

Después de las ocho semanas de capacitación, se invitó al laboratorio a cada uno de los participantes, supuestamente para responder a pruebas de solución de problemas (que ellos pensaban que era el objetivo del experimento). Antes de entrar al laboratorio, tuvieron que esperar en una habitación donde había tres sillas, dos de las cuales ya estaban ocupadas. Como es natural, cada participante se sentó en la silla vacía. Poco después, una cuarta persona entraba a la sala de espera llevando muletas y una bota médica para fracturas, y mostraba un visible gesto de dolor. Al ver que no había sillas disponibles, se inclinaba contra la pared en actitud evidentemente incómoda. Ninguna de las dos personas que ya estaban previamente en la habitación hizo ningún movimiento que indicara que vieron llegar a la persona con la pierna fracturada y al verla intentaron ofrecerle su silla. Sin que los participantes estuvieran al tanto, el "enfermo" y los dos individuos originales que estaban en la sala de espera eran actores. La finalidad del experimento era observar si la capacitación en atención plena producía que el participante en el experimento tuviera más probabilidades de actuar compasivamente hacia los demás, a pesar de la presión social inconsciente que provenía de las otras personas que estaban en la sala de espera, quienes no se movieron, para no hacerlo. Los resultados fueron espectaculares. Los participantes de ambos grupos que recibieron la capacitación en atención plena tuvieron CINCO veces más probabilidades de actuar de manera compasiva y ceder su asiento, en comparación con los participantes del grupo control. No se encontró diferencia en el tipo de capacitación que recibieron.

Atención plena y comportamiento ético y responsable

Asimismo, la atención plena parece aumentar nuestro sentido de responsabilidad ambiental, ética y social:

- La felicidad, la atención plena y el comportamiento parecen relacionarse. Se ha observado que las personas cuya atención es más plena son más felices y se comportan de maneras más ecológicamente responsables.
- Es posible que la atención plena reduzca la probabilidad de discriminar a grupos que enfrentan estigmatización social. En un estudio con 100 adultos, se les impartió una capacitación de seis semanas en meditación de bondad amorosa o ninguna capacitación, y se observó que sólo aquellos que recibieron la capacitación en meditación redujeron sus prejuicios inconscientes hacia personas indigentes o de otros orígenes étnicos.
- En otro experimento, los participantes recibieron una capacitación en MBSR o una capacitación en comunicación interpersonal (como grupo control). Antes de recibirla respondieron una prueba de razonamiento moral y decisiones éticas que incluía cinco escenarios difíciles en los que debían determinar cuál sería la mejor acción por tomar. Esta prueba se repitió de inmediato luego de

la capacitación y una tercera vez a los dos meses. En la prueba inmediatamente posterior, ninguno de los grupos mostró cambio en razonamiento moral y toma de decisiones pero, dos meses después, el grupo de MBSR demostró una mejoría. Es posible que esos efectos se extiendan a la comunidad comercial. Una reseña de la responsabilidad social empresarial que se hizo para la Comisión Europea encontró que la capacitación en atención plena condujo a que las personas tuvieran más probabilidades de comportarse de manera socialmente responsable, en tanto que la educación ejecutiva convencional no tuvo el mismo efecto.

Maneras de practicar la atención plena en tu vida diaria

Puedes practicar la atención plena en todas partes y casi todo el tiempo. Además, mientras más practiques, más habilidad natural tendrás para estar plenamente atento. La atención plena se vuelve parte de la persona que eres. La mayoría de la gente que inicia esta práctica comienza con una meditación breve en la respiración. La respiración es una práctica esencial de la atención plena, lo cual es bueno, ya que, mientras estés vivo, ¡tienes contigo a tu respiración!

Cómo iniciar

Apartar un poco de tiempo, de ser posible a diario, te ayuda a acostumbrarte a la práctica, y puedes ir incrementando a sesiones más largas. Quienes tienen experiencia en la meditación de atención plena dedican entre 20 y 45 minutos diarios para su práctica. Al principio no intentes meditar demasiado tiempo. Empieza con unos cuantos minutos; en ese sentido se parece mucho a empezar a correr. No comenzarías con una carrera de 10 kilómetros y, si lo hicieras, podría ser doloroso. Estás despertando y entrenando a tu cerebro.

Al principio del capítulo (página 129) te pregunté si tratarías de enfocarte en tu respiración por apenas un minuto. El asunto era percatarte de cuánto divaga la mente. Pero sólo un minuto de atención plena es útil. Puede ser una forma rápida y sencilla de comenzar y es posible hacerlo fácilmente varias veces al día. Al principio, lo mejor es sentarse en un lugar tranquilo. Una vez que te familiarices con ello, puedes hacerlo en todas partes y de pie. Cuando hayas intentado la versión de un minuto en un par de ocasiones, intenta aumentar el tiempo a cinco o 10 minutos, enfocando tu atención en tu respiración y percatándote de los momentos en que divaga tu mente y trayéndola de nuevo a tu respiración. Y así sucesivamente… Practica 10 minutos de conciencia plena una vez al día durante dos o tres semanas. Luego, en el curso de las siguientes semanas, incrementa gradualmente el tiempo para llegar, digamos, a 20 minutos diarios. Incluso a medida que adquieras experiencia con sesiones más largas, la versión básica de un minuto puede seguir siendo útil en momentos difíciles o de estrés. Como indica uno de los principales maestros de la atención plena: "Sólo necesitas un momento para provocar una diferencia significativa en tu estado mental".

Resumen de elementos básicos de la atención plena

Para ser sincera, cuando aprendí meditación me resultó difícil. Simplemente sentí que no podía despejar mi mente (vaya que mi cabeza está llena de ideas ruidosas, con pensamientos que pasan de un lado al otro y que a veces incluso ¡parecen venir de la nada!). Sentí que eso no era para mí y me di por vencida.

Años después, luego de que estudié psicología positiva y adquirí conciencia de la investigación y la evidencia a favor de los beneficios de meditar, pensé que me daría una segunda oportunidad. Me inscribí en un programa de MBSR. En ese curso el maestro nos impartió una sencilla perla de sabiduría que hizo toda la diferencia para mí…

"No se trata de despejar tu mente. ¡Eso es imposible! Generar pensamientos es lo que hace nuestra mente".

La principal habilidad que se requiere es percatarse del momento en que nuestra mente se aleja de nuestra respiración y traer de nuevo nuestra atención a ella. Y hacerlo una y otra vez.

La práctica de la atención plena se refiere a PERCATARNOS del momento en que nuestra mente divaga, ya que en general no tenemos conciencia de ello, y luego optar por ubicar de nuevo nuestra atención donde la queremos.

Se trata de no dejar que nuestros pensamientos nos absorban, reconociendo que, como las nubes, llegan y se van. Cuando surge un pensamiento te percatas de él, quizás incluso lo etiquetes; planees o pienses en él, y luego regresas tu mente a la respiración. Y eso es todo. En esencia es muy sencillo, pero de hecho es muy difícil de lograr. Por esa razón se requiere la práctica.

El respiro de tres minutos: el reloj de arena

A veces, cuando más lo necesitamos, nuestra conciencia con atención plena puede desaparecer. El profesor de psicología Mark Williams (uno de los principales expertos mundiales en atención plena) y sus colaboradores desarrollaron específicamente el "Respiro de tres minutos" para los momentos en que estamos cansados y estresados, bajo presión y con limitaciones de tiempo, o cuando nos sentimos enojados o sensibles. El respiro de tres minutos tiene tres fases:

1 Reconocimiento del ir y venir en tu mente.

2 Enfocar la atención en un punto específico de tu cuerpo: como el abdomen.

3 Ampliar tu atención para concientizarte de todo tu cuerpo.

De modo que tu meditación empieza desde lo más amplio, se estrecha y luego se amplía de nuevo. Como un antiguo reloj de arena. A continuación puedes ver las instrucciones. Inténtalo dos veces al día por una semana o dos, para que puedas utilizarlo cuando lo necesites.

¡Intenta esto! La práctica de tres minutos

Ya sea que estés sentado o de pie, colócate en una postura relajada pero erguida. Si quieres, cierra los ojos.

Primero: nota lo que pasa en tu interior.

- Lleva tu conciencia a tus pensamientos. Velos como sucesos pasajeros e intenta que no te absorban.
- ¿Qué emociones o sentimientos detectas? Examínalos con curiosidad, pero con actitud "afectuosa", incluso si son desagradables. No intentes cambiarlos de ninguna manera. Simplemente percátate de que están ahí.

- ¿Qué sensaciones detectas en tu cuerpo? ¿Sientes alguna opresión, tensión o incomodidad? De nuevo, muestra curiosidad y "afecto", y no trates de cambiar de ningún modo las sensaciones. Simplemente nota que están allí.

Segundo: enfoca la atención.

- Enfócate en tu respiración y en las sensaciones que crea en tu abdomen, expandiéndolo y relajándolo a medida que inhalas y exhalas.
- Cada respiración es una oportunidad para regresar al presente, reenfocando tu mente si divaga.

Tercero: expande tu atención.

- Amplía en forma gradual tu enfoque sobre la respiración en el abdomen hacia el resto de tu cuerpo, como si todo tu cuerpo estuviera respirando.
- Si te percatas de cualquier área incómoda, obsérvala con actitud "afectuosa". No intentes cambiarla. Imagina por un instante que respiras dentro y alrededor de ella.
- Si tu atención se ve atraída al sentimiento, regresa a una conciencia de la totalidad de tu cuerpo.

Basado en Segal, Williams y Teasdale (2002); M. Williams, J. D. Teasdale, Z. V. Segal y J. Kabat-Zinn (2007), citado en Williams y Penman (2011).

Una experiencia más completa: actividad de atención plena al comer

Muchas clases de meditación incluyen meditar mientras se come (página siguiente), a menudo una uva pasa. La idea es experimentar el alimento en su totalidad: su aroma, apariencia (color, forma, textura), su sonido cuando lo mueves entre tus dedos, luego la sensación en tu lengua, el sabor que produce en la parte delantera de la lengua y después en la parte posterior, el sonido al morderlo, percatarte del cambio en el sabor. Por supuesto, éste es un ejercicio que se refiere a estar totalmente presente en el momento. También nos sirve para darnos cuenta de que cualquier experiencia tiene mucho más de lo que en general estamos abiertos a percibir. ¡No es poco común que la gente que pensaba que no le gustaban las pasas decida que sí les gustan o que quienes las comen con regularidad se den cuenta de que en realidad no les gustan en absoluto!

Consejos principales Práctica de atención plena

Ryan Niemiec, experto en atención plena y fortalezas, dice que los tres obstáculos más comunes que interfieren con la práctica de la atención plena son:

No tener tiempo para practicarla.
Olvidarse de practicarla.
Esforzarse con la práctica porque tu mente divaga.

Éstos son algunos consejos que pueden servirte:

- Empieza con poco y aumenta progresivamente; durante las primeras semanas intenta con unos cuantos minutos por sesión, digamos unos diez minutos, y aumenta con el tiempo.
- Hazlo con regularidad, afianza la práctica. Aparta un tiempo regular para hacerlo. Afianzarse a una actividad que ya forma parte de tu rutina diaria puede ayudarte tanto a acomodarla en tu día como a recordar practicarla; por ejemplo, hacerla antes de prepararte el café de la mañana o luego de lavarte los dientes.
- Practica aunque sea un poco de atención plena. Si tus actividades del día te impiden sentarte todo el tiempo que planeabas hacerlo, intenta cuando menos con uno o dos minutos.
- Intenta con algo diferente. Si se te dificulta la práctica, intenta un enfoque diferente; por ejemplo, practicar atención plena mientras caminas o comes.
- No te preocupes si no siempre sale bien; es normal, así que no te frustres contigo mismo ni te sientas desanimado. Simplemente sigue intentando.

Basado en R. Neimieic (2015).

¡Intenta esto! La experiencia total del chocolate

Consigue una barra de chocolate (¡el más sano es el chocolate muy oscuro!). La finalidad no es que te lo comas todo, sino sólo un pequeño trozo, pero de manera muy, pero muy lenta, utilizando todos tus sentidos y enfocándote en cada pequeño instante. Asegúrate de que nadie te interrumpa durante los siguientes diez minutos más o menos.

- Primero observa toda la barra de chocolate: percátate del color y del patrón de su envoltura, su olor, su textura…
- Desenvuélvelo lentamente, escuchando el sonido y las sensaciones al tacto.
- Ahora rompe un pequeño trozo. Eso es en lo que te enfocarás durante el resto de la actividad. Empieza mirándolo con toda tu atención.
- ¿Qué colores diferentes puedes ver? ¿Cómo refleja la luz? ¿Cómo se ve la textura? ¿Cuál es su forma?
- ¿Cómo se siente en tus manos? ¿Cómo se sienten su forma y textura? ¿La sensación que produce es la misma en todo el trozo?
- ¿Puedes olerlo?
- Muerde un pequeño trozo, ¡pero no lo mastiques! Nota cómo se siente en tu boca. ¿Cuál es la textura? ¿Cómo cambia en tu boca?
- ¿Qué puedes saborear en ese momento? Si lo pasas por toda tu boca, ¿cómo cambia el sabor?
- Luego empieza a comerlo. Siente la textura y percátate de los sabores a medida que masticas lentamente el trozo de chocolate y luego lo pasas.
- ¿Qué notas al pasarlo? ¿Quedan restos del sabor o de la textura? ¿Qué otra cosa notas?

Detente unos instantes a reflexionar en esta experiencia. ¿Qué notaste? ¿Qué fue nuevo o inesperado?

Nota: si no comes chocolate en forma regular, podrías intentar este ejercicio con una uva pasa o con un trozo de naranja.

Bondad amorosa

Ésta es una forma de meditación que se creó específicamente para desarrollar la bondad y compasión hacia nosotros mismos y los demás. En budismo se denomina “metta” e inicialmente la introdujo Sharon Salzberg a Occidente.

En lugar de enfocarte en tu respiración o tu cuerpo, enfócate en un conjunto de frases o deseos específicos que repites para ti mismo. Un ejemplo de esto se muestra en la página anterior. De inicio, estos pensamientos se enfocan en ti y luego en alguien a quien conoces bien y te importa mucho; posteriormente te enfocas en alguien a quien no conoces tan bien, luego en alguien que te resulta difícil y al final en todos los seres.

Practícalo por el tiempo que te parezca correcto. Es posible que quieras empezar sólo con las primeras dos etapas, y ampliar el tiempo gradualmente cuando te sientas cómodo con ello. En los estudios donde la gente practicó con regularidad la meditación de bondad amorosa (por ejemplo, durante 30 minutos todos los días en el curso de ocho semanas), los participantes aumentaron sus emociones positivas: dicha, bondad, gratitud, esperanza, menos estados de ánimo negativos, menores respuestas inflamatorias y mejor inmunidad.

Cómo lograr que todos los momentos de tu día tengan atención plena

Al igual que los momentos de práctica enfocada, es fácil encontrar formas de intercalar la atención plena en tus actividades diarias. El asunto es simplemente estar en el momento presente, sin emitir juicios o pensar. Se trata de estar más plenamente conscientes y quizá nos sorprenda cuántas cosas más podemos experimentar. También es una buena práctica de atención plena y puede ser un agradable momento destacado en el día. Sólo se requieren unos cuantos segundos o uno o dos minutos adicionales para adquirir conciencia de la información que entra por nuestros sentidos.

He aquí unas cuantas ideas:

- Cada vez que salgas de casa, mira al cielo y percátate de lo que hay: el sol, las nubes o las estrellas. Atiende a todos los colores, formas o texturas diferentes. Percibe la sensación del aire sobre tu cuerpo, del calor o frío, o las sensaciones del viento. ¿Qué otra cosa notas?
- Cuando entres a tu casa o lugar de trabajo, adquiere conciencia de las sensaciones y sentimientos. ¿Cómo se siente el piso bajo tus pies?
- ¿Qué ruidos escuchas? ¿Qué olores percibes? ¿Qué colores ves? Percátate todos los días de un objeto bello, como un automóvil, edificio, cartel o algo en la naturaleza. ¿Qué notas de eso?

¡Intenta esto! Meditación de bondad amorosa

Siéntate sin cruzar las piernas, los pies bien plantados en el suelo, relajado pero erguido, con los hombros relajados y el pecho abierto. Enfócate en tu respiración. Imagina que tu respiración entra en tu corazón. Enfócate en cuatro deseos para ti mismo y luego, por etapas, en los deseos para los demás.

1) Para ti mismo

- Piensa en ti mismo con afecto y bondad.
- Repite con afecto y lentamente los siguientes deseos para ti mismo:
  Que esté seguro. Que esté feliz. Que esté bien. Que viva tranquilamente.
- Mientras repites cada deseo, lleva lentamente tu atención a él, como si fueran las ondas que irradian hacia afuera cuando se lanza una piedra a un estanque.
- Si tu mente divaga, tráela de nuevo al deseo, o a tu respiración y luego de nuevo al deseo.
- Continúa repitiendo series de los cuatro deseos durante unos cuantos minutos.
- Haz una pausa entre deseos para percatarte de los pensamientos, sentimientos y sensaciones, reconociendo que existen y luego dejándolos pasar.

2) Para una persona amada

- Trae a tu mente a esa persona, percibiendo el afecto que sientes por ella.
- Mantén la imagen de esa persona en tu corazón. Por unos cuantos minutos, repite con afecto tus deseos para ella:
  Que esté segura. Que esté feliz. Que esté bien. Que vivas tranquilamente.
- Haz una pausa entre deseos, y nota lo que venga a tu mente. Deja que esos pensamientos lleguen y se vayan. Si te distraes, regresa a los deseos y sigue repitiéndolos.

Luego haz lo mismo por…

3) Un desconocido que hayas visto, pero al que no conozcas personalmente.

4) Alguien que sepas que está sufriendo.

5) Extiende los deseos para todos los seres: tú mismo, tus seres queridos y desconocidos.

Termina volviendo a enfocarte en tu respiración. Si en cualquier etapa experimentas sentimientos difíciles, lleva de nuevo tu atención a tu respiración.

Basado en S. Salzberg (2011). Fredrickson (2013). Williams y Penman (2011). K. Neff (2011).

- Mira algunos árboles y nota cómo son, sus formas y colores diferentes. Observa la textura de su corteza, ramas y hojas. Nota cómo se mueven las hojas y cómo suenan. ¿Hay aves en sus ramas? ¿Puedes ver el Sol a través del follaje o las gotas de lluvia en sus hojas? ¿Qué insectos zumban alrededor? ¿Qué otra cosa notas?
- Cuando vayas a algún sitio en tu auto, a pie o en bicicleta, percátate de cómo eres al viajar. ¿Te apresuras a llegar a tu destino? ¿Cómo se siente eso? ¿Dónde se tensan o relajan los músculos de tu cuerpo? ¿Cuáles están funcionando y cuáles no? ¿Cómo se siente tu respiración: agitada, lenta, profunda o superficial? ¿Se siente diferente cuando reduces la velocidad y te tomas tu tiempo?

¡Intenta esto! Atención plena al caminar

¿Por qué no intentas lo siguiente en una caminata que tomes a menudo, por ejemplo al trabajo, escuela o universidad? Esto se puede planear de manera específica. (Quizá quieras caminar un poco más lento de lo común, así que es posible que necesites darte un tiempo adicional).

- A medida que camines, nota cómo se sienten tus zapatos contra tus pies: ¿son duros o suaves? ¿Tocan algunas áreas pero no otras?
- Enfoca la atención en las plantas de tus pies y en cómo se siente cada una al tocar el suelo: desde tu talón cuando baja el pie, hasta los dedos de tus pies cuando cambias el paso al otro pie.
    - Nota dónde descansa tu peso.
    - Nota la textura del piso contra tus pies y cómo cambia cuando caminas.
    - Nota lo calientes o fríos que se sienten tus pies.
    - Nota el ruido de tus pies al caminar…
- No juzgues o te preocupes por lo que estás experimentando, ni cambies tu modo de caminar. La finalidad es simplemente enfocar tu atención y percatarte.
- Si tu mente divaga o se fija en un pensamiento, tráela de nuevo hacia tus pies y nota las sensaciones al caminar.

- Cuando hagas algo placentero, como darte un baño de tina, acariciar a tu perro o gato, acariciar el pelo de tu hijo o estar sentado por un momento de paz, asegúrate de estar realmente presente. Nota específicamente qué te resulta placentero de la experiencia y cómo te hace sentir.

- Escucha los sonidos que te rodean. ¿Qué sonidos diferentes puedes oír? ¿Qué sonidos notas más cerca de ti? ¿Cómo cambian los sonidos a medida que se alejan? ¿Cuáles son los sonidos más distantes que puedes oír?

En resumen

Éstos son cinco puntos esenciales que puedes derivar de este capítulo:

1. La práctica esencial de la atención plena consiste en prestar atención consciente, sin emitir juicios y de manera afectuosa, hacia un objeto de enfoque como la respiración, y cuando la mente divague de ese objeto, traerla tranquilamente de nuevo. La actividad de percatarte cuando tu mente divaga y traerla de nuevo al objeto desarrolla la atención plena.
2. Nuestras mentes divagan de manera natural. Podemos ocupar nuestro tiempo preocupándonos del pasado, planeando el futuro o en piloto automático sin darnos cuenta de nada, lo cual significa que no estamos plenamente conscientes del momento. Esto afecta negativamente la felicidad y el bienestar.
3. Podemos quedar atrapados en rumiar las preocupaciones o magnificar catastróficamente lo que podría suceder, lo cual nos hace ser menos felices. La atención plena nos enseña a asumir una postura neutral como si fuéramos un observador externo.
4. La práctica regular de la atención plena cambia en forma benéfica el cerebro, lo cual nos ayuda a sentirnos más felices, tranquilos y menos estresados; puede servirnos para controlar nuestras emociones, ser más amables con nosotros mismos y con los demás, y también puede contribuir a relaciones más felices y ayudarnos a tener más en claro nuestros valores.
5. La atención plena es sencilla, pero no siempre fácil. A corto plazo, a muchas personas les ayuda a sentirse más tranquilas y con un mayor control, pero los mayores beneficios se obtienen de persistir en la práctica a lo largo del tiempo.

Conexiones con otras claves

Otras claves que quizá desees explorar en conexión con Adquirir conciencia

- **GENEROSIDAD** (página 21)
  Ayudar a los demás es una fuente importante de felicidad. La atención plena puede conducirnos a ser más bondadosos y compasivos con las demás personas.
- **RELACIÓN** (página 49)
  Nuestras relaciones son esenciales para nuestra felicidad y bienestar. Tener una mayor atención plena hacia nuestras propias reacciones y las de otras personas puede servirnos para sentirnos más conectados con otros y para cultivar nuestras relaciones.
- **RESILIENCIA** (página 225)
  La conciencia más plena nos ayuda a notar nuestros patrones habituales de pensamiento que no son útiles y nos ayuda a impedir que nos absorban, lo que nos vuelve más resilientes. Complementa otros abordajes para aumentar la resiliencia, los cuales se exploran en el capítulo 7.
- **EMOCIONES** (página 269)
  La atención plena puede ser una fuente de emociones más agradables que tienen consecuencias benéficas para nuestro bienestar. La atención plena también nos ayuda a sintonizarnos con nuestras emociones y controlarlas.
- **ACEPTACIÓN** (página 299)
  Nuestras expectativas de nosotros mismos pueden socavar nuestro bienestar. La atención plena puede ayudarnos a aceptarnos más y a estar conscientes de nuestras fortalezas naturales, y a desarrollar aquellos aspectos que están más débiles. También podemos aplicar nuestras fortalezas para ayudarnos a practicar y desarrollar la atención plena.
- **MAYOR SIGNIFICADO** (página 333)
  Tener un sentido de significado y propósito en nuestras vidas es importante para la felicidad. Con el tiempo, la práctica de la conciencia plena puede ayudarnos a entender nuestros valores y actuar conforme a ellos, aumentar nuestro nivel

de compasión hacia los demás, ayudar a profundizar nuestro sentido de conexión con algo que nos supera como individuos, y apoyar el comportamiento ético y responsable, todo lo cual puede incrementar la sensación de significado en nuestras vidas.

5

TRATAR COSAS NUEVAS

Aprende constantemente

Ama el aprendizaje, ama la vida. Sin duda, aprender es una rica fuente de disfrute y felicidad. Ser curiosos, creativos, abiertos a intentar cosas nuevas, y dejarnos absorber por los pasatiempos y pasiones nos ayuda a mantener en forma nuestro cerebro, encontrar satisfacción y obtener algo más de la vida y de nosotros mismos.

Tratar cosas nuevas: introducción

"Las maneras de la creatividad son infinitas:
las maneras de aprendizaje formal son limitadas.
La mente intranquila, curiosa, juguetona,
inventiva e innovadora se alimenta de los retos y
funda su hogar en los terrenos del misterio".
Robert Grudin, *The Grace of Great Things: On the Nature of Creativity*

Cuando pensamos en la "felicidad" es muy fácil enfocarnos en la solución a corto plazo: las cosas que nos resultan inmediatamente placenteras, en especial en lo que se refiere a invertir el dinero que tanto trabajo nos costó y nuestro valioso tiempo libre. Después de todo, el placer se siente bien y nos ayuda a dejar a un lado las demandas del trabajo y el hogar y, como veremos en el capítulo 8, eso es importante. Pero sólo forma una parte de la vida.

La felicidad se refiere también a un sentido más profundo de satisfacción, una sensación de que crecemos y nos desarrollamos en forma continua a través de poner un esfuerzo en intentar cosas nuevas y desafiarnos a nosotros mismos. De hecho, el antiguo filósofo griego Aristóteles sostenía que las mayores "bondades" no se referían a sentirnos bien sino a las "actividades del alma", en las que nos esforzamos por lograr lo mejor que hay en nosotros, descubriendo nuestros talentos únicos y esforzándonos por volverlos realidad.

Como seres humanos, tenemos integrado un deseo de aprender, desarrollarnos, ser creativos y crecer que perdura a lo largo de nuestra vida. Y este deseo puede ayudarnos realmente a florecer. El aprendizaje no sólo se trata de adquirir créditos formales, sino también de lo que nos interesa y emociona. Se trata de abordar nuestras vidas y lo que hacemos a diario con curiosidad y un espíritu de exploración, estando abiertos a intentar nuevas cosas, ya sea que usemos nuestra cabeza, nuestro cuerpo o nuestras manos, o una combinación de los tres. Dejarnos absorber por pasatiempos, proyectos, pasiones y asumir nuevos retos es una fuente rica e importante de bienestar y felicidad.

El aprendizaje no es únicamente para los jóvenes, se refiere a permanecer joven en tu mente a lo largo de la vida. Tener curiosidad y seguir aprendiendo siempre es importante, y quizás es incluso más esencial a medida que pasan los años para ayudarnos a sentirnos útiles, conectados y vitales, y para mantener alerta y activo al cerebro.

Intentar cosas nuevas también puede ayudar a aumentar nuestra confianza y resiliencia. Esforzarse con los desafíos y superar dificultades es parte del aprendizaje que, a su vez, nos sirve para enfrentar los problemas de la vida diaria. Y mientras más sigamos aprendiendo, más abiertos estaremos a la exploración y a las nuevas experiencias.

Programados para la curiosidad, la creatividad y el aprendizaje

Provenimos de una larga estirpe de aprendices curiosos y creativos. Cada elemento de nuestra vida, como el aspecto y la construcción de nuestras casas, cómo se calientan, amueblan y decoran; los alimentos que ingerimos, la ropa que vestimos, cómo trabajamos, y las herramientas y tecnología que usamos, son resultado de la curiosidad, creatividad, conocimiento y habilidades que la gente ha acumulado a lo largo de milenios.

Como especie hemos tenido que explorar, crear e innovar para poder adaptarnos, sobrevivir, progresar y prosperar, pasando por encima de los límites e intentando cosas nuevas. Nuestros ancestros exploraron, cultivaron y compartieron el conocimiento. A través de ese proceso adquirieron un entendimiento y desarrollaron herramientas, habilidades e ideas. Su impulso por la exploración se alimentó tanto de la necesidad como de la experiencia satisfactoria de los descubrimientos exitosos, al averiguar cuáles cosas funcionaban y cuáles no. Gradualmente, las historias de descubrimientos —buenos y malos— se comunicaban y, de ese modo, nuestros ancestros aprendieron a tener curiosidad acerca de las historias de los demás. Poco a poco fueron construyendo a partir de los hallazgos de otras personas. Era probable que se tuviera gran aprecio por aquellos que hacían estos nuevos descubrimientos y desarrollaban habilidades. Y así, con el tiempo y como especie, se nos programó para experimentar el placer de tener nuevas ideas, hacer nuevos descubrimientos y ser creativos. En un mundo incierto y en constante cambio, la curiosidad y la creatividad ayudaron a nuestros ancestros a sobrevivir, y en la actualidad parecen ser igualmente importantes si deseamos prosperar en nuestro mundo moderno.

Fundamental para florecer

Aristóteles sigue teniendo influencia en nuestros días. Martin Seligman, el catalizador detrás del campo de la "psicología positiva", sostiene que tener actividades en nuestra vida que nos absorban y representen un desafío es un elemento importante para prosperar. La psicóloga Carol Ryff ha estado estudiando por muchas décadas el tema del bienestar a lo largo de la vida. Esta autora afirma que dos dimensiones relacionadas con el aprendizaje son vitales para el bienestar: el crecimiento personal y el dominio.

Crecimiento personal

- Sentir que nos desarrollamos y crecemos continuamente, tener una sensación de descubrimiento y usar más nuestro potencial (en lugar de estancarnos).
- Estar interesado en las nuevas experiencias y abrirnos a ellas (en lugar de estar aburridos o desinteresados).
- Aprender y aumentar nuestra comprensión de nosotros mismos y del mundo, y utilizarla para adaptarnos, cambiar y mejorar con el tiempo.

Dominio

- Tener una sensación de competencia en nuestro ambiente externo personal, controlando sus demandas y utilizando las oportunidades a medida que surjan; elegir, dominar y crear nuestro ambiente personal para que refleje quiénes somos y qué es valioso para nosotros.

Para algunas personas el crecimiento personal y el dominio van de la mano. Nuestro mundo externo no permanece estático: siempre hay cambios y nuevas cosas por descubrir, lo cual significa que nos adaptamos, aprendemos y crecemos en respuesta a ellos y, a la vez, moldeamos nuestro contexto externo. Asimismo, esta capacidad para adaptarnos a nuestros ambientes, y también para moldearlos, es una parte importante de la resiliencia.

Aprendizaje perpetuo y felicidad

"El aprendizaje es un tesoro que acompaña a todas partes a su dueño".

Proverbio chino

Cuando empecé a estudiar psicología, en general se aceptaba aquel aforismo de que "no puedes enseñarle trucos nuevos a un perro viejo", lo cual implicaba que para cuando llegamos a la adultez, nuestro cerebro ya tiene una estructura fija y a partir de ahí todo es cuesta abajo. Por suerte, con los avances en las técnicas neurocientíficas, los estudios del cerebro realizados en el último par de decenios cambiaron esta idea.

Ahora sabemos que nuestro cerebro sí cambia a lo largo de la vida. Aun como adultos, nuestros cerebros son "plásticos" (es decir, maleables). Cuando tenemos nuevas experiencias y aprendemos de manera intencional, generamos nuevas neuronas, establecemos nuevas conexiones neuronales e incluso aumentamos el volumen de áreas específicas del cerebro. Este proceso quizá disminuya un poco su velocidad cuando envejecemos pero, aun así, continúa. Aunque eso ocurra, ¿por qué es frecuente que parezcamos perder la curiosidad y creatividad naturales que teníamos en la infancia?

¿POR QUÉ EL BAKE-OFF NOS CAUSA FELICIDAD?

¿Qué contribuiría más a tu felicidad: hacer un delicioso pastel o comértelo? *The Great British Bake Off* sugiere que hay un placer que supera el que se siente al degustar un buen pastel, tarta o pudín. Este programa de la televisión británica es notablemente popular, con más de 15 millones de personas (en el Reino Unido) que vieron la final de la serie en 2015. Además ha despertado un enorme crecimiento de la costumbre de hornear en casa. Pero ¿cuál es la razón de este interés en algo tan cotidiano como hacer pasteles? ¿Qué hace que la gente prenda el televisor y luego se meta a la cocina?

Tiene mucho que ver con seguir el progreso de los concursantes a medida que aprenden. Observamos cómo se les desafía y exige, y cómo se retan a sí mismos y crecen. Los vemos usar su creatividad, aceptando y desarrollando sus conocimientos con base en los comentarios de los jueces, y cómo van perfeccionando sus habilidades y técnicas a medida que descubren y desarrollan áreas de fortaleza naturales. Vamos siguiendo el progreso de los concursantes a lo largo de éxitos y fracasos, y de sus altibajos emocionales. Vemos que ese viaje no es sencillo y nos encanta ver que tuvo éxito alguien de quien no esperábamos que llegara muy lejos. Quizá carecía de confianza o fe en sus capacidades, así que sentimos, e incluso compartimos, sus lágrimas de dicha cuando triunfa.

En su mayoría, los concursantes parecen personas "comunes", de modo que si ellos pueden intentarlo y mejorar, consideramos que nosotros también podemos y, en consecuencia, decidimos lanzarnos a hornear.

Por lo tanto, hacer pasteles puede superar el placer de comerlos. Puede ser una fuente continua de disfrute, desafío y creatividad, al mismo tiempo que nos proporciona una sensación de conexión al compartir nuestras creaciones con otros.

Nuestro cerebro es un músculo y, como ocurre con nuestra fuerza física, puede ser un asunto de "si no lo usas, lo pierdes". Podemos empezar a ejercitar nuestro músculo cerebral en cualquier momento, y eso nos proporciona beneficios, pero mientras más tiempo lo dejemos de lado, más difícil se volverá. Aprender en la adultez, ya sea por diversión o interés en lugar de por obtener créditos formales, nos proporciona mayor felicidad y nos vuelve más resilientes en muchos sentidos, por ejemplo:

- Ser más positivos, optimistas y confiados.
- Experimentar mayor satisfacción con la vida.
- Tener mayor autoestima y más confianza en nuestras propias capacidades, sin tomar en cuenta nuestras certificaciones formales.
- Crear una red social más fuerte.
- Estar y permanecer más sanos físicamente, tener menos depresión y ansiedad y, por ende, visitar menos al médico.
- Sentirnos más satisfechos en la mediana edad y menos insatisfechos en la vejez.

No importa si te has propuesto llegar a altos niveles profesionales o si elegiste otro camino, el aprendizaje a lo largo de la vida produce mayor bienestar y felicidad. Todos pueden experimentar sus beneficios, sin importar sus ingresos, antecedentes sociales o culturales, género o edad. Los estudios confirman que mantener activa nuestra mente, incluso hasta la vejez, es un ingrediente esencial para seguir bien, ser felices y reducir el riesgo de demencia.

Mentalidades para el aprendizaje

Aunque todos nacemos con un impulso por aprender y desarrollar nuestra mente, por muchas razones diferentes esto puede suprimirse o bloquearse, ya sea cuando niños o a medida que envejecemos. Quizá nos desalentemos por completo del aprendizaje o evitemos ciertas cosas que quisiéramos aprender porque pensamos o decimos cosas como: "no soy bueno para las matemáticas" o "no puedo dibujar/cantar" o "no tiene caso que lo intente, soy malísimo para las cosas técnicas".

La profesora de psicología Carol Dweck y sus colaboradores, en la Universidad de Stanford, han pasado décadas estudiando esta tendencia entre niños escolares y adultos, y dicen que nuestra actitud hacia el aprendizaje es importante. Las expectativas que tenemos acerca de nuestras capacidades y de qué tan buenos "deberíamos" ser tienen gran influencia en nuestra disposición y capacidad real para intentar cosas nuevas y aprender. Dweck afirma que podemos abordar el aprendizaje con una "mentalidad de crecimiento", lo cual nos permite poner en práctica nuevos enfoques, resolver los retos y, por tanto, mejorar; o podemos abordarlo con una "mentalidad fija", lo cual puede significar que nos demos por vencidos con rapidez o que ni siquiera lo intentemos por el temor de fracasar. La buena noticia es que, si tenemos conciencia de nuestra mentalidad hacia lo que queremos aprender y somos sinceros con nosotros mismos, podemos empezar a cambiarla.

Dweck la llama mentalidad "fija", porque detrás de estos pensamientos se encuentra la creencia de que nuestra inteligencia o capacidades tienen un límite fijo. Así que si algo nos cuesta mucho trabajo o, peor aún, si fracasamos, creemos que no somos bastante inteligentes o capaces. En tal caso nos frustramos, nos sentimos incompetentes e incluso es posible que no volvamos a intentarlo. Porque si no lo intentamos, creemos que nadie se dará cuenta de que no somos "suficientemente buenos" y no tendremos que enfrentarlo nosotros mismos.

En cambio, con la mentalidad de crecimiento creemos que podemos aprender y ser mejores. Eso no significa que seremos maravillosos o perfectos, sino que podemos encontrar formas de mejorar.

Esta mentalidad considera las dificultades como una parte normal del proceso de aprendizaje de todos, y como oportunidades de entender y desarrollar nuestras habilidades. Eso significa que es menos probable que nos flagelemos cuando cometemos errores, o que bloqueemos las posibles fuentes de interés, y eso nos ayuda a crecer en lugar de estancarnos.

Es posible que nuestra mentalidad varíe según lo que hacemos o quizá la apliquemos a la mayoría de las cosas que hacemos. Adoptar una mentalidad de crecimiento nos ayuda en general a superar los retos e incrementa nuestro disfrute del aprendizaje, y eso significa que será más probable que alcancemos nuestro potencial.

Momento de reflexión...

Regresa en tu mente a la última vez que tuviste dificultades al tratar de aprender algo nuevo, cuando te esforzaste en mejorar en algo o cuando fallaste. ¿Qué pensamientos cruzaron por tu mente? ¿Te sentiste ansioso o como si quisieras simplemente dejarlo y nunca jamás volver a intentarlo? ¿Te sentiste molesto, incompetente, empezaste a culparte a ti mismo o a los demás, o buscaste cómo excusarte? ¿Qué pasó si alguien intentó hacerte algún comentario? ¿Te pusiste a la defensiva, te enojaste o te sentiste devastado? O si otra persona fue mejor que tú en algo que era importante para ti, ¿sentiste envidia, te sentiste amenazado o tu confianza cayó por los suelos?

Si respondiste que "sí" a cualquiera de estas preguntas, esos pensamientos son indicadores de una mentalidad "fija". Y si pensamos de ese modo, hacemos que el aprendizaje sea estresante y tenga un impacto negativo sobre nuestra curiosidad, confianza y disposición a persistir, invertir un esfuerzo y, por ende, mejorar.

Basado en C. Dweck (2006, 2015).

¡Intenta esto! Sintonízate con tus pensamientos

La siguiente ocasión en que quieras intentar o aprender algo nuevo, sintonízate con lo que te dices a ti mismo e intenta orientarlo al crecimiento en lugar de a lo que ya está fijo. Éstos son algunos ejemplos del tipo de cosas que debes escuchar…

Pensamientos de mentalidad de crecimiento		Pensamientos de mentalidad fija
Todavía no soy bueno para esto.	**NO**	**No soy bueno para esto.**
Me parece difícil, ¡pero eso es porque lo estoy aprendiendo y estoy empezando a ejercitar mi cerebro!	**NO**	**Me parece difícil porque soy estúpido/torpe/no tengo la suficiente capacidad.**
Vamos un paso a la vez. Se necesita persistencia y esfuerzo para volverse mejor.	**NO**	**Hice mi mejor esfuerzo y no fui bastante bueno.**
¿Qué puedo aprender de este error para la siguiente vez que intente?	**NO**	**¡Me doy por vencido! No tiene caso intentarlo. Nunca lo haré a la perfección.**

Si quieres ver un ejemplo de este proceso en acción, mira el video de "Austin's Butterfly" en YouTube. Es encantador y uno de mis videoclips favoritos.

Adaptado de C. Dweck (2015).

Cómo encontrar nuestra curiosidad y volvernos más creativos

"La curiosidad… es la maquinaria
de nuestro yo en evolución".
Todd Kashdan, *Curious? Discover the Missing Ingredient to a Fulfilling Life*

Punto de partida para el aprendizaje y la creatividad

Se dice que la curiosidad mató al gato, pero es probable que en tu caso ocurra lo contrario, porque se ha demostrado que las personas curiosas viven más tiempo, tienen una mejor calidad de vida y sienten que sus vidas son más disfrutables, satisfactorias y significativas.

La curiosidad es lo que nos impulsa a explorar y averiguar cosas. Es el inicio de toda idea que tengamos y de todo avance que logremos, sea grande o pequeño. Puede llevarnos a descubrir nuestras pasiones e intereses y a profundizar en ellos, y está en el núcleo de una vida creativa y satisfecha. Cuando tenemos curiosidad, estamos presentes, alertas, abiertos y participativos.

Nuestra curiosidad nos hace avanzar hacia lo innovador y nuevo, en vez de alejarnos de ello, ya sea para resolver un problema, desarrollar una nueva habilidad, entretener nuestra mente o comprender ideas complejas, o conocer a alguien nuevo. Nos impulsa a hacer preguntas, observar atentamente, manipular o juguetear con herramientas o técnicas, sumergirnos en la investigación y persistir a pesar de los retos. Nos lleva a descubrir cosas nuevas sobre el mundo, otras personas y nosotros mismos. A través de la curiosidad podemos tolerar mejor la incertidumbre que forma parte de las experiencias novedosas o de cualquier trayecto de aprendizaje y, como resultado, pensamos y actuamos de maneras nuevas. Aunque algunos tenemos una mayor curiosidad natural que otros, ésta es una capacidad que, con intención y práctica, podemos desarrollar más.

¡Intenta esto! Despierta tu curiosidad

Despierta tu curiosidad intencionalmente todos los días:

- Busca cosas que sean diferentes/nuevas a medida que sigues con tu rutina.
- Si estás en el recorrido que haces regularmente, busca algo que no hayas notado antes (por ejemplo, mira la parte superior de los edificios, en lugar de verlos al nivel de tus ojos o de mirar al piso).
- Cuando algo interesante llame tu atención, míralo con curiosidad. Por ejemplo, pregúntate por qué es así, cómo llegó ahí, cómo se hizo, o qué otra cosa podría ser o que otro uso podría tener.

Observa las cosas de modo diferente y ve cosas diferentes

¡Intenta esto! Haz esta prueba

Pongamos a prueba tu curiosidad.
Éste es el dibujo de un pato. ¿Qué notas en él?

Mira el dibujo (la parte de la derecha) ¿Qué notaste? Quizá viste la figura de la cabeza de un pato o su ojo, u otra característica atrajo tu atención… pero ¿también notaste el conejo que mira hacia la derecha? Ambos animales están ahí, pero como se te pidió que buscaras al pato, es probable que eso haya sido lo que viste, por lo menos de inicio, porque eso es en lo que estabas enfocado. Esto es lo que hacemos todo el tiempo, y aunque nos ayuda a entender con rapidez lo que vemos, significa que pasamos muchas cosas por alto que podrían alimentar nuestra creatividad e interés.

Un simple ejemplo que he observado en mí misma es cuando intento comprar alguna cosa nueva que ponerme. A pesar de buscar activamente, sigue atrayéndome el estilo o color que siempre visto. Si lo único que quiero hacer es remplazar alguna cosa desgastada, entrené muy bien a mi cerebro, pero no es tan bueno si quiero romper con mi costumbre y probar algo nuevo.

Ellie Langer, una psicóloga de Harvard, llama "inconsciencia" a este efecto que puede obstaculizar el aprendizaje y el pensamiento creativo; esta investigadora ha realizado estudios que muestran cómo pasa eso. Por ejemplo, en un experimento, a los participantes se les presentó la misma variedad de objetos de dos maneras diferentes. Al primer grupo, cada objeto se presentó diciéndole lo que *era*; por ejemplo: "Ésta es una liga" o "Esto es un juguete para perros". Al segundo grupo, los objetos se presentaron sugiriéndole lo que *podían* ser; por ejemplo: "Esto puede ser una liga" o "Esto puede ser un juguete para perros". Posteriormente en el experimento, surgía la "necesidad" de una goma de borrar, pero no se podía encontrar ninguna. Sólo el segundo grupo pudo sugerir de manera espontánea que se podía usar la liga o el juguete para perro en lugar de la goma de borrar.

Se encontró un efecto similar cuando a dos grupos de niños se les instruyó en las reglas de un nuevo juego. Al primer grupo se le dieron las reglas y se les dijo: "Así es como se juega *smack-ball*", mientras que al segundo grupo se le dijo: "Así se puede jugar *smack-ball*". Ambos grupos jugaron según las reglas que les habían dado pero, después de un tiempo de práctica, de manera subrepticia se cambió la pelota por otra más pesada, lo cual dificultó el juego. Esto provocó que el desempeño del primer grupo disminuyera, pero los niños se mantuvieron firmes en las reglas. En cambio, el desempeño del segundo grupo siguió igual: no tomaron los elementos básicos del juego como reglas estrictas, así que pudieron adaptar su modo de jugar.

Es increíble, ¿no crees? El simple cambio de una o dos palabras invitó a la curiosidad, en lugar de a la inconsciencia, y provocó un gran cambio en las posibilidades que las personas pudieron encontrar y en la creatividad que fueron capaces de aplicar. De hecho, Langer llama a su trabajo "psicología de las posibilidades". Dice Langer: "Es tan simple. Se trata de encontrar el modo de estar en un estado mental flexible en el que participemos activamente del presente y nos percatemos de las cosas novedosas y nuevas, y nos mantengamos sensibles al contexto". De hecho, algunas personas se refieren a su trabajo como "atención plena creativa".

La atención plena creativa incrementa el disfrute del aprendizaje, conduce a mejores capacidades de solución de problemas y, a fin de cuentas, a una mayor creatividad. Es curioso que parezca también ser realmente buena para nosotros, al reducir el estrés, limitar la rumiación, aumentar la aceptación de uno mismo y producir un mayor bienestar psicológico. Asimismo, es una puerta de entrada al estado de flujo, el cual examinaremos en la página 189.

Creatividad y felicidad

"Aunque es posible que la creatividad personal no nos conduzca a la fama y la fortuna, sí puede lograr algo que, desde el punto de vista del individuo, es incluso más importante: logra que las experiencias cotidianas sean más vívidas, disfrutables y satisfactorias".

Mihaly Csikszentmihalyi, *Creatividad: el fluir y la psicología del descubrimiento y la invención*

Podemos tener creencias acerca de nuestra capacidad de ser creativos que limitan nuestro pensamiento y nos impiden explorar. Cuando le pido a la gente que describa qué es una persona "creativa", no es inusual que digan que es alguien que tiene talentos o habilidades artísticas o musicales, o que tiene ideas que transforman al mundo. Bueno, las ideas que transforman al mundo son creativas por su misma naturaleza, pero también son poco comunes. Aunque es posible que podamos modificar nuestro nivel de talento o creatividad artística porque tenemos fortaleza natural para ello, cualquier persona puede aprender a abordar su vida de forma más creativa… y disfrutar tratando de hacerlo.

La creatividad no se trata sólo de emprendimientos artísticos. Por supuesto que éstos pueden ser estupendos (y muy divertidos) medios de expresar la creatividad, pero no son la única vía para encontrarla o aplicarla. Luego de haber estudiado durante decenios el raro fenómeno del genio creativo (la "creatividad con C mayúscula", como se le conoce), ahora los psicólogos empiezan a investigar la "creatividad con c minúscula", que es la aplicación de la creatividad a la vida diaria. A lo largo de la historia y en todas las culturas, se reconoce que la creatividad es una cosa que se valora de manera inherente, y desde hace largo tiempo se ha visto como algo que la gente hace y busca por su valor mismo: porque es una cosa que disfrutan, que les proporciona una sensación de propósito, que les ayuda a resolver problemas y, quizá, porque conduce a una profunda satisfacción. Como psicólogo y experto en terapia de calidad de vida, Michael Frisch lo expresa así: "En mi trabajo con clientes tanto pobres como ricos, observo muchos casos en los que la solución creativa de problemas o encontrar un medio de expresión creativa tienen un efecto progresivo", al conducir a un nuevo pasatiempo o pasión, mayor confianza y comprensión de sí mismos, y proveer más energía a todo lo que hacen.

¡Intenta esto! Siempre di que sí

Cuando se nos presentan oportunidades de hacer o intentar algo diferente, es frecuente que nuestra reacción inmediata sea un "no". Tener cautela con lo desconocido es parte de nuestra naturaleza humana, ya que es una medida de protección. Pero si casi siempre decimos que "no", eso puede limitar nuestra creatividad y aprendizaje.

Así que elige un día (o una semana) en que digas "sí" en lugar de "no". Por ejemplo, podrías decir "sí" cuando te propongan visitar un sitio diferente para tomar un café, probar una comida nueva (que cuando eras niño decidiste que no te gustaba), ver una película o un programa televisivo diferente, salir en lugar de quedarte en casa.

¿Quién sabe qué descubrirás? ¡Por supuesto que debes aplicar el sentido común si es probable que una actividad sea peligrosa!

Cómo pensar con mayor creatividad

Podemos aplicar la creatividad a casi cualquier área que elijamos, sea grande o pequeña; por ejemplo: qué y cómo cocinaremos para la cena; problemas que necesitamos resolver en el trabajo; cómo repararemos algo en casa; nuestras relaciones; dónde y cómo vivimos, y el trabajo que hacemos.

Hay dos elementos principales en el pensamiento creativo:

1. Salirnos de nuestros patrones habituales de pensamiento y de las suposiciones que tenemos de manera inconsciente.
2. Conectar cosas que generalmente no tienen relación.

Veamos cada una de ellas.

1 Romper con nuestros hábitos mentales

Para el primer elemento, hay trucos que podemos usar para salirnos de nuestros patrones habituales de pensamiento y suposiciones inconscientes. La psicóloga Ellen Langer dice que siempre hay formas diferentes de ver una cosa, si conscientemente buscamos aquello que es nuevo, innovador o que ha cambiado en una situación o persona. Simplemente pregúntate: "¿Qué pensaría, vería u oiría si estuviera en los zapatos de otra persona?" o "¿Cuáles son las diferentes maneras en que puedo ver esto?".

Existe una técnica comprobada de pensamiento creativo llamada "reglas y revoluciones", que funciona muy bien. Si intentas resolver un problema o encontrar una idea para algo, piensa en todas las suposiciones (reglas) que están en tu mente sobre eso o sobre cómo necesita ser. Luego piensa en formas de romper esas reglas. Puede ser una idea muy divertida que entretengas en tu mente y quizá descubras que te abre a algunas ideas nuevas.

La parte visual del cerebro es diferente de la parte racional y lógica, de modo que puede liberarnos para entretener ideas en nuestra cabeza ¡sin que esa voz interna se apresure a decir "eso nunca va a funcionar"! ¿Por qué no tratas de pensar con tus manos en lugar de hacerlo con tu cabeza? Es cada vez más frecuente que se reconozca que el "pensamiento de diseño", que es como se le denomina, ayuda a la gente a tener más y mejores ideas. Ésta es, incluso, una materia que se imparte en algunas escuelas y toma las formas de abordar los problemas de diseño que utilizan los diseñadores y las aplica para la solución de problemas prácticos de otras índoles.

Una técnica esencial es el "prototipado rápido". Cuando intentas comprender un problema o moldear una idea, en vez de meditar en ello o escribir los pros y contras, construyes un modelo aproximado. No necesitas habilidades o materiales especiales, ya que puedes usar *Play-doh*, plastilina, legos o empaques de tu depósito de materiales de reciclado. El asunto es que juguetear con las manos te ayuda a pensar de modo diferente y a ver los problemas de nuevas maneras. Puede liberar tu mente para que tenga más y mejores ideas, al mismo tiempo que es divertido. Ampliar visualmente nuestros pensamientos e ideas también puede ser útil, aunque utilicemos dibujos simples y símbolos o fotografías tomadas de revistas.

2 Hacer nuevas conexiones

Se ha dicho que no existen ideas nuevas, sino nuevas conexiones. Las ideas ocurren cuando una cosa se combina con otra para crear algo nuevo, o cuando un pensamiento detona una idea sobre un proyecto en el que estamos trabajando aunque no tenga ninguna relación con él.

Ésta es una de las razones por las que la curiosidad y la creatividad tienen una relación tan estrecha. Mientras mayor es nuestra curiosidad, más amplio es el rango de cosas dentro de nuestra memoria inconsciente entre las que podemos establecer conexiones. Uno de los mejores ejemplos que conozco es una idea que ayudó a lograr que las primeras computadoras Apple fueran revolucionarias. Después de que desertó de la universidad, la curiosidad de Steve Jobs lo condujo a asistir a una clase de caligrafía. "Era hermosa. Histórica. Artísticamente sutil, de un modo que la ciencia no puede captar, y me resultó fascinante. Ninguna de estas cosas tenía oportunidad de representar cualquier aplicación práctica en mi vida. Sin embargo, diez años después, cuando diseñábamos la primera computadora Macintosh, todo eso vino a mi mente. Y entonces lo introdujimos en el diseño de la Mac. Fue la primera computadora con bella tipografía". Así que nunca sabes a dónde te llevará tu curiosidad.

¡Intenta esto! Sí, y ¿qué tal si...?

Las nuevas ideas son como retoños delicados. Son frágiles y necesitan cultivarse antes de que podamos ver si fructificarán. Sin embargo, es frecuente que los aplastemos en el instante en que aparecen, pensando o diciendo cosas como: "Es una estupidez" o "Nunca funcionará". De este modo nos cerramos a las ideas antes de poder ver hacia dónde nos llevarían.

La siguiente ocasión en que a ti, o a alguien cercano, se le ocurra una idea, piensa o di: "Sí, y ¿qué tal si...?", de modo que puedas agregar algo y desarrollar más aquello que se sugirió. Intenta lo mismo con tus propias ideas.

Cómo vivir con más creatividad

"Cuando una persona dice que tiene una experiencia de 20 años, ¿en realidad se refieren a un año de experiencia que se repitió 20 veces?".

Fuente desconocida

Romper con algunos de nuestros hábitos regulares y rutinas diarias puede ayudarnos a liberar y alimentar nuestra creatividad. Nos sirve para ver de modo diferente las partes comunes y corrientes de nuestras vidas y para observar otras cosas, abriendo más oportunidades de interés, creatividad y disfrute.

Otro de los experimentos de la psicóloga Ellen Langer y sus colaboradores ilustra muy bien este concepto. Les pidieron a músicos profesionales que ejecutaran de dos maneras diferentes una pieza musical famosa: reproduciendo primero la mejor ejecución que pudieran recordar y, luego, tocándola de la mejor manera que pudieran, pero introduciendo matices sutiles que sólo ellos pudieran notar. Las ejecuciones se grabaron y reprodujeron para públicos que desconocían esas instrucciones. Después se repitió el experimento, variando el orden en que se tocaban o escuchaban las piezas musicales. La capacidad para utilizar una mayor creatividad marcó la diferencia. Los músicos no sólo disfrutaron más de tocar cuando podían personalizar la pieza, sino que el público calificó su desempeño como mejor. Sin embargo, en general somos animales de costumbres. Es muy fácil quedar atrapados en una rutina y hacer la misma cosa de igual manera año tras año. Esto no sólo asfixia la curiosidad y la creatividad, también puede implicar que nos estanquemos y dejemos de aprender o crecer, lo cual, como hemos visto, es importante para nuestro bienestar, tanto físico como psicológico. Por esa razón, los "liberadores de hábitos" pueden ser útiles para la depresión, al ayudarnos a reencender la curiosidad y divertirnos un poco.

Haz las cosas de manera diferente

Es difícil romper con los hábitos, aunque queramos hacerlo o sepamos que es necesario cambiarlos en beneficio de nuestra salud y felicidad. Existen tres razones para hacerlo, según los profesores de psicología Karen Pine y Ben Fletcher:

1 **Nuestros cerebros están diseñados para automatizar las cosas**, para hacer elecciones regulares y frecuentes, y para volver automáticas las decisiones y comportamientos. Esto significa poder tomarlas con rapidez y al hacerlo así liberamos nuestra mente, porque no necesitamos pensar de manera consciente.

2 **Nuestros hábitos dependen de las señales de nuestro ambiente normal,** de modo que si al llegar del trabajo siempre lanzamos a un lado los zapatos, tomamos una copa de vino, encendemos el televisor y nos sentamos en el sofá, esa cadena de sucesos se activa en cuanto ponemos la llave en la puerta, aunque nuestro propósito era practicar guitarra o salir a correr. Nuestra llave en la cerradura detona las expectativas de la secuencia del vino/televisión/sofá como "recompensa" por haber resuelto los asuntos del día.

3 **Existe una brecha entre "saber-hacer" las acciones habituales y los pensamientos acerca de ellas.** Nuestro cerebro registra las acciones habituales segundos antes de que pensemos conscientemente en hacerlas, o que decidamos no hacerlas. Nuestras acciones regulares se activan en la parte inconsciente de nuestro cerebro, que funciona mucho más rápidamente que la parte consciente, que, como es más lenta y deliberada, nos puede ayudar a romper con nuestra rutina.

La investigación de Pine y Fletcher sugiere que, al integrar una mayor flexibilidad conductual o "hacer algo de manera diferente" en forma regular, tenemos menos probabilidades de caer en patrones de acción y pensamiento habituales, y nos resulta más fácil librarnos de ellos cuando así lo hacemos. En consecuencia, nos sirve para tomar decisiones respecto a cómo ocupamos nuestro tiempo que son mejores, aunque menos satisfactorias, para nuestro bienestar a largo plazo, que las que tomamos cuando optamos por la opción instantánea, fácil. Es probable que esta flexibilidad también aumente la curiosidad y el potencial creativo, lo cual nos lleva a una mayor felicidad.

¡Intenta esto! Haz las cosas de manera diferente

¿Cómo puedes hacer algo de manera diferente? Llena el siguiente cuadro, que contiene diferentes elementos de la vida diaria. No hay respuestas correctas o incorrectas. Sólo reflexiona en las áreas en que podrías intentar algo diferente.

En cada afirmación marca la casilla correcta.

	1 No lo hago	2	3	4	5 Es justo lo que hago
Sigo diferentes rutas al trabajo/escuela/universidad todos los días.					
Intento leer periódicos diferentes/navegar en sitios diferentes.					
Veo/escucho diferentes estaciones de televisión y radio.					
Me hago el propósito de conocer nuevas personas.					
Me hago el propósito de intentar nuevas actividades.					
Me hago el propósito de probar nuevas comidas y recetas.					
Me hago el propósito de visitar nuevos lugares.					
Regularmente paso tiempo con personas de orígenes y puntos de vista diferentes a los míos.					
Regularmente paso tiempo con personas de edad diferente a la mía.					
Me gusta leer diferentes tipos de libros.					
De una semana a otra varía lo que hago en el fin de semana.					

¿Cómo podrías tratar de hacer las cosas de manera diferente?

- Empieza con algo que sea fácil cambiar.
- Intenta hacer una cosa diferente todos los días.
- Identifica un factor que te recuerde hacer el(los) cambio(s) que te propusiste.
- Usa las sugerencias de cómo despertar tu curiosidad que se indican en la página 177 para ayudarte a notar cosas nuevas, mientras intentas hacer algo diferente.

¡Hacer lo que nos gusta nos hace bien!

> "No existe competencia humana que se pueda lograr si no existe un interés que la sostenga".
> Silvan Tomkins, *Affect, Imagery, Consciousness*

Alimento para la diversión y la satisfacción

Cuando conduzco talleres a menudo inicio pidiéndoles a los participantes que se presenten y compartan algo que les provoque pasión aparte de su trabajo. Me asombra la gama de cosas que hace la gente: conducir motocicletas antiguas, estudiar historia antigua, encargarse de barcazas de río, montar a caballo, entrenar en futbol a los niños de la localidad, dirigir tropas de *scouts*, hornear pasteles, hacer velas, aprender idiomas, tocar un instrumento, escribir poesía, reconstruir radios, criar gallinas, aprender ballet, mejorar su hándicap en golf, pescar con mosca, y ésas son sólo unas cuantas.

Entonces, ¿qué nos motiva a empeñarnos con tales actividades luego de un difícil día de trabajo? Además del empleo, el hogar y la familia, y otros compromisos, podrías pensar que lo único que queremos es descansar, pero la gente practica todo tipo de actividades en su tiempo libre que implican mucho trabajo y aprendizaje. ¿Por qué?

Los psicólogos concuerdan en que el aprendizaje es una tendencia humana natural. La poseemos desde el momento de nacer. Los niños son activamente curiosos, inquisitivos y juguetones, lo cual conduce al aprendizaje y, en consecuencia, al desarrollo. A medida que crecemos y llegamos a la adultez, aquello que nos interesa sigue impulsándonos a explorar, ya sea que se trate de nuevas ideas, conocer nuevas personas o de las cosas que hacemos. Pero, como adultos, existen muchas cosas que tenemos que hacer o aprender en el trabajo y en casa que no nos motivan de manera natural. Es posible que las hagamos por muchas razones: porque tenemos que hacerlas, para obtener recompensa o reconocimiento externos o, incluso, para obtener nuestra propia aprobación.

Nuestro tipo de motivación es importante. Es la "energía" o el "combustible" que impulsa nuestras intenciones y acciones, y si tenemos la motivación correcta, éstas se mantienen a través del tiempo y nos inducen a seguir aprendiendo. La psicología demuestra que mientras más curiosidad sintamos acerca de lo que hacemos y encontremos en ello algo que nos interesa o que valoramos, mejor será para nosotros.

Cuando aquello que elegimos aprender o hacer nos parece parte de quienes somos como personas, nos provoca interés, o ambos, lo valoramos por sí mismo, más que por aquello a lo que nos conduce. Esto tiene diversos efectos: no sólo nos beneficia si tenemos que persistir en ello, sino que es más probable que lo hagamos bien y de manera más creativa, y también que aumente nuestra felicidad, bienestar, vitalidad y confianza.

Como adultos, para mantener y sostener este tipo de motivación (que los psicólogos denominan motivación "intrínseca" o "autónoma") se deben satisfacer de algún modo tres condiciones básicas o "necesidades psicológicas" esenciales:

- Control: la manera en que deseamos aprender necesita elegirse libremente, alinearse con las personas que somos, con nuestros valores, creencias y lo que consideramos importante, o todos ellos.
- Competencia: necesitamos tener alguna sensación de efectividad, confianza y progreso (por ejemplo, es necesario tener alguna idea de cómo realizarlo y confianza en nuestra capacidad para aprender y superar los retos).
- Conexión: nos ayuda de algún modo a sentirnos conectados con otras personas o percibir que les importamos.

Si no se satisfacen esas necesidades o se frustran, con el tiempo puede haber un impacto negativo en nuestro aprendizaje, y en el tiempo y esfuerzo invertidos en ello. También puede reducir el disfrute y minar nuestro bienestar a largo plazo.

En vista de que siempre hay cosas en la vida a las que nos sentiremos atraídos de manera natural, contar con intereses a los que elijamos dedicarnos y de los que deseemos aprender, además de nuestro empleo, es una importante fuente de bienestar y parte de una vida floreciente. Por esa razón es que los estudios han encontrado que nuestro disfrute y sensación de vitalidad es mayor durante nuestro tiempo libre, cuando tenemos más capacidad de elección y oportunidad de hacer lo que nos encanta. Así que, en lugar de agotarnos al añadirlos al resto de nuestros demás compromisos, parece que los pasatiempos, los intereses y las pasiones que elegimos libremente pueden ser maravillosas fuentes de aumento de energía para nosotros.

Pasatiempos, pasiones e intereses

Nuestros pasatiempos son una estupenda fuente de crecimiento y dominio personales, al darnos la oportunidad de explorar, jugar, ser creativos, y desarrollar y usar nuestro potencial. Debido a que nos interesamos en ellos y nos resultan disfrutables, esto nos da la energía para estirar nuestras capacidades y desafiarnos a nosotros mismos. Además, nos dan una intuición acerca de nosotros mismos como personas "reales". El psicólogo Brian Little propone que nuestros "bienhaceres" —es decir, nuestros proyectos personales, las cosas que elegimos hacer y a las que nos dedicamos a lo largo del tiempo— ayudan a definir quiénes somos y también son importantes para el bienestar.

Sintonizarte con aquellos aspectos de las cosas a las que te sientes atraído naturalmente puede dar indicios de tus fortalezas naturales y ayudarte a encontrar tus pasiones. Mientras más podamos utilizar nuestras fortalezas, más probable será que florezcamos. Examinaremos esto a mayor profundidad en el capítulo 9.

El psicólogo Robert Vallerand estudia nuestras pasiones: aquellas actividades en las que tenemos un profundo interés, que nos encanta hacer y en las que invertimos tiempo y energía. También investigó la idea de que la manera en que ocupamos nuestro tiempo libre es central para las personas que somos. Nuestras pasiones nos parecen una representación de lo que realmente "somos" y se vuelven una característica esencial de nuestra identidad. Son algo que él denomina: "pasiones armoniosas". Es típico que las personas que tienen una pasión armoniosa experimenten un mayor disfrute de la vida y un mayor bienestar psicológico. El gozo de la actividad que eligen los lleva a participar con más frecuencia en ella, a menudo durante años o aun durante toda su vida, lo que conduce a su vez a un bienestar sostenido e incluso a la prevención de enfermedades. Sin embargo, Vallerand distingue entre estas pasiones armoniosas, que son buenas para nosotros, y las pasiones obsesivas, que no son buenas. Estas últimas son actividades compulsivas, porque no las impulsa el disfrute inherente de la actividad misma sino, por ejemplo, la necesidad de probar la propia valía (a los demás o a uno mismo). Aunque es posible que estas actividades provean entusiasmo y ocupen gran parte de nuestro tiempo y energía, también se ha probado que quebrantan nuestro bienestar, porque es posible que nos controlen en lugar de que nosotros las controlemos a ellas. Una pasión obsesiva por los juegos de azar sería un buen ejemplo de esto.

En términos de la forma de lidiar con los fracasos y errores, la naturaleza de nuestras pasiones también parece importante. Aunque el bienestar de las personas que tienen pasiones armoniosas parece protegido incluso si experimentan un fracaso en aquello que hacen, eso no es lo que ocurre con quienes tienen una pasión obsesiva. Para estos últimos, el fracaso tiene un impacto significativo en su bienestar.

Momento de reflexión...

- ¿Cuáles son tus pasatiempos, intereses y pasiones favoritos?
- ¿En qué, y cómo, contribuyen a tu vida y felicidad?
- ¿A qué grado les das prioridad en tu tiempo libre?
- ¿Cuáles pasatiempos/intereses/pasiones disfrutabas cuando eras niño?
- ¿Hay alguna actividad que te gustaría empezar a hacer de nuevo o existe algo nuevo que te gustaría intentar?

Encontrar nuestro estado de flujo

"Los mejores momentos en nuestra vida no son los tiempos pasivos, receptivos, de relajación... En general, los mejores momentos ocurren cuando el cuerpo o mente de la persona se llevan a su límite en un esfuerzo voluntario para lograr algo difícil y que vale la pena".

Mihaly Csikszentmihalyi, *Fluir (Flow): Una psicología de la felicidad.*

Nuestros pasatiempos, intereses y pasiones —las cosas que nos motivan de manera intrínseca— pueden ser una gran fuente de "flujo". El flujo es un estado de profundo enfoque —y concentración— en algo que estamos haciendo. Es cuando perdemos idea del tiempo y de nosotros mismos, y estamos ajenos a lo que sucede alrededor, a veces incluso a las personas con quienes hablamos. En ocasiones a este estado se le describe como "estar en la zona". Es algo de lo que todos somos capaces, según indica el psicólogo Mihaly Csikszentmihalyi, quien identificó el término y cuyo trabajo inició décadas de investigación sobre los estados de flujo.

El "estado de flujo" es un fenómeno común. Las personas informan experimentarlo cuando están haciendo todo tipo de cosas; por ejemplo, al jugar ajedrez, bailar, escalar en roca, pintar, dibujar, escribir, cantar en coros, tocar música o jugar, cocinar, fabricar o arreglar cosas, hacer artesanías, jugar deportes.

El flujo se relaciona estrechamente con el aprendizaje y la creatividad. Las experiencias de flujo implican un equilibrio óptimo y delicado entre el reto que representa una actividad y nuestras habilidades.

Equilibrio entre reto y habilidad para alcanzar el flujo

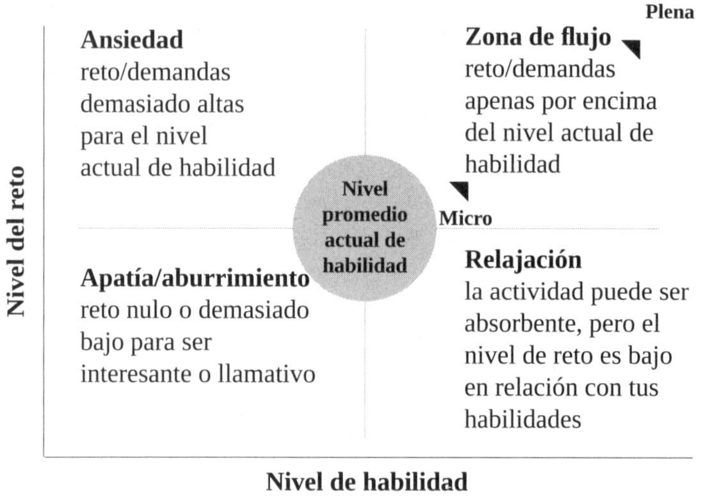

Adaptado de M. Csikszentmihalyi, *Aprender a fluir.* Editorial Kairós.

Cuando alcanzamos el estado de flujo, el nivel del desafío que se revela en lo que estamos haciendo está a la altura, o apenas por arriba, de nuestro nivel promedio actual de habilidad: sabemos cuál es nuestra meta en la actividad y, a medida que intentamos diferentes acciones o pasos, obtenemos una idea inmediata de si éstos funcionan o no. Poco a poco, a medida que aumentan nuestras habilidades, necesitamos incrementar el nivel de reto para permanecer enfrascados y así continuar aprendiendo. La experiencia de flujo es satisfactoria en sí misma, de modo que queremos persistir y repetirla. Poco a poco aumentamos nuestro dominio de lo que estamos haciendo. Cuando alcanzamos el estado de flujo, estamos completamente enfocados en lo que hacemos. Nuestra mente no divaga ni se preocupa. El estado de flujo permite que surja nuestra creatividad. Debido a que la actividad nos absorbe, no estamos teniendo en nuestra mente una serie de comentarios constantes sobre qué tan bueno es nuestro desempeño y no estamos refinando nuestras ideas o pensando en lo que "deberíamos" o "no deberíamos" intentar a continuación.

Parece haber una diversidad de experiencias de tipo flujo: desde el "microflujo", en el que estamos encontrando el sentido a algo nuevo y aprendiendo cómo hacerlo, hasta las experiencias plenas o profundas de flujo, donde alcanzamos tal nivel de dominio que no tenemos que pensar en lo que estamos haciendo y es como si nos fusionáramos con la actividad. A menudo la gente describe estar en un flujo pleno o profundo en las ocasiones que sienten que han alcanzado su máximo desempeño.

Alcanzar el estado de flujo tiene una fuerte asociación con la felicidad y el bienestar. Al momento de experimentarlo, en general no tenemos conciencia de sentir nada, pero después tenemos una sensación de profunda satisfacción. En ese momento usamos toda nuestra capacidad, en términos de atención, habilidades y capacidades.

Por supuesto que existen actividades que pueden absorbernos por completo en el sentido de que implican alguna habilidad pero no representan un desafío. Es frecuente que esas actividades sean relajantes y disfrutables, pero no exigentes, lo cual podría explicar por qué los libros para colorear mientras se alcanza la atención plena se han vuelto tan populares. A éstas se les conoce como actividades de "esparcimiento pasivo", porque no estás "haciendo" nada de manera activa. Son "fáciles" y estupendas para apagar la mente y relajarse, pero no nos pueden proporcionar los beneficios del dominio, creatividad o bienestar que sí podemos obtener del estado de flujo y de la oportunidad de dar nuestro mejor desempeño.

Advertencia

Es posible engancharse de maneras poco sanas con actividades que nos proporcionan un estado de flujo, pero que desgastan nuestro bienestar (como ocurre cuando nuestras pasiones son obsesivas). Por ejemplo, es frecuente que los videojuegos se diseñen para provocar estados de flujo. Por esa razón es que pueden ser tan absorbentes y, en el caso de algunas personas, incluso adictivos. Es la diferencia entre si estamos eligiendo o controlando aquello que hacemos, o si, de hecho, la actividad es la que nos está controlando.

Cómo llegar a la zona de flujo

Mientras más motivaciones intrínsecas tenemos en la vida (como vimos en la página 187), mayor es nuestra curiosidad, atención plena y persistencia, y más fácil es que alcancemos estados de flujo. Por suerte, todas éstas son áreas en las que podemos aumentar nuestras capacidades. He aquí algunas ideas que puedes poner en práctica.

- **Sal de tu zona de confort e intenta activamente una actividad**. Esto te ayudará a descubrir nuevos intereses o logrará que profundices en aquellos que ya tienes. Así es como encontrarás el equilibrio óptimo entre el reto o las demandas de lo que intentas lograr y tu nivel actual de habilidad. No tienes que llegar al extremo; ponte por meta el suficiente desafío para que te mantenga alerta, pero no tanto para causarte ansiedad.
- **Muestra curiosidad y ejercita los "músculos" del enfoque**. La práctica de la atención plena es estupenda para lograrlo. Busca las actividades/recursos en el capítulo 4.
- **Crea el contexto para alcanzar el flujo**; aparta momentos regulares para practicar un pasatiempo o interés que te atraiga. ¡No hagas muchas cosas al mismo tiempo! Asegúrate de tener lo que necesitas para lo que estás haciendo, apaga el teléfono y enfráscate en la actividad.
- **Reconoce hacia dónde quieres llegar.** Ten una meta para lo que estás haciendo. Reconoce lo que intentas lograr en lo que estás haciendo actualmente. Podría ser aprender una canción para un concierto, preparar una nueva receta a tiempo para la cena o armar parte de un modelo que estés construyendo.

Piensa en lo siguiente Tus experiencias de flujo

Recuerda algún momento en que hayas estado en la zona de flujo: estabas tan absorto en lo que hacías que perdiste idea del tiempo. Esto debería ser algo que te interesó y en lo que usaste tus habilidades, y te dejó una sensación agradable y de que representó un esfuerzo.

- ¿Qué estabas haciendo? ¿Cuáles fueron las condiciones que te permitieron entrar en la zona?
- Piensa en lo que haces actualmente en tu tiempo libre. ¿Dónde colocarías estas actividades en el cuadro de la página 190?
- ¿Cómo puedes aumentar el número de experiencias de flujo en tu vida? ¿Podría ser a través de los pasatiempos e intereses que tienes en la actualidad o mediante explorar algo nuevo?

En resumen

Éstos son cinco puntos esenciales que puedes derivar de este capítulo:

1 Tener curiosidad, creatividad y aprender es natural, y puede llevarnos a lograr una felicidad sostenida y mayor confianza. Tales cosas son esenciales para una vida de florecimiento. Es posible interesarse en cosas diferentes, y ser creativo de maneras diversas y a diferentes grados.

2 Nuestra mentalidad hacia el aprendizaje es importante. Si tenemos una mentalidad de crecimiento y no esperamos que siempre haremos todo bien o que siempre seremos perfectos, eso nos servirá para considerar los errores como oportunidades de entender mejor y enfrentar los retos a medida que aprendemos, y nos ayudará a alcanzar nuestro potencial.

3 La curiosidad es la vía para llegar a nuestro yo creativo y que desea aprender. Percatarnos de lo innovador y de lo nuevo, pensar en las posibilidades en lugar de en las reglas y establecer conexiones entre las ideas y observaciones puede ayudarnos a encontrar soluciones a los problemas y proporcionarnos incluso más ideas nuevas.

4 Haz algo de manera diferente. Es posible que nuestros hábitos sean cómodos y nos sirvan para terminar una tarea, pero pueden suprimir nuestra curiosidad y creatividad, y minar nuestra resiliencia. Intentar una actividad y hacer cosas diferentes impulsa el aprendizaje, nos ayuda a pensar de nuevos modos, y sirve para adaptarnos y utilizar más nuestro potencial creativo. ¡También puede ser divertido!

5 Perseguir intereses para encontrar pasatiempos que quieras desarrollar en tu tiempo libre puede ser una abundante fuente de bienestar en la vida ¡y significa un aumento en tus probabilidades de encontrar tu estado de flujo!

Conexiones con otras claves

Otras claves que quizá desees explorar en conexión con Tratar nuevas cosas

- **RELACIÓN** (página 49)
  Intentar cosas nuevas, aprender y practicar pasatiempos e intereses son estupendas maneras de conocer y conectarse con otras personas.
- **DIRECCIÓN** (página 195)
  Tener y establecer metas nos puede ayudar a enfocarnos en aquello que nos interesa o que quisiéramos aprender y explorar; también nos ayuda a tener una sensación de progreso, competencia y dominio.
- **RESILIENCIA** (página 225)
  Aprender, pensar en forma creativa y aumentar nuestra flexibilidad conductual puede ayudarnos a elevar nuestra confianza para lidiar con las dificultades y superar los retos. Nos sirve para adaptarnos y ser ingeniosos, y eso es importante para la resiliencia.
- **EMOCIONES** (página 269)
  Ocupar parte de nuestro tiempo libre en la realización y búsqueda activa de las cosas que disfrutamos —pasatiempos, intereses y pasiones— es una estupenda manera de sentirnos bien, ¡lo cual puede ser bueno para nosotros! Aprender, tener curiosidad y ser creativos también puede ser divertido.
- **ACEPTACIÓN** (página 299)
  Aprender y explorar nuestros intereses y creatividad nos ayuda a comprender y desarrollar nuestras fortalezas, a aumentar nuestra confianza, incluso puede servirnos para alcanzar nuestro potencial.
- **MAYOR SIGNIFICADO** (página 333)
  El aprendizaje, la creatividad y la dedicación a nuestros intereses y pasiones pueden darle significado a la vida y nos ayudan a encontrar nuestro sentido de propósito.

6

DIRECCIÓN

Establece objetivos que anheles

Los objetivos nos dan dirección. Son los peldaños para ir de donde estamos en la actualidad a lo que esperamos para el futuro. Y lograrlos no es lo único importante para la felicidad, también lo es elegirlos, planearlos y esforzarnos por llegar a ellos.

Dirección: introducción

> "Nuestra manera de pensar en el futuro —nuestro modo de tener esperanzas— determina lo bien que vivamos nuestras vidas".
> Shane J. Lopez, *Making Hope Happen: Create the Future You Want for Yourself and Others*

Este capítulo trata sobre la esperanza y cómo ésta proporciona dirección a nuestra vida. Cuando tenemos esperanza en el futuro, es probable que seamos más felices. Pero aquí no me refiero a las ideas fantasiosas o a una esperanza indefinida, sino a tener un sentido de dirección y planes que nos ayuden a llegar de donde estamos ahora a lo que esperamos ser. Esto nos permite convertir nuestras necesidades y sueños en una realidad.

Al igual que es un tipo de perspectiva o disposición, la esperanza también es una teoría psicológica. Asimismo se le puede utilizar de manera práctica como una estructura que nos ayude a pensar y planear cómo lograremos nuestros objetivos, tanto aquéllos más grandes y a largo plazo, como los más pequeños y a corto plazo. Y a diferencia de algunos abordajes acerca de los objetivos, no se refiere sólo al pensamiento racional, sino a que nuestros corazones y emociones también forman parte de ese viaje.

Los seres humanos tenemos una capacidad innata de imaginar y crear imágenes mentales de cómo pueden ser las cosas y, por ende, nos sentimos atraídos hacia el futuro. De modo que de esto se desprende que nuestra manera de pensar y sentir acerca de las posibilidades y objetivos futuros forma parte de lo felices que nos sentimos en la actualidad. De hecho, la capacidad de conservar una postura optimista acerca del futuro se considera una característica que nos define como especie.

¿Qué es la esperanza?

"Todo lo que se hace en el mundo se debe a la esperanza".

Martín Lutero

El psicólogo Rick Snyder desarrolló la Teoría de la esperanza. Curiosamente, la idea provino de su investigación acerca de las excusas que da la gente cuando ha cometido errores o cuando ha tenido un mal desempeño en algo. Junto con sus explicaciones de por qué las cosas no funcionaron, Snyder notó que la gente también tenía esperanza de lograr mejores resultados en el futuro. En otras palabras, tenían una fuerza motivacional en potencia que era el opuesto de sus excusas. Esta observación inspiró décadas de investigación para explorar lo que era realmente la esperanza y cómo las personas lograban convertir sus esperanzas en realidades.

Momento de reflexión...

¿Qué es lo que esperas?

- ¿En cuáles objetivos estás trabajando en este momento?
- ¿Cuáles objetivos son más importantes para ti y por qué?
- ¿Cuáles objetivos te causan más emoción o te infunden más energía?
- ¿Cuáles objetivos consideras que serán más fáciles de lograr y cuáles serán más desafiantes?
- ¿Cuáles son algunos de los obstáculos que necesitas superar para alcanzar tus objetivos?

El doctor Snyder definió la esperanza como el proceso de pensar no sólo en nuestros objetivos, sino también en las vías que podemos tomar para alcanzarlos y nuestras creencias acerca de nuestra capacidad para llegar a ellos. En estos términos, la esperanza es un "estado emocional positivo" que se conforma de tres elementos centrales:

- **Nuestros objetivos.** Lo que nos gustaría obtener, alcanzar o lograr.
- **Nuestra "energía" psicológica**. La "fuerza impulsora" en la esperanza. Es nuestra motivación para alcanzar los objetivos y la energía para iniciar y continuar (Snyder la llama "fuerza del querer" de la esperanza).
- **Rutas.** Cómo lograremos nuestros objetivos, y nuestra creencia de que podemos encontrar el modo de llegar a ellos y lidiar con los obstáculos que se nos interpongan en el camino (Snyder la llama "fuerza del poder").

Cuando nos esforzamos por lograr un objetivo importante, es poco común que la situación sea fácil. A menudo nuestros sentimientos acerca de nuestro objetivo, y nuestra fe en nuestras capacidades para lograrlo, suben y bajan como en una montaña rusa y a veces experimentamos una diversidad de emociones que varían de la frustración a la dicha. En ocasiones podríamos tener que encontrar rutas nuevas que son diferentes de las que proyectamos originalmente, e incluso podría ser que descubramos que queremos, o necesitamos, refinar o volver a moldear nuestros objetivos.

Mientras más se alineen nuestros objetivos con nuestros intereses, pasiones y valores, mayor motivación tendremos para esforzarnos en lograrlos. Nuestras experiencias pasadas con situaciones similares o relacionadas moldean los objetivos que establecemos y nuestra creencia de que podremos lograrlos. De igual manera, nuestra experiencia emocional de lo que significa trabajar para conseguir un objetivo actual, y el hecho de que lo logremos o no moldeará los objetivos que nos pongamos en el futuro.

En este capítulo examinaremos más a fondo cada uno de los elementos esenciales de la esperanza y las acciones prácticas que podemos emprender para encontrarla y convertir nuestros sueños en objetivos y, por tanto, en una realidad. Pero antes de llegar ahí veamos por qué todo esto es importante en términos de nuestra felicidad.

Sentirnos bien sobre el futuro y la felicidad

¿Alguna vez has conocido a una persona feliz que no tenga esperanzas? Los psicólogos solían pensar que sentirse optimista o esperanzado era ingenuo o insensato (o, incluso, podía indicar problemas psicológicos). Después de todo, la vida puede ser difícil y es inevitable que todos experimentemos algunas decepciones. Pues bien, en la actualidad los estudios demuestran que las personas que tienen una perspectiva positiva o esperanzada en realidad parecen más felices y tienen menos probabilidades de sufrir depresión.

Elementos de la esperanza

Basado en C. R. Snyder (2002) "Hope Theory: Rainbows in the mind". *Psychological Inquiry*, 13, 249-275. Reproducido con autorización de la editorial (Taylor & Francis, Ltd, www.tandfonline.com).

Estas personas no sólo experimentan más emociones placenteras y menos emociones desagradables, también tienen menos probabilidades de tener una mayor satisfacción con la vida, autoestima más elevada y más confianza en que pueden lograr lo que se propongan.

Algunos psicólogos han estudiado específicamente el optimismo, mientras que otros, como Rick Snyder, estudian la esperanza. Ambas áreas se relacionan, pero en términos psicológicos no son exactamente lo mismo. En general, el optimismo se refiere a una tendencia a esperar que las cosas salgan bien o de manera positiva, y que, aunque ahora las cosas no vayan como deseamos, pueden volverse mejores en el futuro. La esperanza va más allá de una sensación general de positivismo acerca del futuro, ya que también incorpora nuestras ideas y creencias de cómo llegaremos específicamente a eso. Se piensa que el optimismo y la esperanza son complementarios en cuanto a dar apoyo a nuestro bienestar, pero que la esperanza es más útil en situaciones en las que tenemos cierto control, mientras que el optimismo nos sirve cuando no es así.

Nuestras personalidades varían en su nivel de optimismo o esperanza natural. Algunas personas tienden a creer que el futuro se resolverá de manera positiva, en tanto que otras suponen lo peor. Por supuesto que la mayoría estamos en algún punto intermedio. Todos pasamos por ocasiones en que nos sentimos esperanzados y optimistas, y podemos llevar a cabo acciones que nos ayuden a pensar y actuar, de modo que cuando se necesita, incluso los más pesimistas pueden beneficiarse de ver a veces tanto los aspectos positivos como los negativos de la vida. Las ideas y acciones que exploraremos posteriormente en este capítulo pueden ayudarnos a lograrlo. Antes de eso veamos con un poco más de detalle los diversos posibles beneficios.

Relaciones. El optimismo parece ayudarnos a que nos vaya mejor en nuestras relaciones, las cuales, como se vio en el capítulo 2, son un aspecto central de la felicidad. Los optimistas tienen menos probabilidades de sentirse solos y tienden a esforzarse más en sus relaciones y a tener un enfoque más constructivo para lidiar con los problemas. Perciben que cuentan con mayor apoyo social y se ha visto que tienen redes sociales más amplias y diversas, a su vez, les ayudan a mantener su optimismo e incluso a aumentarlo.

Resiliencia. La esperanza y el optimismo nos ayudan a formar y mantener nuestra "reserva" de recursos psicológicos y, en consecuencia, nos sirven para afrontar mejor los tiempos difíciles. Esto significa que tendremos menos probabilidades de sentirnos estresados o agotados, y de experimentar ansiedad. Se piensa que las personas optimistas y esperanzadas tienen más probabilidades de asumir un abordaje activo en lugar de pasivo cuando lidian con sus problemas, y que es menos probable que se obsesionen con ellos. Esto los hace más resilientes en un sentido emocional (capítulo 7).

Gestión de nuestro tiempo y esfuerzo. Las personas optimistas y esperanzadas tienen más probabilidades de persistir en las tareas y tienden a un mejor desempeño (por ejemplo, en la escuela o universidad, en los deportes o en sus profesiones) que sus homólogos pesimistas y menos esperanzados, aunque sus capacidades sean iguales. Los optimistas parecen mejor capacitados para manejar los objetivos conflictivos, y dar prioridad a los más importantes por encima de los menos importantes manteniendo en equilibrio los esfuerzos que dedican a ellos, ya que saben cuándo vale la pena invertir un esfuerzo y cuándo no.

Salud física. Las personas optimistas o esperanzadas tienen más probabilidades de ser sanas en sentido físico y tienden a vivir más. Poseen respuestas inmunitarias más fuertes aunque estén en situaciones muy desafiantes. En general, el optimismo parece tener un efecto protector contra diversas enfermedades y padecimientos. Los optimistas tienen más probabilidades de cuidar de su salud, por ejemplo comiendo sanamente, ejercitándose más y fumando menos, y también es más probable que participen y sean constantes en los programas de tratamiento.

¿El optimismo y la esperanza tienen desventajas?

Varios estudios del pasado sugerían que la mayoría de las personas tenemos un "sesgo optimista", en cuanto a que generalmente pensamos que las cosas saldrán bien y que los sucesos negativos son menos probables en nuestro caso, en comparación con la persona promedio, ¡aunque matemáticamente sea imposible! Por ello, se ha sugerido que si somos optimistas de manera poco realista, eso puede causar que asumamos riesgos desaconsejables.

Sin embargo, parece haber poca evidencia de que existan muchas situaciones en las que el pesimismo sea la mejor postura que debamos adoptar. Una excepción son los juegos de azar, ya que los pesimistas tienen mejores resultados al retirarse cuando van perdiendo y, por lo tanto, pierden menos dinero. En contraste, los posibles beneficios de una perspectiva optimista o esperanzada son muchos. Las personas esperanzadas tienen más probabilidades de encontrar más formas diferentes de lograr sus objetivos y, por ende, perseveran a través de las dificultades. Asimismo, el optimismo parece ser útil incluso cuando se acumulan los obstáculos. Si tenemos optimismo por lograr el éxito, es más probable que continuemos con nuestros esfuerzos. Si dudamos, tendemos a dejar de hacer el intento, y si dejamos de intentarlo pero seguimos valorando el objetivo, eso puede causarnos angustia. Como señalan Charles Carver y Michael Scheier, los expertos mundiales en optimismo, asumir en tiempos difíciles la perspectiva de que "aunque las cosas vayan mal ahora, mejorarán después" aumenta la probabilidad de conducir a un mejor funcionamiento en el presente que creer que las cosas seguirán iguales a como son en el momento.

De modo que sentirse bien acerca del futuro parece ser, en términos generales, algo bueno para nosotros pero, por supuesto, tenemos que mantener los pies en la tierra. ¡Así que quizá necesitemos aspirar a convertirnos en "optimistas objetivos"!

Desesperanza e infelicidad

No sentirse esperanzado es un síntoma común de la depresión. Las personas con depresión tienden a creer que no tienen lo que se requiere para alcanzar los objetivos. Un estudio reciente sugiere que no se trata necesariamente de que las personas deprimidas piensen que nunca les sucederán cosas buenas, sino que de manera más específica sienten que las cosas buenas les suceden más a los demás que a ellos mismos. Parece que esta situación no es permanente. El estudio también encontró que los individuos que experimentaron depresión en el pasado, pero que actualmente no presentaban la enfermedad, tenían expectativas acerca del futuro similares a las de las personas que nunca estuvieron deprimidas. Su fuerza del querer y del poder (página 197) también era mayor, pero no tan alta como para las personas que nunca sufrieron depresión. De modo que su nivel de esperanza se restauró hasta cierto grado. En consecuencia, los investigadores sugieren que encontrar formas de incrementar los elementos relacionados con la esperanza (página 199) puede tener beneficios que contribuyan al tratamiento terapéutico.

Objetivos y felicidad

> "Los objetivos son el medio a través del cual se traducen en realidades los valores y los sueños. La felicidad no sucede por sí sola. Tiene que ganarse a través de de pensar, planear y buscar constantemente los valores".
> Edwin Locke, *Oxford Handbook of Positive Psychology*

Los objetivos conectan nuestro presente con nuestro futuro. A un nivel básico, todos nos sentimos impulsados de manera natural hacia ellos. Vemos como ejemplo cuando estás hambriento. Tu objetivo es encontrar alimentos y te sientes mejor cuando lo logras; es decir, cuando comiste. Se podría decir que la mayoría de nuestras necesidades diarias están dirigidas de la misma forma hacia una meta. En consecuencia, quizá sea lógico que nuestros objetivos sean una clave importante para la felicidad.

La psicóloga Sonia Lyubomirsky, una de las principales investigadoras acerca de cómo logramos la felicidad, indica que esforzarnos en alcanzar objetivos de vida significativos es una de las maneras más importantes de lograr una mayor felicidad. Tales objetivos pueden estar conectados con el trabajo, la familia, la comunidad, los proyectos personales o las pasiones e intereses; es decir, cualquier cosa que sea significativa y valiosa en sentido personal.

El esfuerzo por lograr metas que nos interesen y con las que estemos comprometidos puede ser placentero, pero existen varias razones adicionales por las que establecer, comprometerse y buscar el logro de objetivos tiene un impacto positivo en la felicidad:

- **Los objetivos nos dan dirección**, un sentido de propósito y nos ayudan a alcanzar una sensación de significado. Son integrales para tener una sensación de compromiso con la vida y para percibir que alcanzamos un crecimiento y logro.
- **Los objetivos nos dan una sensación de control en nuestra vida diaria**, al asumir la responsabilidad de lograr que sucedan, ya sea al establecer un cronograma, determinar fechas límite o aprender nuevas habilidades.
- **Los objetivos nos ayudan a estructurar el tiempo en el corto y el largo plazos**. Una de las certezas de la vida es que el tiempo es limitado y es fácil desperdiciarlo. El proceso de identificar y comprometernos con nuestros objetivos ayuda a establecer nuestras grandes prioridades en la vida y los objetivos a corto plazo que se necesitan para llegar ahí. Nos ayudan a priorizar el tiempo disponible y a distribuir nuestro esfuerzo y energía.
- **Los objetivos estimulan nuestra confianza,** progresar hacia nuestros objetivos y llegar a ellos nos ayuda a sentirnos eficaces y capaces.
- **Los objetivos pueden ser algo a lo que anhelemos llegar**, lo cual nos proporciona disfrute y anticipación.

Para que nuestros objetivos mejoren nuestra felicidad, lo importante no es sólo esforzarnos en ellos o lograrlos, sino también cómo los planeamos. Se ha demostrado que desarrollar nuestras habilidades de establecimiento y planeación de objetivos tiene un impacto positivo en el bienestar.

Momento de reflexión...

Identifica un objetivo de acción que sirva para aumentar tu propia felicidad, la de los demás, o la de ambos. Utiliza esto para practicar las ideas que trataremos a lo largo del capítulo. Aprenderás las formas de diseñar y planear tu objetivo que harán que sea mucho más probable que lo alcances.

¿Qué hace que un objetivo sea bueno para la felicidad?

"Lo que el hombre necesita realmente no es un estado libre de tensiones sino, más bien, el esfuerzo y la lucha por una meta digna: una tarea que haya elegido libremente".

Viktor Frankl, *El hombre en busca de sentido.*

En nuestras ajetreadas vidas, es probable que tendremos toda una multitud de objetivos: cosas que necesitamos o queremos hacer en casa o en el trabajo. Pero en lo que se refiere a la felicidad, no todos los objetivos son iguales. Algunos se nos imponen como cosas que tenemos que hacer, por ejemplo, en el trabajo (un objetivo establecido de 10% adicional en ventas) o en casa (sustituir un horno descompuesto). Elegiremos otros porque son interesantes por sí mismos. ¿Cuál tipo de objetivo brindará mayor energía y tendrá mayor probabilidad de aumentar nuestro bienestar?

La naturaleza de nuestros objetivos y la razón por la que los establecemos es importante e influye en:

- Qué tan bien sostengamos nuestros esfuerzos para perseguirlos.
- Cuánta probabilidad de éxito tendremos en lograrlos.
- La felicidad y bienestar que experimentemos al esforzarnos en ellos y al alcanzarlos.

El psicólogo Kennon Sheldon dice que los objetivos que tienen mayor probabilidad de conducir a la felicidad y el bienestar son aquellos que nos parecen realmente "propios", que hemos elegido nosotros, que se ajustan a nuestros valores y personalidad, y que son significativos a nivel personal. Sugiere que podemos pensar en el "porqué" y el "qué" de nuestros objetivos con tres pruebas:

Primera prueba (¿Por qué?). ¿Es un capricho pasajero, o refleja nuestros intereses/valores perdurables? Perseguir caprichos transitorios puede significar que despilfarremos la energía y que terminaremos con una confusión acerca de nuestros fines.

¡Intenta esto! Reflexión sobre mis objetivos actuales

Elige tres objetivos en los que estés trabajando actualmente, ya sean personales o relacionados con el trabajo o con algo más. Quizá puedas elegir los objetivos que te demandan mucho tiempo o que abarcan gran parte de tus pensamientos en la actualidad. (Puedes incluir el objetivo que estableciste en el Momento de reflexión de la página 203.)

Ahora piensa en el grado al que, para ti, estos objetivos satisfacen los siguientes criterios:

Parte 1 **Nombra cada parte de tus objetivos**	**Objetivo 1**	**Objetivo 2**	**Objetivo 3**
Indica con una marca cuál de las siguientes afirmaciones es la que mejor refleja tus razones para perseguir ese objetivo: Me estoy enfocando en este objetivo porque…			
(A) Alguien más quiere que lo haga o mis circunstancias lo demandan.			
(B) Me sentiría avergonzado, culpable o ansioso si no lo hiciera ("Debería").			
(C) Creo que es un objetivo importante.			
(D) Se ajusta a mis valores y a la persona que soy.			
(E) Obtengo de él gran cantidad de disfrute, estimulación, o ambos.			

Desarrollado con base en Sheldon, Abad, Ferguson, Gunz, Houser-Marko, Nichols y Lyubomirsky (2010), Gagné y Deci (2005).

Parte 2	**Objetivo 1**	**Objetivo 2**	**Objetivo 3**
¿En qué sentidos te ayudan estos objetivos a satisfacer las siguientes necesidades? Tal vez quieras hacer unas cuantas notas:			
Sentirme conectado: me ayuda a sentirme conectado de manera significativa con otras personas porque…			
Sentirme competente: me ayuda a aumentar mi sensación de competencia y me proporciona una sensación de progreso porque…			
Tener una sensación de control: puedo elegir cómo y en qué me ocupo para lograr este objetivo porque…			

Reflexión

- ¿Cuál es tu principal razón para perseguir cada uno de estos objetivos?
  - Si tus razones son E, D o C, entonces es posible que el objetivo contribuya a tu bienestar. (E es la razón más fuerte, pero D y C también son buenas.)
  - Si la primera razón que te viene a la mente no te parece correcta, intenta la actividad de “por qué, por qué, por qué”. Pregúntate por qué es importante, luego pregúntate de nuevo por qué y finalmente hazlo una tercera vez, hasta que obtengas la razón que te parezca correcta.
- ¿A qué grado satisface cada uno tus necesidades psicológicas de conexión, competencia y control? Mientras más necesidades se satisfagan, mejor será para el bienestar y el logro de objetivos.

Segunda prueba (¿Por qué?) ¿De dónde proviene la fuerza impulsora para el objetivo? ¿Es algo que otra persona quiere que hagamos o nos parece que debemos hacer? ¿O es algo que elegimos libremente, que refleja nuestros intereses, nuestros valores, o ambas cosas?

Tercera prueba (¿Qué?) ¿Cuál es la naturaleza del objetivo? ¿Cómo satisface nuestras necesidades psicológicas esenciales de: control; tenemos voz en cómo nos esforzaremos para lograrlo; competencia: nos ayuda a sentirnos competentes y eficaces, y podemos ver un progreso; conexión: en alguna forma nos ayuda a sentirnos conectados con otros? (También consulta la página 187). Mientras más de estas necesidades se satisfagan, más probable será que persistamos en nuestros esfuerzos por conseguir nuestros objetivos y superar los obstáculos. Además, en el proceso mejoramos nuestro bienestar. Cuando nuestros objetivos frustran estas necesidades básicas, pueden tener el efecto contrario.

El porqué y el qué: nuestros objetivos y el bienestar

Se dice que los objetivos que elegimos libremente y queremos lograr porque nos resultan interesantes en sí mismos, que se ajustan a nuestros valores personales, o ambas cosas, tienen una “motivación intrínseca”. Si la fuerza impulsora de un objetivo es más externa; por ejemplo, si es algo que sentimos que debemos hacer o que queremos hacer por razones externas (como aprobación, popularidad, dinero o apariencia), se trata de una "motivación extrínseca" (ya tocamos esta idea en la página 187). Existe evidencia de que los objetivos motivados de manera extrínseca pueden tener un impacto menos positivo en nuestro bienestar (e incluso pueden ser perjudiciales), en comparación con los objetivos impulsados intrínsecamente; por ejemplo, enfocarse en cosas como alimentar las relaciones, ayudar a otros o lograr el crecimiento personal. El profesor Andrew MacLeod, psicólogo clínico y experto en objetivos, destaca el hecho de que si somos infelices, es fácil ver por qué podríamos buscar objetivos concretos como el dinero, pero como son externos, tienen una contribución limitada al bienestar y, en lugar de ello, pueden contribuir a sentimientos de malestar. Para ayudarnos a alcanzar metas mayores y más intrínsecas, podemos plantearnos objetivos intermedios de algo externo, como el dinero. En este caso, es útil el "porqué" detrás del objetivo externo.

Si nuestros objetivos tienen una motivación intrínseca y sustentan nuestras necesidades psicológicas, es probable que nos sintamos más motivados a esforzarnos en lograrlos y persistir frente a los obstáculos; sin embargo, los estudios también indican que, si no los logramos, eso puede tener un impacto negativo mayor en nuestro bienestar que no lograr los objetivos más extrínsecos. Es probable que tengamos diferentes metas a lo largo de un espectro que cubre desde la motivación extrínseca hasta la motivación intrínseca: desde aquellos objetivos que otros nos imponen hasta los objetivos que elegimos libremente. Mientras más modos de satisfacer nuestras necesidades psicológicas básicas podamos encontrar, al tiempo que nos esforzamos por lograr cada tipo de meta, mejor será para nuestro bienestar y más probable será que la alcancemos. Pero si la mayoría de nuestros objetivos tienen una motivación extrínseca, eso puede ser malo para nuestra felicidad y bienestar a mayor plazo. Entonces, ¿cómo encontramos objetivos que sean mejores para nosotros?

Cómo encontrar nuestros objetivos personales

"Una persona sabia conoce cuáles objetivos son satisfactorios en última instancia y cuáles ofrecen sólo la ilusión de satisfacción y, en consecuencia, dispone su vida como corresponde".
Robert Emmons, *Fluorishing*

Si mezclas arena y guijarros en un frasco y lo agitas por un rato, notarás que los guijarros más grandes subirán finalmente a la parte superior y que los granos finos de arena caerán al fondo. Existe una razón lógica para esto, basada en la física, pero también parece un poco mágico. Para mí, esa imagen representa el proceso de identificar nuestros objetivos. Existen algunos pasos útiles y lógicos que podemos tomar y, por medio de ellos, subirá a la superficie aquello que es más importante en términos de nuestras prioridades.

Hay montones de "cosas" que pueden pasar dentro de nuestro "frasco" cuando identificamos buenos objetivos personales: cuáles son nuestras fortalezas, nuestros intereses y valores, nuestros sueños, por nombrar sólo unas cuantas. Adquirir claridad sobre estos elementos nos ayudará a identificar los objetivos y propósitos globales en nuestra vida (como los guijarros más grandes que suben a la parte superior del frasco), luego podemos empezar a desglosarlos en fines de tamaño intermedio y a mediano plazo (los guijarros de menor tamaño) y, a su vez, en los pasos pequeños y a corto plazo (los granos de arena) que nos sirven para avanzar hacia lo que queremos para nosotros mismos y para nuestra vida. No todas las metas que establecemos serán grandes e importantes. A menudo tendremos "peldaños" u objetivos subordinados intermedios, que nos ayudan a avanzar hacia lo que buscamos. Por ejemplo, si tenemos el sueño de convertirnos en médicos, entonces necesitaremos aprobar determinados exámenes para llegar hasta ahí, aunque algunos traten de materias que no nos gusten particularmente. Es importante tener la capacidad de ver un vínculo claro con nuestros objetivos principales.

También podría ser necesario que tengamos objetivos de “mantenimiento”, para cuidar de nuestro bienestar (y del de los demás) a medida que nos dedicamos a perseguir nuestros fines difíciles o a más largo plazo. Por ejemplo, uno de mis grandes objetivos actuales es escribir este libro. Para pensar con claridad y mantener mi salud física tengo el objetivo de ejercitarme 30 minutos diarios.

Encontrar nuestros grandes objetivos es un proceso que requiere tiempo y reflexión, de igual manera que agitar el frasco para distribuir los guijarros sólo funcionará si dejamos un espacio en la parte superior. Necesitamos darnos espacio para reflexionar, pensar y sentir lo que es más importante para nosotros. Además, la evidencia sugiere que el esfuerzo y el tiempo son una inversión que nos redituará en términos de felicidad y bienestar.

Entonces, ¿dónde debes iniciar? Te sugiero que tomes tu cuaderno o una hoja de papel (tu “frasco”, dicho en términos metafóricos). En el curso de las siguientes semanas empieza a recolectar “pistas” y a escribir diversos trozos de información. Algunos de los demás capítulos del libro serán particularmente útiles:

Capítulo 5. Quizá te haya inspirado a identificar los pasatiempos, intereses y pasiones que te encantan.

Capítulo 8. Reflexionar en los temas de tu actividad diaria de las “Tres cosas buenas” suele revelar indicios de lo que consideras significativo y disfrutable.

Capítulo 9. Ahí se examinan tus fortalezas y éstas pueden darte fuertes indicios de aquellas cosas a las que es probable que te sientas atraído, que valores y consideres interesantes por sí mismas.

Capítulo 10. Trata específicamente sobre el significado, el propósito y las prioridades. En este caso son útiles tus reflexiones derivadas de esas actividades.

Empezarás a tener una idea de las cosas que te parecen más importantes y atractivas, lo cual resultará útil para el ejercicio de objetivos vitales en la página siguiente.

¿Qué tan desafiantes deberían ser tus objetivos?

Con frecuencia escuchamos el consejo de objetivos grandes o ampliados pero, aunque éstos quizá motiven a algunas personas, eso no necesariamente se ajusta a todos.

Los psicólogos han encontrado que si la gente tiene propensión a la ansiedad, puede preferir un enfoque llamado "pesimismo defensivo" para los objetivos importantes. Esto significa que deliberadamente establecen bajas expectativas para su desempeño y, antes de emprender la tarea, dedican gran cantidad de tiempo y energía mental para repasar en su cabeza todas las cosas que podrían suceder o salir mal. En contraste, los "optimistas estratégicos" establecen objetivos más altos, evitando activamente reflexionar en exceso antes de emprender la tarea, y a menudo dejan que permanezcan los pensamientos de las cosas buenas que podrían ocurrir durante el proceso.

¡Intenta esto! Escribe sobre tus objetivos de vida

Existe gran cantidad de evidencia que señala que el proceso de escribir puede ser benéfico. Expresar en palabras nuestros pensamientos y estructurarlos en una narrativa congruente ayuda a nuestro cerebro a procesar y organizar nuestras ideas. Se ha demostrado que es útil para ayudar a la gente a aclarar sus prioridades y objetivos y que, al mismo tiempo, impulsa la felicidad.

Instrucciones:

Dedica 20 minutos diarios durante las siguientes cuatro semanas, más o menos, a pensar y escribir sobre tu "mejor yo posible en el futuro". Piensa en tu vida en el futuro. Trabajaste con ahínco y todo salió tan bien como pudo salir. Lograste todos tus objetivos. Piensa en las diferentes partes de tu vida. Escribe con tanto detalle como puedas acerca de lo que imaginaste. Escribe en forma manuscrita o electrónica. La finalidad es que puedas escribir libremente, así que elige el método que te lo permita.

Después de realizar esta actividad durante unos cuantos días, ¿qué surgió para ti? ¿Cuáles objetivos se destacaron?

Basado en L.A. King (2001). The health benefits of writing about life goals. *Personality and Social Psychology Bulletin*, 27(7), 798-807.

Ningún abordaje es mejor que otro. Tanto los pesimistas defensivos como los optimistas estratégicos alcanzan el mismo buen desempeño con su abordaje preferido. Sin embargo, si a cualquiera de estos dos tipos de personas se les impide hacer lo que les resulta natural, o si se les exige que hagan lo contrario, se afecta negativamente su desempeño y aumenta su ansiedad.

De modo que necesitamos encontrar lo que funciona para nosotros.

Consejos principales Construye tus objetivos

Muchos estudios han señalado que la forma en que construimos nuestros objetivos puede tener un importante efecto sobre la probabilidad de que los pongamos en acción, persistamos en ellos y logremos lo que nos propusimos.

- **Sé específico**
  Éste es el principal consejo sobre los objetivos. Identifica el qué, dónde, cuándo y cuánto. Esto te ayuda a meditar lo que necesitas hacer y a identificar el momento en que lo hayas logrado. Por ejemplo:
  - Un objetivo inespecífico: planeo ejercitarme más.
  - Un objetivo específico: iré al gimnasio durante 45 minutos tres veces por semana.
- **Conoce tus razones**
  Ten una razón clara de por qué persigues ese objetivo, cuál será para ti un resultado positivo y cómo satisfará tus necesidades psicológicas esenciales (conexión, control, competencia: consulta la página 205). Esto aumenta tu compromiso con tu meta e implica que sea más probable que la logres. Como resultado te sentirás mejor.
- **"Lo haré" / "No lo haré"**
  Podemos estructurar nuestros objetivos como algo hacia lo que queremos avanzar ("acercamiento") o como algo que queremos dejar de hacer ("evitación").
  Existe evidencia de que los objetivos de "acercamiento" proporcionan más energía y son más eficientes que los objetivos de "evitación". Por ejemplo, si queremos cambiar nuestro hábito de comer golosinas para bajar de peso.
  - Una meta de evitación sería: "Dejaré de comer chocolate como golosina".
  - Una meta de acercamiento sería: "Cuando tenga hambre, comeré un trozo de zanahoria".

Es importante examinar también la razón subyacente en ese objetivo para determinar si se trata de "acercamiento" o "evitación". Por ejemplo, "Quiero perder peso para sentirme sana" (acercamiento) o "porque no quiero sentirme avergonzada frente a los demás" (evitación).

- **Objetivos de crecimiento, no que "nos consideren buenos"**
En el capítulo 5 examinamos las mentalidades fija y de crecimiento. La misma idea se aplica a la estructuración de nuestros objetivos. Establecer metas que enfaticen ser mejores, más que "ser los mejores", significa que es probable que persistamos y lidiemos con los obstáculos, que nos sintamos menos ansiosos cuando las cosas no salgan como las queríamos y que aprendamos de nuestros errores. Los objetivos que se vinculan con que "nos consideren buenos" pueden producir motivación, pero también pueden implicar que nuestra propia valía sea contingente a lo que los demás ven en nosotros, y que tengamos más probabilidades de darnos por vencidos si no los logramos, aunque hayamos estado cerca.
    - Un objetivo de "ser bueno" sería: "Debo obtener las calificaciones más altas en matemáticas".
    - Un objetivo de crecimiento sería: "Quiero fortalecer mis habilidades en matemáticas aprendiendo porcentajes y obteniendo una mejor calificación que la vez anterior".
- **Escribe y comparte tus objetivos**
Si pones tus objetivos por escrito, aumentas tus probabilidades de alcanzarlos. Al hacerlo estás reforzando/comprometiéndote con ellos en tu mente. Al compartirlos con otras personas integras un mayor compromiso y rendición de cuentas. ¿Por qué no compartes tus objetivos con alguien en quien confíes y acuerdas con esa persona que le informarás del progreso para una determinada fecha?

Basado en Grant Halvorson (2010); Sheldon y Houser-Marko (2001); Sheldon (2002); Gollwitzer (1999); MacLeod (en prensa); Adams Miller y Frisch (2009); Norcross y Mrykalo (2002).

Identificación de las rutas hacia tus objetivos

"Puedes llegar allí desde aquí".
C. R. Snyder, *The Psychology of Hope*

Contrastar nuestros sueños con nuestra realidad

Las personas que han puesto en práctica la actividad de Escribe sobre tus objetivos de vida (página 210) han dicho que no sólo les ayudó a pensar a dónde querían llegar en el futuro, sino lo que necesitaban hacer actualmente para lograr que ese futuro se convirtiera en realidad.

Algunos consejos de autoayuda sugieren que si realmente queremos algo podemos visualizarlo y ello hará que suceda. Visualizar el futuro puede ser agradable pero, por desgracia, la evidencia de investigación sugiere que no basta por sí solo. También necesitamos esforzarnos en planificar cómo lograremos que ocurra; es decir, las rutas que necesitamos seguir para alcanzar nuestros objetivos.

Existe una buena manera en que podemos darle uso a nuestras visiones positivas del futuro. La psicóloga Gabriele Oettingen estudia un enfoque denominado "contrastación mental", que es útil para identificar la ruta hacia nuestros objetivos. En primer lugar, te enfocas en tu objetivo, visualizando en detalle a dónde quieres llegar o qué quieres lograr, y luego comparas los detalles de tu visión con el punto en el que estás ahora. Esto te ayudará a pensar en las diferentes áreas de actividad, u objetivos subordinados, que necesitas lograr para llegar a tu objetivo más amplio. Por ejemplo, la gran meta de David es cambiar su actividad profesional. Ha estado trabajando en un puesto administrativo en una empresa dedicada a las ventas al menudeo, pero realmente quiere conseguir empleo en el sector de beneficencia y le atrae en particular la idea de trabajar con las personas sin hogar. Se visualiza trabajando como parte de un equipo dentro de un centro para indigentes, donde realmente pueda entender a los clientes y sus situaciones, ayudándoles a aumentar su confianza y trabajando con ellos en los pasos prácticos que pueden dar para alcanzar un mejor futuro.

Al comparar esta visión con la realidad de su experiencia actual, David se da cuenta de que ya ha hecho algo de voluntariado y que podría ampliar más su participación para comprender el sector y los desafíos que enfrentan las personas sin hogar. Asimismo, es posible que existan algunas habilidades específicas que le sería útil desarrollar, como la orientación psicológica, así que se propone alcanzar algunas metas a mediano plazo:

- Obtener un puesto regular como voluntario por las noches en algún refugio local para indigentes.
- Explorar algunos cursos de capacitación en orientación psicológica.
- Seguir en redes sociales el trabajo de algunas de las organizaciones de beneficencia en las que le gustaría trabajar para mantenerse al tanto de las novedades y temas.
- Preguntar a sus amigos, familiares y a otras personas si conocen a alguien que trabaje en el sector y a quien pudiera llamar para averiguar más al respecto, y cómo podría ser útil para ellos con sus habilidades actuales, además de si existen otras capacidades que le sería útil desarrollar.
- Organizar una actividad patrocinada donde se invite a las personas a dormir en la calle para reunir fondos para el refugio y tener alguna idea de cómo se siente dormir en situaciones incómodas.

Ahora la lista de David incluye gran cantidad de cosas. Sus objetivos subordinados intermedios requerirán tiempo y esfuerzo pero, al seguir este proceso, no sólo tiene una perspectiva más clara y realista de cómo llegar a su objetivo mayor, sino que también puede evaluar si es algo que realmente quiere hacer, o no. ¿Sólo fue una fantasía o un capricho, es algo que simplemente no es realista para su situación actual, o es algo que realmente le emociona lo suficiente para esforzarse en lograrlo? Así que es una prueba de realidad, tanto en términos del qué como del cómo. Si es algo que sí quiere hacer, la evidencia sugiere que este proceso puede energizar y fortalecer su compromiso para lograrlo. La doctora Oettingen le llama “inteligencia motivacional”.

Identificación de obstáculos

"Existen muchos caminos hacia un objetivo y ninguno de ellos está libre de obstáculos".

Shane J. Lopez, *Making Hope Happen: Create the Future You Want for Yourself and Others*

Planificación de "si-entonces"

Sin importar cuáles sean tus objetivos, es inevitable que se interpongan las dificultades. Estaremos más preparados para mantenernos en la ruta que elegimos si pensamos por anticipado cuáles podrían ser esos obstáculos y hacemos un plan de cómo lidiar con ellos cuando se presenten.

El psicólogo Peter Gollwitzer dice que esto sirve para establecer en nuestra mente una conexión entre cada obstáculo y nuestro plan para superarlo, de modo que, si surge alguno, se activa automáticamente la acción para lidiar con él.

Estas parejas de obstáculos y acciones se expresan en términos de planes de "si-entonces"; es decir, "Si sucede (el obstáculo), entonces yo (acción)". Por ejemplo, si mi meta es correr todas las mañanas durante por lo menos 30 minutos, podría enfrentar varios obstáculos: podría llover, podría sentirme demasiado cansada o no tener suficiente tiempo: los "si". Ahora puedo identificar las acciones que llevaré a cabo en cada caso.

Si...	Entonces...
Está lloviendo.	Consultaré el pronóstico del tiempo para ver si dejará de llover en algún momento del día y entonces podré salir a correr. Si lloverá todo el día, en lugar de salir haré 30 minutos de yoga en casa.
Me siento muy cansada/ tengo mucha flojera.	De todos modos me pondré mi equipo para correr y saldré a caminar. En general eso me alerta, y en ese caso puedo empezar a correr, y si no sucede, ¡cuando menos me habré movido un poco y podré gozar del sol!
Siento que no tengo tiempo y se acerca la fecha límite para terminar mi capítulo.	Me recordaré que siempre pienso más claramente después de correr, aunque sólo lo haga durante 15 minutos.

Planificación de escenarios

Es posible que existan numerosas maneras en que se puedan materializar nuestros objetivos más grandes y globales. Crear diferentes posibles escenarios futuros puede tener varios beneficios:

Nos proporciona mayor flexibilidad mental y opciones más amplias de cómo podemos alcanzar nuestro objetivo mayor. Si sabemos cuál es nuestra meta, pero no tenemos una idea fija de un solo resultado, es probable que estemos abiertos a más oportunidades que se crucen en nuestro camino.

En este sentido, quizá sirva para nuestro bienestar, ya que las personas que experimentan depresión están más propensas a vincular su felicidad con objetivos específicos. Por ejemplo, es más probable que piensen o digan: "Seré feliz cuando…" o "Seré feliz si…".

También nos ayuda a identificar los objetivos subordinados que serán útiles para cualquiera de los escenarios específicos, lo cual implica que es posible que sean una prioridad de acción para acercarnos más hacia nuestros grandes objetivos, sin importar cuáles oportunidades se presenten.

Éste es un ejemplo:

Gran objetivo: Ayudar a la gente a lograr su potencial		
Escenario posible 1 Convertirme en *coach* de vida	**Escenario posible 2** Formar una carrera como profesional de capacitación y desarrollo en una organización	**Escenario posible 3** Desarrollar un servicio en internet que ayude a la gente a identificar sus talentos y establecer objetivos para alcanzarlos
Objetivos subordinados comunes Obtener una certificación en psicología del aprendizaje adulto y desarrollo profesional		
Ejemplos de objetivos subordinados		
• Investigar las opciones de capacitación como *coach*	• Identificar organizaciones que tengan buenos departamentos de capacitación y desarrollo	• Diseñar el sitio y herramientas en internet
• Identificar un modelo de negocios para la práctica del *coaching* y cómo atraer clientes	• Identificar un modelo de negocios para la práctica del *coaching* y cómo atraer clientes	• Identificar a programadores web potenciales
	• Solicitar empleo en aprendizaje y desarrollo en las organizaciones	• Desarrollar un presupuesto y plan de negocios

Querer es poder

"Un viaje de 1 000 kilómetros empieza con un paso".
Antiguo proverbio chino

Así que tenemos un objetivo o dos que realmente nos interesan, cubren nuestras necesidades psicológicas (página 204) y podemos ver cómo llegar a ellos, pero ¿qué es lo que nos induce a comenzar… y a proseguir? Ésa es la "energía" que nos impulsa: nuestra motivación para alcanzar nuestros objetivos. A veces, por emocionados que estemos con nuestros objetivos, puede seguir siendo muy difícil comenzar. Pues bien, los psicólogos han descubierto algunas ideas útiles que realmente sirven.

1 Encuentra maneras de usar tus fortalezas

En el capítulo 9 exploraremos cómo identificar tus fortalezas. Éstas son una fuente de energía para nosotros. Son nuestras capacidades naturales para pensar, sentir y comportarnos… y las que nos motivan. Cuando usamos nuestras fortalezas, tendemos a disfrutar más de lo que hacemos, aprendemos con más facilidad y tenemos mejores resultados. En un sentido crucial, el uso de nuestras fortalezas aumenta nuestra energía más que agotarla, lo cual quiere decir que es más probable que persistamos en nuestros esfuerzos. De hecho, la investigación muestra que usar nuestras fortalezas se asocia con un mejor progreso hacia nuestros objetivos, al igual que con un mayor bienestar.

Asimismo, tus fortalezas pueden sugerir qué tipos de rutas hacia tus objetivos tienen probabilidad de ser más disfrutables y eficaces para ti. Por ejemplo, si tienes una fortaleza para trabajar en equipo, quizá sea mejor para ti encontrar modos de trabajar con otros para lograr tu meta que hacerlo por ti solo. O si la creatividad es una de tus principales fortalezas, lo más probable es que prefieras desarrollar tus propias ideas, en lugar de seguir los caminos ya comprobados.

Nuestras fortalezas también nos ayudan a considerar los obstáculos que podríamos interponer nosotros mismos en nuestro progreso. Debido a que éstas son tan naturales para nosotros y nos gusta aplicarlas, a veces podemos utilizarlas de maneras inadecuadas o en demasía. Por ejemplo, si tienes una fortaleza para la creatividad, podrías pasar demasiado tiempo generando ideas que te ayuden a alcanzar tus objetivos y, por ende, que no te quede el tiempo suficiente para ponerlas en acción.

Consejo principal: Identifica tus principales fortalezas (capítulo 9) y encuentra las maneras de usarlas para lograr tus objetivos. Asimismo, piensa en la forma en que tus fortalezas podrían obstaculizarte y en lo que harás para prevenirlo.

2 Establece claramente cuándo y dónde

El psicólogo Peter Gollwitzer descubrió que si creamos un plan claro de *dónde* y *cuándo* llevaremos a cabo una acción, tendremos más probabilidades de hacer lo que nos propusimos, en especial cuando se trata de objetivos o acciones más difíciles. Por ejemplo, en un estudio realizado justo antes de las fiestas navideñas, este investigador pidió a los estudiantes que identificaran dos objetivos que quisieran alcanzar durante las próximas vacaciones: uno fácil y uno difícil (los ejemplos incluyeron escribir una monografía para un curso, arreglar un conflicto familiar o participar en deportes). Pidió a la mitad de los estudiantes que identificaran específicamente cuándo y dónde trabajarían para lograr cada uno de sus objetivos: dos terceras partes de ese grupo alcanzaron sus metas difíciles, en tanto que sólo una cuarta parte de quienes no establecieron cuándo y dónde trabajarían en ellas lograron alcanzarlas.

En un estudio similar, a dos grupos de alumnos se les puso la tarea de escribir un ensayo sobre lo que hicieron en Nochebuena en un periodo no mayor a las 48 horas posteriores a ese día. Pero sólo a uno de los grupos se le solicitó que identificaran específicamente cuándo y dónde estarían al completar esta tarea. Por ejemplo: "Escribiré mi ensayo en la mañana del 27 de diciembre (cuándo), llevaré mi laptop a la cafetería local (dónde)". Tres cuartas partes de este grupo redactaron sus ensayos, en tanto que sólo un tercio del otro grupo lo hizo.

Consejo principal: Es más probable que hagas lo que te propones si identificas específicamente cuándo y dónde realizarás la acción. Así que para cada paso hacia tu objetivo, identifica la intención de cuándo y dónde.

3 Los pequeños pasos son poderosos

La psicóloga de la Universidad de Harvard Teresa Amabile y su colega Steve Kramer hicieron un estudio de personas que trabajan en equipo para proyectos específicos en sus organizaciones. Al final de cada día de trabajo, durante todo el proyecto, cada participante respondió una encuesta confidencial sobre su estado de ánimo, nivel de motivación, en qué habían trabajado y qué se destacaba en su mente acerca de ese día. Descubrieron que el factor que marcaba la mayor diferencia entre los días buenos y malos era experimentar una sensación de progreso. Eso no se refería a alcanzar con éxito el objetivo último o dar grandes pasos a su consecución, sino dar pequeños pasos frecuentes hacia la meta. Si volvemos al tema de nuestras necesidades psicológicas esenciales, esto tiene lógica. Incluso los pequeños pasos graduales nos ayudan a sentirnos competentes y nos dan una sensación de progreso.

De modo que, si te encuentras atascado o tienes dificultades para comenzar debido a que el objetivo parece abrumador, desintégralo en objetivos subordinados más pequeños. Piensa lo que podrías hacer para avanzar un uno por ciento hacia tu meta. O si te sientes frustrado porque no tienes el tiempo suficiente, encuentra un micropaso que puedas realizar. Ocupar desde cinco minutos podría bastar para ayudarte a tener una sensación de impulso y un estímulo emocional. Por ejemplo, en cinco minutos podrías desplegar una lluvia de ideas, hacer una lista para organizarte, hacer un poco de investigación en línea o llamar por teléfono a alguien que pueda ayudarte con tu objetivo.

Consejo principal: Piensa en pequeño. ¿Qué puedes hacer en cinco, diez o veinte minutos que te sirva para progresar hacia tu objetivo? ¿Qué puedes hacer que te ayude a avanzar uno por ciento más hacia tu meta?

4 Llévate con las personas correctas

En las dos primeras claves vimos lo importante que es sentirse conectado con otros para nuestro bienestar. Ésta puede ser una fuente trascendental de aliento, apoyo moral y ayuda. Así que cuando hagas planes para lograr tu objetivo, es buena idea identificar a las personas que te apoyan y la manera de tener contacto regular con ellas, así como a la gente que puede ser una fuente de ayuda. Recuerda que pedir ayuda fomenta el bienestar de la persona que presta la ayuda, entonces no sientas pena de pedirla cuando la necesites (capítulo 1).

Las conexiones con otras personas pueden ayudarnos de otras maneras a lograr nuestros objetivos. Curiosamente, parece que los objetivos pueden ser contagiosos. Los psicólogos han descubierto que tendemos a adoptar de manera inconsciente los comportamientos y objetivos de las personas con quienes tenemos un contacto estrecho. Por ejemplo, si todos tus amigos estudian afanosamente para pasar sus exámenes, es más probable que tú también lo hagas. Esto sugiere que conectarte con las personas que se esfuerzan por alcanzar metas similares puede ser una estupenda manera de conservar el impulso, aparte de los beneficios para el bienestar que obtenemos de conectarnos con personas que comparten nuestros intereses (eso también puede significar que no debemos relacionarnos con personas que no están motivadas o que nos desvían de nuestro propósito).

En el capítulo 5 vimos que tratar de hacer cosas nuevas es una maravillosa forma de crear confianza en nuestras capacidades y en lo que podemos lograr. Otra buena fuente para aumentar la confianza es observar y aprender de otros que son expertos en lo que queremos hacer. ¿A quién conoces que sea un modelo para lograr tus objetivos? Si no tienes a nadie en tu círculo de contactos con la experiencia que buscas, pregúntale a tus contactos si saben quién podría conocer a alguien. En general no se requiere mucho tiempo para que, a través de tales círculos sociales externos, localices a una persona.

Consejo principal: Identifica a personas específicas con las que puedas conectarte alrededor de tu objetivo para obtener apoyo, aliento, ayuda y aprender de ellos.

5 Reconoce las dudas importantes y actúa con base en ellas

Esforzarnos para avanzar hacia el logro de objetivos importantes no siempre es fácil y es posible que haya días en que cuestionemos nuestra propia capacidad, incluso si estamos haciendo lo correcto.

Si sabemos que tenemos la propensión a ciertos patrones de pensamiento que pueden drenar nuestra energía, como frustrarnos si las cosas no salen como las planeamos, podemos aplicar el enfoque de si-entonces que ya examinamos (página 215). Por ejemplo: “Si empiezo a sentirme muy alterado sobre mi falta de progreso, puedo ir a dar una caminata para tranquilizarme y telefonear a un amigo que me dé ánimos”. En el capítulo 7 veremos el tema del pensamiento resiliente, las maneras en que nuestro pensamiento puede quebrantarnos y qué hacer si eso sucede.

LAURA: DEL SUEÑO A LA ESPERANZA Y A LA REALIDAD

Laura había estado yendo a Creta todos los veranos para dar clases. Desde su primera visita le encantó la luz, el mar y el paisaje desértico… y le gustaba la vida en un pueblo. Se prometió que algún día compraría alguna propiedad allí. Cuando regresó a casa empezó a ahorrar. Cada verano se dedicaba a formar relaciones con la gente de su aldea favorita y empezó a aprender griego. Luego de unos cuantos años había ahorrado lo suficiente para comprar un pequeño terreno. En lo alto de la ladera de una montaña, con vista al mar, tenía apenas el espacio suficiente para una casa y un jardín entre tres antiguos olivos. Pero en griego hay una expresión que significa “lento, lento” y así es como progresaron las cosas. Laura no estaba preocupada: era un objetivo a largo plazo y le daba tiempo para ahorrar.

A la larga pudo terminar la compra del terreno y, luego de muchas reuniones, encontró un arquitecto que podía ayudarla a concretar su sueño. Se dibujaron los planos. Apenas había ahorrado el dinero suficiente cuando una devaluación de la moneda implicó que ya no pudiera permitirse la construcción la casa. Necesitaba encontrar una nueva ruta para su objetivo. Mientras tanto, pudo disfrutar del terreno, así que durante unos cuantos veranos acampó ahí o se hospedó cerca. Luego de mucha investigación, descubrió a un diseñador/fabricante que estaba construyendo cabañas ecológicas. Ésta parecía la solución perfecta: una cabaña era mucho más económica que una casa y podía construirse en el taller y luego colocarse en su ubicación final. Sólo necesitaba encontrar una manera de llevar la cabaña a Grecia. De nuevo se dibujaron los planos, pero esta vez se atravesó un tipo diferente de problema. Laura descubrió que tenía una enfermedad potencialmente mortal y necesitaba cirugía y tratamiento.

Ahora el objetivo de construir una casa en Grecia asumió nueva importancia. Era el foco de la esperanza. Encontró un modo de transportar la cabaña por mar, el alcalde del pueblo la ayudó a conseguir el suministro de agua y se estableció una fecha para la instalación, sería un mes después de la cirugía. Aunque sus amigos y su pareja estaban preocupados de que esto fuera demasiado optimista, le funcionó a Laura. Estaba decidida a llegar a Creta y esperar la llegada de su cabaña. Luego se dio cuenta de que para conseguir ese objetivo la mera determinación no bastaba; necesitaba cuidar de su bienestar antes y después de la operación, por lo que pidió a sus amigos que la apoyaran.

¡Lo logró! El verano pasado pudo quedarse en el pequeño espacio de sus sueños, mirando al mar.

En ocasiones, es posible que nos demos cuenta de que nuestro objetivo no nos sirve y que necesitamos dar marcha atrás y revisarlo, para ver si realmente se ajusta a quienes somos como personas, a lo que queremos hacer y a lo que es significativo en nuestra vida. Si el objetivo no nos funciona, podríamos adaptarlo o reconstruirlo para que sí lo haga. Por ejemplo, puede haber diferentes modos de lograr el mismo objetivo último (página 215). ¿Podemos usar más nuestras fortalezas en nuestro esfuerzo para llegar a él?

A veces quizá decidamos que el objetivo ya no se ajusta a lo que queremos o que, a pesar de intentarlo, no es realista ni posible para nosotros en este momento. De hecho, se ha demostrado que la capacidad para reconocer las metas que ya no nos sirven y desconectarnos de ellas es una señal de bienestar. Si ésa es la situación, es importante recordar la antigua máxima de que "el que no arriesga no gana"; si no lo intentamos, no aprendemos. Así que reflexiona en los discernimientos que has derivado de la experiencia y cómo puedes utilizar ese aprendizaje y logro para esforzarte en un nuevo objetivo que consideras que se ajusta mejor a ti.

En resumen

Éstos son los cinco puntos esenciales que puedes derivar de este capítulo:

1. Sentirse optimista y esperanzado es un ingrediente de la felicidad que se asocia con muchos beneficios. Aunque es posible que difiramos en cuanto a nuestra actitud general, podemos aprender formas de seguir siendo realistas y positivos acerca del futuro.
2. Los objetivos son una manera importante en la que ocurre la felicidad. Vinculan las personas que somos ahora con nuestro futuro.

Por lo tanto, no es de sorprender que tener objetivos y esforzarse para conseguirlos sea bueno para el bienestar.

3 No todos los objetivos conducen a la felicidad. Aquellas metas que reflejan nuestros intereses y valores perdurables, y que hemos elegido en lugar de que se nos impongan, tienen más probabilidades de conducir a la felicidad. Si elegimos cómo trabajaremos para conseguirlas, tenemos una sensación de que avanzamos hacia ellas y nos ayuda a sentirnos conectados con los demás, eso también es bueno para nosotros.

4 Planear cómo alcanzaremos nuestros objetivos es una inversión para la felicidad y la psicología demuestra que existen algunos consejos sencillos para aumentar nuestras posibilidades de lograr aquello a lo que aspiramos.

5 Mantener el impulso es importante, en especial porque inevitablemente se interpondrán obstáculos. Usar nuestras fortalezas, visualizar cuándo y dónde realizaremos acciones y meditar en los probables obstáculos y cómo los eliminaremos son herramientas que podemos usar. Incluso los pequeños pasos progresivos son útiles.

Conexiones con otras claves

Otras claves que quizá desees explorar en conexión con Dirección:

- **GENEROSIDAD** (página 21)
  Pedir ayuda cuando la necesitemos a medida que avanzamos hacia nuestros objetivos puede ser un impulso no sólo para nosotros, sino también para el bienestar de quien nos ayuda.
  De igual manera, también podemos ayudar a otros a alcanzar sus objetivos.
- **RELACIÓN** (página 49)
  Otras personas son fuentes importantes de apoyo, aliento y motivación (y nosotros también podemos serlo para ellos).
- **RESILIENCIA** (página 225)
  Trabajar para conseguir objetivos importantes y a largo plazo demanda resiliencia, ya que es inevitable que encontremos obstáculos en nuestro camino.

- **EMOCIONES** (página 269)
  Identificar las diferentes fuentes de buenas sensaciones en tu vida puede revelar indicios de aquello que es significativo y disfrutable para ti, y te ayuda a identificar tus objetivos.
- **ACEPTACIÓN** (página 299)
  Tus fortalezas dan grandes claves de lo que te resulta intrínsecamente interesante y gratificante y, en consecuencia, te ayudan a identificar tus objetivos. Tus fortalezas también son fuentes de energía que te ayudan a alcanzarlos.
- **MAYOR SIGNIFICADO** (página 333)
  Este capítulo te ayudará a encontrar cuáles son tus propósitos y tus prioridades con base en identificar tus objetivos.
  Nota: Todas las ideas de acciones que se cubren en todas las claves pueden darte ideas de objetivos en los que quieras trabajar.

7

RESILIENCIA

Descubre cómo ser flexible

Las dificultades son parte de la vida. Todos las tenemos (¡y a veces las creamos!). Con base en nuestra resiliencia natural, la ciencia demuestra que existen habilidades y herramientas de pensamiento que pueden marcar la diferencia, incluso en los momentos más difíciles.

Resiliencia: introducción

"Cae siete veces, levántate ocho".
Proverbio japonés

Podría parecer extraño que una clave de la felicidad sea la resiliencia. Como he mencionado brevemente a lo largo del libro, una vida feliz no significa que se esté totalmente libre de dificultades. El estrés, el dolor, la pérdida y los traumas: todos los momentos difíciles son parte de la vida. Así que estar mejor equipados para enfrentar y lidiar con ellos es importante, incluso esencial, para una vida más feliz.

¿Qué es la resiliencia?

La palabra "resiliencia" viene del verbo latino *resilire*, que significa saltar, brincar o rebotar. En su uso cotidiano, "resiliencia" describe la capacidad para "recuperarse" de las dificultades o "doblarse pero no romperse" cuando se está bajo presión.

Aunque en psicología no existe una definición de "resiliencia", la mayoría de los expertos coincide en que es nuestra capacidad para afrontar con éxito, adaptarnos o lidiar con las adversidades y perseverar frente a los desafíos. Estas adversidades pueden abarcar las dificultades, presiones o estrés diarios que todos enfrentamos a través de los acontecimientos y traumas de la vida. Algunos lo consideran un proceso dinámico en el que empleamos nuestras capacidades de manera flexible, conforme cambian las circunstancias, para permitirnos mantener un funcionamiento psicológico/físico normal. Enfrentar problemas puede desequilibrarnos y la resiliencia es el proceso mediante el cual podemos recuperar el equilibrio. La resiliencia implica que podemos encontrar formas de reconciliarnos con las adversidades y superarlas, a pesar de sus amenazas contra nuestro bienestar.

En el pasado se consideraba que la resiliencia se refería a sobrevivir y a tener menos probabilidades de sufrir problemas psicológicos. Aunque sigue aceptándose como parte de ello, ahora los expertos han encontrado que, más allá del afrontamiento y la supervivencia, la resiliencia significa que aprendemos, crecemos y prosperamos como resultado de experimentar momentos difíciles.

Ser resiliente no implica que no pasemos por etapas de dificultad o que nos sintamos bien todo el tiempo. Los retos, las dificultades y amenazas a nuestro bienestar son inevitables en la vida. Aunque algunos tengamos que lidiar con más cosas que otros, nadie tiene una vida que marche a la perfección. La resiliencia tampoco implica tolerar las malas situaciones o nunca pedir ayuda. Por el contrario, se refiere a reconocer cuando existen momentos difíciles y enfocarnos en lo que podemos hacer, controlar o cambiar, reconociendo los sentimientos problemáticos y manejándolos, y sabiendo de quién o dónde podemos obtener apoyo.

Ser más resilientes nos ayuda a controlar mejor el estrés, a recuperarnos con más rapidez de los problemas, a creer que la situación será mejor y que hay cosas que podemos hacer para generar un cambio. Puede ayudarnos a prevenir que nosotros mismos provoquemos mayores inconvenientes debido a cómo pensamos. También es útil para amortiguar el impacto dañino que pueden tener los problemas y traumas sobre nuestro bienestar físico y psicológico, reduciendo nuestro riesgo de depresión y ansiedad, permitiéndonos envejecer de manera más exitosa, y evitando la probabilidad de que los traumas afecten nuestro desarrollo y crecimiento.

Todos tenemos resiliencia y podemos desarrollarla

Comencemos con el hecho de que todos somos resilientes. Ésta no es una cualidad poco común que sólo tienen unas cuantas personas extraordinarias. Es un estado natural de los seres humanos. De otro modo no estaríamos aquí. La doctora Ann Masten, una experta en la materia, describe a la resiliencia como una "magia común" que todos tenemos. Esto es bueno. Los estudios sugieren que más de 50% de las personas sufre traumas graves o un suceso potencialmente mortal en algún momento de sus vidas, y la mayoría experimenta retos difíciles que transforman nuestra existencia, como la muerte de un ser querido, la pérdida de un empleo o de una relación, o un accidente físico. Sin embargo, menos de 10% de esas personas llega a desarrollar trastorno por estrés postraumático (TEPT). Asimismo, todos estamos acostumbrados a lidiar con el estrés y las dificultades menores en la vida cotidiana.

Es posible que variemos en qué tan resilientes somos de manera natural ante situaciones específicas o en ciertos momentos, pero Masten afirma que la resiliencia no es una característica o rasgo de personalidad estático, sino que se conforma de muchos factores, tanto internos como externos. Cada persona y cada situación son diferentes. Aunque, en efecto, los factores genéticos y la crianza influyen en nuestra resiliencia como adultos, lo que las investigaciones están dejando en claro es que sí podemos aumentar nuestras capacidades de resiliencia a través de nuestra forma de pensar y de las acciones que emprendamos, de modo que la probabilidad de descarrilarnos o de caer en una depresión cuando las cosas se ponen complicadas sea menor, y de modo que logremos recuperarnos si eso sucede.

Ésta es una época emocionante en la investigación acerca de la resiliencia. La fusión entre la psicología, la biología, la medicina y la neurociencia está abriendo las posibilidades de una mayor comprensión de cómo funciona la resiliencia en nuestras mentes, cuerpos y comportamientos, y cómo se puede incrementar. Aunque esta ruta científica es relativamente joven, está confirmando que existe una diversidad de habilidades, herramientas y abordajes que pueden ayudarnos cuando enfrentamos dificultades.

No siempre podemos pronosticar o controlar aquello que la vida atraviesa en nuestro camino, pero sí podemos aumentar nuestras habilidades y cultivar nuestros recursos para responder de manera flexible, lidiar en forma eficaz con los retos, recuperarnos con mayor rapidez e, incluso, aprender y crecer en ese proceso. Lo que es más, estas mismas habilidades pueden ayudarnos a controlar el temor de aceptar nuevas oportunidades y, en consecuencia, servirnos para desarrollarnos también de otras maneras.

Momento de reflexión...

Recuerda algún momento desafiante en tu vida:

- ¿Quién y qué te ayudó a superarlo?
- ¿Qué cosa positiva aprendiste de ti mismo como resultado de eso?
- ¿Cómo te ha ayudado eso a lidiar con desafíos posteriores?

Ingredientes de la resiliencia

No existe una sola receta para la resiliencia que les funcione a todos o en toda situación, ya que hay una diversidad de "ingredientes" que contribuyen a ella: una combinación de habilidades, actitudes, conductas y recursos que podemos aprovechar de manera flexible para responder según lo requieran las situaciones específicas. Las otras nueve claves de la vida feliz que exploramos en este libro también son ingredientes de la resiliencia. Así que, como dice el dicho, quizá sea mejor prevenir que lamentar. Cuidar de nuestro bienestar en tiempos difíciles nos ayudará a lidiar con nuestros problemas, a afrontar la situación cuando se presenten crisis, a asumir nuevos retos, e incluso a tener mejor desempeño cuando estemos bajo presión.

Muchos estudios sobre la resiliencia han trabajado con personas que sufrieron un trauma sin experimentar dificultades psicológicas prolongadas como consecuencia, ya sea que se trate de una infancia difícil, estar en medio de un desastre natural o accidente, o de ser víctimas de crímenes o guerras. Por supuesto que, en ese momento, la experiencia habrá sido extremadamente difícil para cada individuo. Habrán experimentado temor, ansiedad, dolor o pena, de igual manera que cualquiera que se hubiera visto en esa situación. Pero ¿qué marcó la diferencia en aquellos que pudieron afrontar mejor la experiencia traumática mientras ocurría, y cómo se adaptaron al resultado para, finalmente, volver al funcionamiento normal?

Los expertos en resiliencia, los doctores Dennis Charney y Steven Southwick, junto con sus colaboradores, identificaron los ingredientes más importantes de la resiliencia; es decir, las áreas donde podemos llevar a cabo acciones para aprender, sentirnos y ser más fuertes. Examinemos cada una de ellas, a la par de las razones por las que son útiles y cómo se relacionan con las diez claves de este libro.

A Utiliza estrategias activas de afrontamiento

Sentir que estamos haciendo algo es mejor que sentir que no hacemos nada. Las estrategias activas de afrontamiento son aquéllas en las que enfrentamos nuestras dificultades y nos enfocamos en aquello que sí podemos hacer o controlar activamente, aunque sea en pequeña medida. Esto podría consistir en tratar de resolver el problema de alguna manera, cambiar nuestra perspectiva al respecto, enfocarnos en los aspectos positivos, cuidar de nuestros cuerpos, pedir ayuda, o en algo más.

Los doctores Charney y Southwick descubrieron historias asombrosas de estrategias activas de afrontamiento incluso en las situaciones más extremas. Por ejemplo, prisioneros de guerra encerrados en confinamiento solitario se enseñaron a sí mismos complejos cálculos aritméticos mentales, recrearon recuerdos detallados de sus épocas como escolares o construyeron toda una casa, clavo por clavo y habitación por habitación, dentro de sus mentes (y luego la edificaron en la vida real cuando los liberaron). En contraste, el afrontamiento pasivo ocurre cuando nos resignamos al problema y pensamos que no hay nada que podamos hacer. Entonces ignoramos o negamos el problema, o encontramos formas de atenuar nuestras emociones; por ejemplo, a través del alcoholismo o la drogadicción, o distrayéndonos de algún otro modo. Aunque estas opciones eliminan temporalmente nuestros sentimientos difíciles, pueden conducir a una sensación de indefensión y, como consecuencia, a un mayor riesgo de depresión. Encontrar formas de realizar una acción nos proporciona una sensación de capacidad y control: ingrediente esencial para el bienestar psicológico, ya que estimula nuestro estado de ánimo, nos ayuda a sentirnos más optimistas y confiados y reduce nuestros niveles de temor y estrés. Es importante señalar que eso altera los procesos de nuestro cerebro que llevan a la depresión.

Ejemplos de afrontamiento activo en acción:

- “Aclaro lo que se puede cambiar y lo que no”.
- “Hago un plan de acción cuando me confronto con un problema”.
- “Cuando parece que no hay esperanza, encuentro algo que puedo hacer”.
- “Intento encontrar ayuda cuando la necesito”.
- “Si lo que intento no funciona, intento otra cosa”.
- “Cuando estoy bajo presión, me doy aliento”.

La buena noticia es que las ideas de acciones que aparecen en este capítulo y a lo largo del libro pueden contribuir a tu estuche de herramientas para el afrontamiento activo.

B Piensa en forma resiliente

Ésta es nuestra capacidad para sintonizarnos con nuestros pensamientos, evaluar su precisión, y reestructurarlos o reemplazarlos con pensamientos más precisos, útiles o positivos. Es una habilidad central para la resiliencia, ya sea que lidiemos con enormes retos o con los pequeños factores de estrés de todos los días. También implica que evitemos aumentar nuestros problemas por nuestro modo de pensar. Si estamos estresados y cansados, es fácil que nuestros pensamientos se atasquen o se salgan de control: quizá rumiemos nuestros problemas, magnifiquemos las dificultades, tendamos al catastrofismo, nos culpemos a nosotros mismos o a los demás en forma excesiva, o creamos que los problemas se generalizarán a otras áreas de nuestra vida y no tendremos control sobre ellos.

Los conceptos y las técnicas que originalmente se desarrollaron para la terapia ahora se están utilizando de manera proactiva para ayudar a aumentar la resiliencia, prevenir los trastornos psicológicos y limitar el daño que podemos causarnos a nosotros mismos.

Ejemplos de pensamiento resiliente en acción:

- "¿Hay una manera más útil de ver la situación?".
- "Intento no criticarme demasiado cuando las cosas salen mal".
- "Practico juegos mentales para detener la intromisión de pensamientos inútiles y desagradables".
- "Me desafío a encontrar explicaciones alternativas de las razones por las que suceden las cosas".
- "¿Estoy exagerando este problema?".

Después examinaremos cómo podemos pensar de manera más resiliente (página 240).

C Usa el optimismo y el sentido del humor

Las emociones y los estados de ánimo positivos tienen poder incluso, o especialmente, ante el estrés y las dificultades. Tienen notables beneficios psicológicos y fisiológicos que afectan nuestra mente y cuerpo. En el capítulo 8 trataremos más este tema. Nos ayudan a afrontar bien los problemas, a reponer los recursos emocionales agotados y a recuperarnos con mayor rapidez después de un momento difícil; por ejemplo, al sentir gratitud por lo que tenemos, en vez de sólo sentir tristeza por lo que perdimos.

Conservar la esperanza, encontrar un destello de luz o ver los resultados positivos potenciales a pesar de las dificultades disminuyen la probabilidad de enfermedades relacionadas con el estrés, en comparación con las personas que tienen una perspectiva más pesimista. Eso no quiere decir que debamos ser poco realistas sino, más bien, comprender la realidad de nuestros problemas y enfocarnos en lo que podemos hacer, en lugar de aquello que no podemos remediar. A diferencia del "optimismo ciego", el optimismo realista no excluye los riesgos; excluye la información negativa innecesaria e inútil. En este sentido, tener un abordaje más optimista nos permite adoptar estrategias activas de afrontamiento.

Conservar el sentido del humor en épocas de oscuridad es una característica común de la resiliencia. Ayuda a aliviar nuestra pesadumbre, disminuye el temor, la amenaza y la tensión, y reduce el impacto negativo de las situaciones estresantes. También ayuda a conectarnos con los demás en momentos difíciles, que es otro ingrediente de la resiliencia.

Ejemplos de optimismo y sentido del humor en acción:

- "Intento ver el lado divertido de las situaciones difíciles".
- "Busco algo bueno o positivo en las situaciones negativas".

D Cultiva relaciones y ayuda a los demás

En momentos difíciles, en general es mejor permanecer juntos; sentir que tenemos apoyo social constituye un ingrediente importante de la resiliencia. Saber que contamos con personas a quienes podemos acudir cuando las necesitamos nos sirve para soportar mejor el estrés, lidiar con el temor y la ansiedad, y atravesar incluso las situaciones traumáticas más duras, de modo que puede protegernos de enfermedades psicológicas y físicas. Vale la pena destacar también que el aislamiento social es un factor común que contribuye a los trastornos psicológicos y, de igual manera, puede ser una causa.

Es poco común que las personas resilientes enfrenten solas las dificultades si tienen posibilidad de evitarlo. La búsqueda activa de apoyo de personas cercanas o de profesionales también se asocia con mejores resultados y es una estrategia activa de afrontamiento. La capacidad de formar lazos con un grupo que tenga una misión compartida y que experimente un afecto mutuo es una de las principales características de las profesiones dedicadas a servicios de urgencias y a las fuerzas armadas, y se considera esencial para lidiar con las situaciones complejas, y a menudo extremas, que encaran como parte de su trabajo.

Los doctores Charney y Southwick destacan el valor de contar con "modelos de rol de la resiliencia" como forma de aumentar nuestra "autoeficacia de afrontamiento". Ya sean personas que conocemos personalmente o personajes de los medios de comunicación, películas o literatura de ficción, aprender cómo lidiaron con los problemas puede ser útil para aplicarlo a nuestra propia vida. También pueden ser un "guía virtual" que nos ayude en momentos de dificultad, al pensar: "¿Qué haría [nombre]?".

Es interesante destacar que ayudar a otras personas también es una característica común de los individuos resilientes, quienes reconocen que la conexión con los demás nos ayuda a encontrar significado y contribuye a que nosotros también sanemos. La experiencia de traumas y dificultades puede volvernos más compasivos hacia otras personas, suele decirse que "el altruismo nace del sufrimiento". De hecho, existen incontables historias de personas que sufrieron experiencias terribles y después se dedicaron a hacer lo más posible por ayudar a los demás, de modo que sí es posible derivar un bien de un mal.

Ejemplos de cultivar relaciones y ayudar en acción:

- "Sé a quién acudir para pedir ayuda".
- "Considero que pedir ayuda es una fortaleza, no una debilidad".
- "Busco el apoyo emocional de otros".
- "Ayudar a otras personas a resolver momentos difíciles también me ayuda a mí".

Prestar ayuda a otros tiene un doble beneficio: es bueno para nuestra resiliencia y es probable que también lo sea para los demás. Los capítulos 1 y 2 examinaron detalladamente por qué nuestras conexiones con otras personas son importantes para nuestro bienestar y resiliencia; revisa de nuevo esas acciones y ponlas en práctica.

E Cuida de tu bienestar físico

La actividad física puede ser un medio instantáneo para aliviar el estrés y una estupenda fuente de emociones positivas. Esto significa que el ejercicio regular no sólo ayuda a reducir y prevenir la depresión y la ansiedad, y aumenta nuestra confianza, de modo que estemos mejor capacitados para lidiar con las dificultades, también vuelve más resiliente a nuestro cerebro. Esto aumenta nuestras capacidades cognitivas para actividades como planificación y toma de decisiones, impulsando las áreas de nuestro cerebro responsables de la regulación del estrés y ayudando a reparar el daño que éste causa en nuestro cerebro, lo cual implica que seamos menos susceptibles a él. Obtener la suficiente cantidad de sueño y comer bien también es importante.

Si en la vida hay muchas cosas que no podemos controlar, cuidar de nuestro bienestar físico, incluso en pequeña medida, es algo que debemos hacer para ayudarnos a recuperar la sensación de control y afrontar los problemas de manera activa.

Ejemplos de cuidar del bienestar físico en acción:

"Salgo a caminar para despejar mi mente".

- "El ejercicio me ayuda a dormir".
- "Me aseguro de comer sanamente y con regularidad".
- En el capítulo 3 examinamos que las diferentes maneras de cuidar de tu cuerpo también sirven para cuidar de tu mente, incluyendo gran cantidad de ideas para comenzar a hacerlo.

F Ten un sentido de tus valores, propósito y significado

Tener fuertes principios morales: un sentido de propósito o valores claros (ya sean personales, espirituales, originados por seguir una fe religiosa, o todos los anteriores), es una característica común de la resiliencia. Se ha demostrado que si esos valores son robustos y se mantienen cuando se les cuestiona o cuando todo lo demás parece fallar, son protectores, nos permiten enfocarnos en lo que realmente importa, sirven como guía para nuestras acciones y nos ayudan a darle sentido a lo que nos pasa, por lo que sirven para superar los problemas.

Ejemplos de valores, propósito y significado, en acción:

- "Me mantengo enfocado en lo que es más importante en la vida".
- "Mi fe me da fuerza".
- "Busco el significado de lo que me sucedió".

En el capítulo 10 profundizaremos en esta idea, examinaremos la razón por la que los valores, propósito y significado son importantes y cómo podemos encontrarlos, si aún no están claros para nosotros.

G Conoce, usa y desarrolla activamente tus fortalezas

A veces se necesita pasar por tiempos difíciles para mostrarnos de qué estamos hechos realmente. Ciertamente está creciendo la atención que se le presta al valor de los desafíos para ayudar a formar y cultivar el "carácter". Pero no esperemos hasta enfrentar dificultades para descubrir lo mejor de nosotros. La investigación indica que una mejor comprensión de nuestras fortalezas y debilidades nos ayuda a formar confianza, encontrar maneras diferentes de esquivar los problemas, y reconocer y recurrir a las fortalezas de los demás, todo lo cual contribuye a una mayor resiliencia. Comprender nuestras fortalezas también puede ser una clave para determinar nuestros valores y descubrir nuestro propósito. Además, el pensamiento resiliente puede significar que nos enfoquemos más en las cosas en que estamos bien que en las cosas en que fallamos.

Ejemplos de fortalezas en acción:

- "Utilizar aquello en lo que soy bueno me da confianza para vencer las dificultades".
- "Conozco las áreas que me resultan desafiantes, así que busco la manera de evitarlas… o de obtener ayuda de otra persona".
- "Sé que lo que no me mata me puede ayudar a desarrollar mis fortalezas".
- "Saber que tengo fortalezas de las que puedo depender me ayuda a enfrentar los retos".

En el capítulo 9 veremos las formas de identificar, desarrollar y utilizar nuestras fortalezas, y descubriremos cómo ser más compasivos con nosotros mismos, ¡para que no dañemos nuestra propia resiliencia al ser demasiado estrictos con nosotros mismos!

H Sigue aprendiendo y desafiándote a ti mismo

En un estudio de gran tamaño, a las personas se les preguntó cómo afrontaron el mayor reto de sus vidas. Ochenta y dos por ciento de los entrevistados dijeron que recurrieron a la fortaleza que habían desarrollado a partir de experiencias estresantes de su pasado. Así que una forma clave para aumentar nuestra resiliencia es desafiándonos a nosotros mismos a intentar cosas nuevas, experimentar y aprender. A medida que dominamos nuevas habilidades y tenemos experiencias innovadoras observamos cómo progresamos y crece nuestra sensación de autoeficacia, que puede impulsar nuestra capacidad para resolver problemas de manera creativa.

Ser resiliente no significa que no tengamos miedo ante las situaciones difíciles o nuevas, sino que estamos dispuestos a "sentir el temor" e intentarlo de todos modos. Cuando tratamos de realizar nuevas cosas, a menudo también experimentamos cierto temor. Al superar el temor y progresar, aprendemos a verlo a la cara.

Aumentar gradualmente el nivel del desafío en cualquier cosa que hagamos incrementa nuestra confianza y capacidad para lidiar con las dificultades; a eso se le conoce como "inoculación contra el estrés" y se emplea en algunos entrenamientos de resiliencia. Utilizar nuestras fortalezas de nuevas formas también puede ayudarnos a lograrlo, y un muy buen sitio donde comenzar es aplicándolas a diferentes situaciones y desafiándonos en nuestra actividad física.

Ejemplos de aprender y desafiarse uno mismo en acción:

- "Me gusta colocarme en nuevas situaciones".
- "Aprendo a través de intentar nuevas experiencias".
- "Poco a poco me pongo nuevos retos en casa y en el trabajo".
- "Hago planes sobre cómo trabajar para lograr una meta".
- "Puedo encontrar maneras de esquivar los obstáculos para llegar a mis objetivos".
- "Puedo presionarme a dar un 5% más".

El capítulo 5 habla sobre la razón por la cual intentar nuevas cosas y aprender son importantes para el bienestar y la resiliencia a lo largo de nuestras vidas, y presenta ideas sobre las acciones que se pueden poner en práctica. Aprender y desafiarnos a nosotros mismos requieren disciplina al mismo tiempo que nos vuelve disciplinados; la práctica de la atención plena, que tratamos en el capítulo 4, también sirve para ello.

Momento de reflexión...

¿Cuáles son tus creencias acerca del estrés?

- ¿En general es bueno o malo?
- ¿Debilita tu salud o te da vitalidad?
  ¿Inhibe o mejora el aprendizaje?
- ¿Te ayuda a tener un mejor desempeño o provoca que tu desempeño sea peor? ¿Es algo que debe evitarse o puede aprovecharse?

Basado en Crum, Salovey y Anchor (2013).

¿El estrés es tu amigo o tu enemigo?

Hablamos mucho del estrés y ese tema recibe gran cantidad de atención de la prensa, con artículos que siempre ofrecen consejos para vencerlo. Pero ¿siempre deberíamos querer librarnos del estrés? ¿O podemos encontrar mejores maneras de controlarlo o incluso aprovecharlo para nuestro beneficio? En efecto, el estrés puede ser dañino: muchas enfermedades comunes, incluidas las cardiopatías, la enfermedad de Alzheimer y los trastornos psicológicos tienen al estrés como factor de riesgo. Pero también es una parte de la vida que es muy difícil evitar. Y en eso reside la paradoja. El estrés es una respuesta natural del cuerpo ante una dificultad o reto, sea físico o mental. Y los retos pueden ser buenos o malos; por ejemplo, al competir en un deporte, esforzarse por cumplir con una fecha límite o aprender algo nuevo.

El estrés nos prepara para enfrentar los retos al crear cambios en nuestros cuerpos y cerebros, incluyendo el almacenamiento y la movilización de los recursos energéticos, y el aumentar nuestro estado de alerta y prepararnos para la acción (en situaciones extremas, pelear, huir o paralizarnos). Nos permite enfocarnos, incrementa el funcionamiento de la memoria (que nos ayuda a aprender de estas situaciones), nos proporciona un aumento súbito de energía (garantizando un flujo constante de glucosa al cerebro) y ayuda a mantener en equilibrio el funcionamiento de nuestros cuerpos. Esta respuesta evolucionó para lidiar con la exposición a corto plazo a los peligros y dificultades, luego de los cuales nuestros cuerpos y mentes regresaban a la normalidad. Sin embargo, nuestros estilos de vida actuales implican que podemos estar en un estado constante de bajo (o alto) estrés. Esto significa que la amígdala de nuestro cerebro sigue activando la liberación del cortisol, la hormona del estrés, sin importar que ya tengamos altas concentraciones en nuestro organismo. La respuesta al estrés se generaliza; es decir, no sólo es una reacción ante un estresante específico y, por ende, es potencialmente dañina, tanto en el sentido físico como en el mental. Por ejemplo, esto se ha asociado con el almacenamiento de grasa alrededor del abdomen, presión arterial más alta y alteración del funcionamiento cognitivo. También puede causar ansiedad y depresión. Pero resulta que nuestro modo de pensar acerca del estrés podría tener un impacto importante en qué tan dañino es.

Una encuesta nacional en Estados Unidos preguntó a más de 28000 personas cuánto estrés habían experimentado en el último año: mucho, una cantidad moderada o relativamente poco; y también cuánto percibían que el estrés había afectado su salud: mucho, un poco, apenas o nada. Los resultados mostraron que experimentar mucho estrés o creer que era dañino tenían, ambos, una relación negativa con los resultados en la salud. Pero una combinación de ambos era peor. Aquéllos con altas puntuaciones de estrés y una creencia de que era muy dañino tuvieron un riesgo mucho mayor de morir en forma prematura ocho años después. En otro estudio, la psicóloga Alia Crum y sus colaboradores descubrieron que las personas que consideraban el estrés como un factor que les favorecía presentaron menos resultados negativos en su salud que aquellos que lo consideraban un factor debilitante. Tanto Crum como Kelly McGonigal, una psicóloga de la salud, afirman que en lugar de siempre tratar de eliminar el estrés, necesitamos verlo de manera diferente.

CUANDO JULES FUE CREATIVAMENTE RESILIENTE

Cuando me diagnosticaron inicialmente un cáncer de mama me sentí desolada. Mis amigos me ofrecían comentarios de apoyo diciéndome que era fuerte y podía vencerlo. Aunque fortalecida por su empatía, me di cuenta de que cada uno de nosotros tiene perspectivas diferentes al recibir la noticia y su propio modo de reaccionar ante ella. Para mí no era una "lucha" o una "batalla" que debiera ganar, sino un momento en el que necesitaba cuidar de mi cuerpo y ayudarme a mí misma para sanar. Una "lucha" implica un "nosotros" y un "ellos", pero en realidad se trataba de una sola persona: ¡yo! Algo en mi cuerpo había tomado el camino incorrecto y necesitaba ayudarlo a que de nuevo hiciera las cosas bien.

Decidí mirar más allá del presente y me hice una imagen de cómo serían las cosas a un año de distancia, cuando terminara los tratamientos. La primera vez que lo hice, un enorme abejorro voló a través de la ventana y se convirtió en mi emblema para el futuro. Mis amigos empezaron a traerme tarjetas con abejas o pequeñas figuras de abejas, así que también se volvió una señal de que no estaba sola. Y seguí recordándome que las cosas podrían ser peores. Cuando me recuperaba entre las sesiones de quimioterapia, empecé a pensar en lo que la enfermedad estaría tratando de decirme. Estaba en un trabajo de mucha presión, por lo que decidí pedir una reducción de nivel a un puesto más simple y también empecé a pintar. Encontré un grupo local de pintura y me encantó. Me ayudó a enfocarme en otra cosa que no fuera el régimen de tratamiento, lo cual me dio momentos de reposo y el espacio para la recuperación mental y física.

Por desgracia, cinco años después recibí un segundo diagnóstico de cáncer. Me prometí que cuando todo terminara, dedicaría más tiempo al arte. Solicité ingresar a un curso introductorio de medio tiempo. Cuando empecé el curso, descubrí que el trabajo realmente me ayudaba a aceptar lo que me había sucedido. Durante el primer año, el cáncer se volvió una parte central de mi arte, a medida que exploraba mis reacciones hacia la enfermedad y el impacto físico del tratamiento, lo que implicaba la necesidad de aceptar una nueva identidad. Esto culminó en mi proyecto final, en el cual me enfoqué en las cicatrices de ocho operaciones. Decidí conmemorar mis cicatrices convirtiéndolas en objetos bellos. Hice moldes de las cicatrices y creé delicados adornos de porcelana. En la exposición de fin de año la gente se sintió atraída a ellos a pesar de su origen. Obtuve altas calificaciones por mi trabajo y vendí varias piezas. A partir de ahí me inscribí en una licenciatura de arte y en un curso de cerámica. ¡Ahora es lo que más me encanta hacer y le agradezco a mi enfermedad haberme ayudado a (re)descubrir mi verdadero yo!

Crum sugiere estos tres pasos:

1. **Nómbralo.** En vez de ignorar, negar u obsesionarte con el estrés, simplemente reconócelo. Al hacerlo parece ser que podemos cambiar la actividad de nuestro cerebro de la reacción primitiva y emocional de la amígdala a la corteza prefrontal, que participa en la toma de decisiones consciente y más lenta. Los abordajes de pensamiento resiliente que veremos a continuación o la práctica de la atención plena (capítulo 4) nos ayudan a nombrar nuestro estrés sin preocuparnos por él.
2. **Reconoce que significa que te importa.** Nos estresamos porque, a cierto nivel, creemos que algo importante está en juego. El pensamiento resiliente nos ayuda a identificar las creencias/pensamientos/interpretaciones que subyacen a nuestras emociones y verifica si son precisas o no. Si es algo que es útil que nos importe, podemos ver al estrés como algo positivo.

3 **Aprovéchalo**. La respuesta al estrés está diseñada para impulsarnos a la acción, así que utiliza la energía, alerta/enfoque adicionales para la tarea que tienes delante.

Reconocer y aprovechar la energía del estrés es otro elemento en nuestro estuche de herramientas de la resiliencia. Pero a veces no es tan fácil, por ejemplo cuando el estrés es prolongado, como cuando cuidamos de un ser querido que está incapacitado. Tanto Crum como McGonigal sugieren que aceptarlo, en lugar de obsesionarse con ello, es la clave (paso 1): encontrar maneras de descubrir un significado positivo en ello también es útil, como al enfocarte en que cuidas de alguien porque lo amas o aprendes algo de ello.

En tiempos de estrés crónico, encontrar formas de realizar acciones para cuidar de nosotros mismos, aunque sea en pequeña medida, es importante. Toda acción pequeña es útil y puede permitirnos sentir que tenemos un poco más de control. Por ejemplo, los respiros de un minuto o de tres minutos (capítulo 4), salir para dar una caminata breve y enérgica, o pedir ayuda. Las técnicas, como la relajación progresiva, donde trabajamos tensando lentamente cada parte del cuerpo para luego relajarla, también nos ayudan a desconectarnos de nuestros problemas.

Bases del pensamiento resiliente

> "Toda mi vida he estado rodeado de problemas, pero hay una cosa curiosa acerca de ellos: nueve de cada diez nunca sucedieron".
> Andrew Carnegie, *An American Four-in-Hand in Britain*

Albert Ellis, el abuelo de la terapia cognitiva conductual, escribió que somos notablemente buenos para alterarnos solos. Como terapeuta, observó que la manera en que la gente piensa, sus hábitos y patrones de pensamiento, puede contribuir a la infelicidad y conducir a la ansiedad y depresión. Desarrolló técnicas para ayudar a sus clientes a contrarrestar sus padecimientos a través de aprender nuevos modos de pensar que, con concienciación y práctica, podían convertirse en hábitos más sanos.

Con la aparición de la psicología positiva se ha llegado a la conclusión de que estos hábitos más sanos de pensamiento son habilidades que no sólo benefician el tratamiento de los problemas psicológicos, sino que también pueden utilizarse para prevenir que se presenten y para mejorar el bienestar. Veamos algunas de las bases de los hábitos de pensamiento más resiliente.

El poder de tus pensamientos inmediatos

Imagina la siguiente situación: estás trabajando desde casa y no te sientes del todo bien. Te das cuenta de que se acabó la leche, así que llamas por teléfono a tu pareja o compañero de departamento y le pides que la compre de camino a casa. Cuando oyes que abre la puerta, piensas: "Estupendo, se me antojaba un café". Sales de tu habitación para recibirlo y te encuentras con que no compró la leche.

¿Cómo te sientes en ese momento? ¿Qué pensamientos cruzan por tu cabeza? Como resultado, ¿qué dirías o harías?

Opción 1

Como muchas personas, en especial si estás bajo presión o no te sientes bien, podrías sentirte enojado o molesto y pensar algo parecido a: "Es tan egoísta, no pudo tomarse la molestia de detenerse a comprar la leche, aunque se lo pedí".

En consecuencia, en lugar de sonreír y sentir gusto de ver a la persona, lo primero que haces es recibirla con una crítica sarcástica: "Así que ni siquiera te tomaste la molestia de comprar un poco de leche para mí. Eres tan desconsiderado".

Alterado por el hecho de que ni siquiera le diste oportunidad de saludarte, y mucho menos de dar una explicación, antes de que te quejaras, responde a la defensiva. Antes de que te des cuenta, se desata una pelea que amarga toda la noche. Es posible que la atmósfera hostil impacte incluso a los niños o a otras personas que comparten la casa. Los dos se van a dormir tensos y enojados y ninguno duerme bien, por lo que al día siguiente no están en las mejores condiciones.

Opción 2

Ahora regresa al momento en que tu pareja o compañero entra por la puerta y te das cuenta de que no trajo la leche. La misma interpretación inmediata (que no se molestó en comprarla) salta a tu mente y sientes que te estás enojando, pero en vez de agredirlo de inmediato recuerdas detenerte un segundo para confirmar si tu interpretación es correcta.

Claro, hasta donde puedes ver no hay ninguna leche. Pero pudo haberla olvidado en el coche o quizá su intención era ir al supermercado y pasó para recoger la bolsa de las compras y preguntar si necesitabas alguna otra cosa. O tal vez le pasó algo en el trabajo o de camino a casa.

En ese momento te das cuenta de que no sabes con seguridad cuál es la razón. De hecho, podría ser que no se le dio la gana comprar la leche, pero de igual manera podría ser cualquiera de las otras opciones. Sí, esa persona pudo haber sido desconsiderada en el pasado, pero en ese momento específico no tienes evidencia. Entonces, ¿por qué no le das el beneficio de la duda o te abres a la posibilidad de averiguar más?

De este modo, las emociones que sentiste de inicio —el enojo y la molestia— se reducen y puedes decir con un tono más amable: "Hola. ¿Cómo te fue? ¿Tuviste oportunidad de pasar por la leche?". Bueno, pudo ser que se le olvidara, pero le das oportunidad de decir: "Ahora iré a comprarla" o se revela cualquiera de las otras posibilidades. Entonces el incidente pasa sin que se requiera pensarlo más. Ambos tienen una noche agradable y relajada, y duermen bien.

Podemos ver que el escenario de la opción 1 puede deteriorar la felicidad de esa noche y, si se repite o perpetúa, puede deteriorar el bienestar a lo largo del tiempo. En cambio, en la opción 2, una noche agradable en casa, sentir que ambos se apoyan, sería disfrutable y ayudaría a mantener el bienestar mutuo.

Esa pausa de un instante que necesitaste en la opción 2 para confirmar si estabas interpretando de manera correcta la situación hizo toda la diferencia entre una buena y una mala noche, al igual que en las consecuencias posteriores. Examinemos esto con un poco más de detalle.

La esencia del pensamiento más resiliente

Nuestras emociones se basan en las interpretaciones que hacemos al momento. Tenemos más control sobre éstas que sobre nuestras emociones, pero a veces ni siquiera nos damos cuenta de que hemos emitido un juicio, no digamos pensar en detenernos a confirmar si es cierto.

Considera el tipo de cosas que podríamos pensar o decir cuando alguien o algo desencadenan una reacción emocional en nosotros. Por ejemplo: "Él me provoca tanto enojo" o "Me hace sentir tan culpable" o "Ella me altera mucho". Es como si el control sobre lo que sentimos lo tuviera la persona o suceso que detonó esa reacción en nosotros.

Sin embargo, en realidad no es la otra persona o el suceso lo que nos causó el enojo, tristeza o culpa, o cualquier otra emoción que hayamos sentido. De hecho, nuestros sentimientos provienen de nuestras interpretaciones inmediatas de la situación y, a menudo, de nuestras "suposiciones" sobre la razón por la que sucedió algo o de lo que podría ocurrir después. Nuestras interpretaciones en el momento son inmediatas y automáticas; ¡no son el producto del pensamiento racional! El asunto es que estos pensamientos se presentan con tal rapidez, y nuestras reacciones emocionales son incluso más rápidas, que ni siquiera reconocemos que está sucediendo esta cadena de acontecimientos, sólo sentimos lo que sentimos.

Nuestras emociones están integradas a nosotros y son primitivas e instintivas, lo cual las vuelve especialmente difíciles de controlar. Y en situaciones que percibimos como adversas, nuestras emociones pueden ser intensas.

Una conocida declaración del psiquiatra Viktor Frankl es la siguiente: "Entre el estímulo y la respuesta hay un espacio. En ese espacio está nuestra posibilidad de elegir nuestra respuesta. En nuestra respuesta reside nuestro crecimiento y nuestra libertad". Pero muchas veces no nos damos cuenta de que existe un espacio o de que podríamos tener más respuestas de las que podríamos pensar. Si nos detuviéramos por un momento entre el suceso desencadenante y nuestra respuesta emocional ante él, podríamos sintonizarnos con nuestras interpretaciones inmediatas y confirmar qué tan precisas son, lo cual nos daría más posibilidades de elegir lo que sentimos y hacemos como resultado.

El concepto es sencillo. En el calor del momento puede ser más difícil de lo que suena y deberíamos tener cuidado con algunos escollos comunes. Pero conforme adquirimos más conciencia y comprendemos los pensamientos que subyacen a nuestras reacciones, aumentamos nuestro poder y libertad de elegir cómo responderemos. Y ésa es una importante fuente de bienestar y resiliencia personal que también tiene un impacto en los demás.

Nuestras emociones pueden poner en marcha una cadena de reacciones

Las emociones son más que sólo sentimientos. Ponen en funcionamiento una cadena de reacciones en nuestro cuerpo que nos prepara rápidamente para actuar de ciertos modos. Así que nuestras emociones impulsan lo que hacemos a continuación. Por ejemplo, si sentimos enojo nuestros cuerpos se preparan para contraatacar; si sentimos miedo nuestros cuerpos se preparan para pelear o huir. Nuestros músculos se tensan con rapidez, la adrenalina empieza a brotar, estamos más alertas a fuentes adicionales de enojo o temor, y podemos reaccionar agresivamente o actuar de manera defensiva sin pensarlo. Y nuestra manera de responder tiene consecuencias colaterales para nosotros y para otras personas. El modo en que reaccionamos desencadena respuestas en quienes nos rodean.

Como vimos en la opción 1 (página 241), nuestras interpretaciones inmediatas y no verificadas condujeron a emociones y acciones que pusieron en marcha una cadena de consecuencias para nosotros y para los demás que duraron toda la noche, y quizá tuvieron un impacto más allá de ese periodo.

Es posible que nuestra rabia dure horas y nos dediquemos a rumiar no sólo en lo que nos acaba de enojar, sino en todas las otras maneras en que nuestra pareja nos ha hecho enojar en el pasado. De modo que, en nuestra mente, el suceso se vuelve más grande y va cobrando energía y atención. Es posible que entonces cause que reaccionemos en forma inapropiada o desproporcionada a lo que la otra persona haga después, ¡incluso si lo que hace es pedir una disculpa! En ese sentido, un incidente puede salirse de control y tener un posible impacto en nuestra relación e incluso generalizarse.

Reacciones emocionales apropiadas en lugar de ausencia de emociones

El pensamiento resiliente no se refiere a nunca sentirse enojado, triste, temeroso o culpable. Absolutamente no. Se refiere a asegurarnos de que nuestra respuesta sea apropiada.

Para confirmar que estamos enojados o tristes por una buena razón, necesitamos sintonizarnos dentro del espacio entre el suceso desencadenante y los sentimientos que impulsan nuestras reacciones e interpretaciones emocionales. Si los comprendemos podemos verificar si son precisos de ese modo y asegurarnos de que nuestras respuestas sean apropiadas. Sintonizarnos con nuestras interpretaciones también nos ayuda a aumentar nuestra autoconciencia y a comprendernos mejor a nosotros mismos. Si nuestras interpretaciones giran alrededor de determinados temas cuando nuestras emociones se desencadenan de manera adversa, eso puede darnos información acerca de nuestras creencias o valores más arraigados (capítulo 9). También puede indicarnos si estamos cayendo en escollos de interpretación que pueden deteriorar nuestra resiliencia y bienestar a más largo plazo.

Nuestras emociones nos dan indicios de nuestras interpretaciones

La investigación psicológica acerca de las emociones demuestra que existen binomios típicos entre sentimientos específicos y lo que éstos tienden a provocar en nuestros cuerpos y mentes como preparación para determinadas acciones (llamadas “tendencias de acción”). He observado que la conciencia de estos binomios es muy útil para entender mis propias reacciones y por qué suceden.

Cuando me enteré por primera vez de que mis interpretaciones eran lo que impulsaba mis reacciones emocionales, me resultó difícil determinar cuáles eran mis pensamientos subyacentes cada vez que se desencadenaba una reacción emocional dentro de mí. Mis emociones se presentaban con tal rapidez y a veces eran tan intensas que era difícil sintonizarme con la esencia de mis interpretaciones inmediatas.

El siguiente cuadro enumera algunos de los binomios típicos entre interpretación y emoción. Estos binomios me ayudaron a resolver el problema en sentido inverso. Sintonizarme con la emoción que sentía, y la probable esencia de los pensamientos subyacentes, me ayudó a discernir con mayor claridad por qué me sentía de determinado modo. Y entonces podía verificar si la interpretación era precisa o no. Al principio lo hacía después del suceso y gradualmente mi concienciación creció de tal manera que ahora soy más capaz de hacerlo al momento, en lugar de que me domine lo que estoy sintiendo.

Binomios interpretación-emoción		
"Esencia" de la interpretación		**Emoción**
Estoy en peligro	➡	Temor, miedo
Alguien me ha hecho algo malo	➡	Enojo, molestia
Yo hice algo malo	➡	Culpa
Perdí algo (que puede ser tangible, como una cosa o una amistad, o algo intangible, como una experiencia disfrutable o incluso la propia valía)	➡	Tristeza, angustia, abatimiento
No soy suficientemente bueno o no soy tan bueno como	➡	Vergüenza, remordimiento
Basado en diversas fuentes, incluyendo Briers (2009), Reivich (2010), Reivich y Shatté (2002).		

Una comprensión de estos binomios entre interpretación y emoción también puede darnos indicios de la forma en que otras personas interpretan las situaciones. Por ejemplo, en la opción 1 (página 241), cuando criticamos a nuestra pareja o compañero, quizá se sintió angustiado o triste porque su interpretación inmediata fue que había perdido tu confianza, y luego sintió enojo porque tu interpretación no fue correcta: pensó en comprar la leche (pero hubo otras razones que le impidieron hacerlo).

¡Confirma tus interpretaciones!

"No existe nada bueno o malo, es el pensamiento el que le da ese cariz".

William Shakespeare, *Hamlet*

Como hemos visto, una parte importante del pensamiento resiliente consiste en saber que nuestras interpretaciones inmediatas y automáticas no siempre son precisas. Estamos muy dispuestos a llegar a conclusiones precipitadas cuando sólo tenemos una imagen parcial en lugar de la imagen completa o cuando la situación es ambigua. Estas conclusiones rápidas a las que llegamos pueden ser útiles, ya que cuando existe un posible peligro es mejor equivocarnos en favor de la precaución. Por ejemplo, si un perro de aspecto feroz viene directo a nosotros o si sentimos que alguien nos sigue muy de cerca cuando caminamos solos por una calle oscura y vacía.

Momento de reflexión...

Piensa en un momento en que un suceso o situación desencadenó una reacción emocional adversa en ti. ¡Mientras más reciente, mejor!

- ¿Qué emociones experimentaste?
- En el momento en que se desencadenaron tus emociones, ¿cuáles fueron tus interpretaciones subyacentes? (Con frecuencia éstas se refieren a las razones por las que sucedió algo o a las razones por las que sucederá algo después).
- Si tuviste una secuencia de emociones, como culpa y vergüenza, ¿puedes recordar cuál fue la secuencia de interpretaciones?

Pero es frecuente que nuestras interpretaciones inmediatas no sean precisas y quizá no sirvan o incluso sean perjudiciales. Si actuamos con base en ellas sin detenernos a confirmarlas, podemos activar reacciones en cadena en nosotros mismos y en los demás, lo cual ocupa energía emocional y espacio mental, teniendo un impacto en nuestras emociones y deteriorando de manera innecesaria nuestro bienestar y el de las otras personas.

Detenernos por un instante nos permite sintonizarnos con nuestras interpretaciones inmediatas, verificar su precisión buscando evidencias a favor y en contra, y poniéndolas en duda si son irracionales o inútiles.

Necesitamos verificar si llegamos a conclusiones precipitadas haciéndonos preguntas como:

- ¿Qué evidencia tengo de que mi interpretación es correcta o verdadera?
- ¿Qué tan útil es esta interpretación para mí y para los demás?
- ¿Cuáles son otras maneras de ver esto?
- ¿Existe evidencia de interpretaciones alternativas?
- ¿Ésta es una interpretación a la que frecuentemente llego de manera precipitada?

Esto suena como si fuera mucho que hacer en unos cuantos segundos, pero sí es posible. Y si no tenemos suficiente evidencia, podemos buscarla, como en nuestro ejemplo de la opción 2 en la página 242. Por supuesto, podría ser que nuestra interpretación inmediata sea correcta y que nuestros sentimientos y acciones en respuesta sean apropiados.

En ocasiones, incluso cuando pausamos y nos sintonizamos para confirmar nuestras interpretaciones, nos damos cuenta de que no contamos con la suficiente evidencia para saber si son precisas o no. En ese caso, es mejor dar el beneficio de la duda a la situación y elegir una interpretación que tenga menos probabilidades de obstaculizar o dañar, o que tenga más probabilidades de ser útil. Por ejemplo, un verdadero desencadenante de "botón rojo" en mi caso es la gente que conduce su auto demasiado cerca de mí. Recuerdo una ocasión en que un auto se acercó demasiado a la parte trasera de mi coche, casi hasta tocar mi defensa, y luego me rebasó para ponerse justo frente a mí. Después del temor inicial, que provocó que pisara repentinamente los frenos, sentí un acceso de enojo y tuve una fuerte necesidad de darle una lección al conductor haciéndole precisamente lo mismo. Mi interpretación fue que era un idiota arrogante al que nadie le importaba. Es muy posible que eso haya sido cierto, pero en ese momento no tenía manera de saberlo. Me sulfuré, y si hubiera actuado sin confirmar mi interpretación, pudo haber ocurrido un accidente. Las interpretaciones alternativas pudieron ser que algo malo le había pasado al conductor o que estaba en medio de una urgencia. Aunque quizás esto era poco probable, no tenía modo de saberlo. Pero, en ese momento, encontrar una manera diferente de interpretar de inmediato la situación redujo mi enojo y pude dejarlo pasar, lo cual fue una respuesta más útil para mí, y quizá también menos dañina para los demás.

Momento de reflexión...

¿Tienes cualquier "botón rojo" emocional: acontecimientos o situaciones que desencadenan una fuerte reacción adversa en ti?

- ¿Cuáles son tus interpretaciones o pensamientos inmediatos sobre estos desencadenantes; quizá sobre la razón de por qué ocurren o lo que podrían ocasionar?
- ¿Tus interpretaciones son útiles, te obstaculizan o son dañinas para ti? ¿De qué otra manera podrías interpretar esas situaciones?
- ¿Cómo puedes recordarte que debes pausar y confirmar tu interpretación la siguiente vez que se oprima ese botón rojo?

Obstáculos y trampas de la interpretación

Incluso en una situación en la que nuestras interpretaciones inmediatas parecen evidentes sigue siendo necesario detenernos y confirmarlas. Es posible que pensemos que estamos viendo las cosas de manera precisa, pero no siempre es así. Como seres humanos, tenemos varios obstáculos naturales que se interponen en nuestra capacidad de hacer interpretaciones adecuadas. Son naturales y automáticos, y todos podemos tropezar con ellos.

Tres obstáculos comunes son:

1 **Vemos lo que estamos buscando.** Si estamos buscando algo es probable que eso sea lo que veamos, pero también pasaremos por alto otros detalles que pueden ser igualmente importantes. Los psicólogos le llaman "atención selectiva". Por ejemplo, ¿alguna vez has buscado algo de lo que tienes una imagen mental pero no has podido encontrarlo? Digamos que tratabas de encontrar un libro y recuerdas que tenía una portada amarilla. Sabes que está por alguna parte, pero simplemente no lo puedes encontrar. Frustrado,

dejas de buscar y lo vuelves a intentar un poco más tarde. ¡Lo encuentras! Todo el tiempo estuvo justo frente a tus narices. No lo viste porque en realidad la portada era azul.

2 **Vemos lo que queremos ver**. A esto se le conoce como "sesgo de confirmación". Eso significa que una vez que hemos interpretado una situación de una manera:

- Buscamos, notamos y recordamos evidencia que apoya esa interpretación específica.
- Tenemos menos probabilidades de percatarnos de la evidencia en contra.
- Tenemos más probabilidades de interpretar la información ambigua como confirmación de nuestras interpretaciones.
- Dejamos de buscar en el momento en que encontramos evidencia que apoya nuestras ideas.

3 **Quedamos atrapados en los patrones habituales de interpretación.** Es posible que tengamos patrones específicos de pensamiento que, debido a nuestras tendencias naturales de atención selectiva y sesgo de confirmación, provocan que interpretemos de ese modo muchos sucesos y situaciones desencadenantes. Con el tiempo esto puede afectar realmente nuestra resiliencia. Veamos un ejemplo en el siguiente experimento de pensamiento.

Experimento de pensamiento Día de campo en el parque

Imagina que eres una madre que va de día de campo al parque con su hija pequeña, que tiene cuatro años y se llama Drew. Estás cansada porque recientemente has estado muy ocupada, así que estás ansiosa de disfrutar de un par de horas de descanso y tienes la esperanza de toparte después con los demás padres en el patio de juegos. Encuentras un buen lugar donde detenerte a comer y mientras sacas los sándwiches, le das tu teléfono a Drew para que lo detenga. Mientras colocas las cosas del día de campo, de pronto notas que Drew está jugando a lanzar tu teléfono al aire y oyes un estruendo cuando el aparato cae al suelo. Por supuesto, tu reacción inmediata es de enojo, pero entonces…

- ¿Cuáles serían tus pensamientos automáticos (interpretación inmediata) de la razón por la que esto sucedió y de lo que podría ocurrir después?

- ¿Cómo te haría sentir?
- ¿Qué podrías hacer entonces como resultado?
- ¿A qué podría llevar eso?

En el experimento de pensamiento que acabamos de ver, ¿cuál interpretación es la primera que vino a tu mente? ¿Fue algo parecido a las trampas comunes de la interpretación? (ver cuadro de abajo).

Con base en esta interpretación, ¿qué piensas que habrías sentido y hecho como resultado? Por ejemplo:

- Vergüenza y culpa acerca de tus capacidades como madre, así que evitas encontrarte con los demás padres en el parque.
- Enojo hasta la obsesión por todos los defectos de tu pareja, de modo que cuando llegas a casa estás enojada con él o ella y respondes bruscamente a lo primero que te dice.
- Tristeza porque Drew no te respeta a ti ni a tus cosas, lo cual te recuerda otras situaciones en que alguien no pensó en ti.
- Enojo con tu hija al grado en que le gritas por ser tan descuidada y causas que estalle en llanto.
- Desesperanza de que haya algo que puedas hacer para cambiar la conducta de Drew. Sentimientos de depresión toda la tarde que te llevan a ignorar a tu hija y a los demás.
- Desesperanza y sensación de estar abrumada por todos tus problemas.

Trampas comunes de la interpretación	
Trampa	**Ejemplo del experimento de pensamiento**
Personalización Culparte a ti mismo, creer que en general tú eres la causa de todos los problemas.	Es mi culpa. La he criado muy mal. Estoy fallando como madre.
Externalización Culpar a los demás o a "algo" creyendo en general que las demás personas o circunstancias son la causa de todos los problemas.	Todo es culpa de su padre. La consiente mucho.
Adivinación del pensamiento Suponer que sabes lo que piensa la otra persona o esperar que la otra persona sepa lo que tú piensas.	Debí pensar que eso pasaría. Ella tenía que saber que no debía hacer eso.

Trampas comunes de la interpretación (continuación)	
Trampa	**Ejemplo del experimento de pensamiento**
Etiquetación Juzgar la valía, capacidad o motivación del otro (o tuya) con base en una sola situación.	Es tan egoísta. Soy tan estúpida.
Pensamiento en blanco y negro Pensar que las cosas son totalmente buenas o malas, absolutos éxitos o fracasos.	Ya arruinamos a esta niña.
Debería y debe Cuando tienes "reglas" demasiado rígidas o expectativas demasiado elevadas de cómo tú o los demás "deberían", "no deberían" o "deben" comportarse.	Una buena madre no debería enojarse con su hija.
Creer que es permanente Creer que el "problema" permanecerá igual para siempre, que no tienes control o que no hay nada que puedas hacer. Usar palabras como "siempre" o "nunca".	• Así es ella. No puedo hacer nada para cambiarla. • Nunca seré una buena madre.
Creer que se puede generalizar La creencia de que un incidente en un área de tu vida se difundirá a todas, o a la mayoría de las demás áreas. Usar palabras como "todo" o "por completo".	• Su hermanito también va a portarse así. • Tenía que ser yo la que tuviera una hija egoísta. Todo lo que hago sale mal.

¿Cuáles podrían haber sido las consecuencias colaterales adversas de cualquiera de esas reacciones para ti, Drew, tu pareja y tus relaciones con los demás padres? Por supuesto que tu interpretación puede ser correcta. Pero si tenemos un patrón de interpretar del mismo modo todos los acontecimientos, nuestra interpretación podría convertirse en una profecía autocumplida e indicar una creencia poco sana y muy arraigada; por ejemplo, culparnos siempre cuando las cosas salen mal podría indicar la creencia de que no somos buenos o que debemos ser perfectos.

Trampas tóxicas y espirales descendentes

Las trampas de interpretación son comunes. La mayoría caemos en ellas de vez en cuando, en especial si estamos cansados o bajo estrés, y con ello provocamos consecuencias secundarias que tienen un impacto en nuestra felicidad y en la de los demás.

Si regularmente caemos en estas trampas podemos deteriorar nuestro bienestar y resiliencia a largo plazo. Eso significa que continuamente buscamos evidencia que apoye esas ideas e ignoramos de manera inconsciente la evidencia en contra, lo cual refuerza la trampa y como resultado perpetúa nuestros sentimientos, acciones, así como las consecuencias. Si no cuestionamos nuestras interpretaciones podemos crear profecías autocumplidas que a largo plazo causan infelicidad.

Si nuestros patrones de interpretación combinan múltiples trampas, se podría amplificar el impacto sobre nuestra resiliencia. Se ha visto que las siguientes combinaciones son particularmente tóxicas:

- Personalizar + Creer que es permanente + Creer que se generalizará → puede conducir a desesperanza y a sentirnos mal con nosotros mismos.
- Externalizar + Creer que es permanente + Creer que se generalizará → puede conducir a enojo persistente y a una mentalidad de víctima.

Momento de reflexión...

- ¿Reconoces cualquiera de las trampas de interpretación de las páginas 251 y 252 como aquéllas en las que tiendes a caer?
- ¿Cuáles son las situaciones que causan que quedes atrapado?
- ¿Puedes recordar un ejemplo reciente?
- ¿Tienes un patrón particular de trampas-interpretación?
- ¿Cómo cambiarías o detendrías este patrón de interpretación? ¿Cuál es la evidencia a favor y en contra de tu interpretación? ¿Qué otras interpretaciones podría haber? ¿Cuál podría ser una manera más útil de interpretar la situación?

Algunas indicaciones que te ayudan a escapar de tus trampas de interpretación.

- **Personalización.** Busca cómo otras personas, o el contexto, contribuyeron a la situación.
- **Externalización.** Busca cómo podrías haber contribuido tú a lo que sucedió.

- **Adivinación del pensamiento.** Verifica si lo que crees que está pensando la otra persona es correcto, medita con claridad cuáles son tus propios pensamientos/necesidades/intenciones, o ambos.
- **Etiquetación.** ¿Cuál es la razón de su comportamiento (o del tuyo) en esta situación específica?
- **Pensamiento en blanco y negro.** ¿Cuál interpretación menos extrema es más probable?
- **Debería y debe.** ¿Cómo puedes rebatir tu interpretación? Por ejemplo: nadie es perfecto; todos cometemos errores a veces; no existe nada que sea correcto todo el tiempo.
- **Creer que es permanente.** ¿Qué cambiaría? ¿Existe algo que puedas hacer?
- **Creer que se generalizará.** Establece límites alrededor de ello: ¿cuál es la evidencia en esta situación específica? ¿Hay algún ejemplo de una ocasión en que hayas hecho lo contrario en otra parte de tu vida?

El doctor en psicología Martin Seligman encontró que la manera en que interpretamos las causas de los reveses cotidianos puede tener un impacto importante en nuestra capacidad de afrontar las dificultades y lidiar con ellas, en nuestra salud física y en nuestra persistencia frente a las adversidades. Examinó los tres tipos principales de trampas de interpretación:

- **Personalización**. Cuando suceden situaciones problemáticas las personas con un pensamiento resiliente tienden a enfocarse en causas ajenas a sí mismos. Por ejemplo, si no pueden cumplir con una fecha límite de entrega se centrarán en los problemas que tuvieron con la computadora o en los demás trabajos urgentes que tuvieron que hacer, en lugar de simplemente criticarse por tener un retraso.
- **Creer que es permanente**. Cuando las cosas salen mal, quienes piensan de manera resiliente lo consideran transitorio y quizá piensen: “Esta vez no funcionó, pero a la próxima saldrá mejor”. Alguien con un estilo de pensamiento menos resiliente podría pensar que todo seguirá igual: “No funcionó en esta ocasión y nunca va a funcionar”.
- **Creer que se generalizará.** Cuando algo sale mal en la vida de un individuo con pensamiento resiliente, establece límites alrededor del problema, confinándolo a esa área específica. Por ejemplo:

“Me desvié del camino; me resulta difícil seguir indicaciones”. Es posible que perjudiquemos nuestra resiliencia si consideramos que el problema se generaliza a todo: “Me desvié del camino. Eso es típico de mí; no sirvo para nada”.

No se trata de ser poco realistas o de no asumir la responsabilidad cuando hay problemas, sino de ser objetivos y flexibles en nuestros pensamientos acerca de las razones por las que sucedieron. Si estamos estresados o nos sentimos “mal”, es muy fácil caer en la trampa de pensar que todo es nuestra culpa, que no se puede cambiar y que esa dificultad se generalizará a todas las demás áreas de nuestra vida. Esto nos hace sentir desesperanzados y puede iniciar una espiral descendente a una menor resiliencia e incluso a la depresión.

Aumenta tus habilidades de pensamiento resiliente

El primer paso para un pensamiento más resiliente es la concienciación. Y después de haber leído el capítulo hasta este punto, ahora sabes que tus interpretaciones y pensamientos inmediatos impulsan tus reacciones emocionales hacia un suceso desencadenante. Como hemos visto, nuestras reacciones emocionales suceden con mucha rapidez, así que al principio recuerda detenerte, como lo sugiere Viktor Frankl (página 243). A veces eso basta para que moderemos nuestra respuesta de un modo que sea mejor para nuestro bienestar (y también para el de los demás).

Para aumentar tus habilidades de pensamiento resiliente es útil retroceder a incidentes pasados en los que se detonaron tus emociones y desentrañar cuáles fueron tus interpretaciones subyacentes, además de los sentimientos, acciones y consecuencias a las que esto llevó. Al principio es fácil que los pensamientos (es decir, las interpretaciones) se mezclen con los sentimientos, así que mantente vigilante. Luego piensa en cómo podrías haber confirmado tus interpretaciones. Consulta la página 250 para un ejemplo del experimento de pensamiento que vimos antes.

Esta revisión retrospectiva aumenta la concienciación y nos ayuda a acostumbrarnos a las relaciones entre sucesos desencadenantes y nuestras interpretaciones y reacciones (las emociones y lo que dijimos/hicimos como resultado). También sirve para ayudarnos a empezar a observar cualquier trampa en la que podríamos caer en situaciones específicas.

Revisión de un suceso desencadenante (ejemplo)	
DESENCADENANTE (atente sólo a los hechos) • Le di mi teléfono a Drew para que lo detuviera. • Lo tomó, jugó a lanzarlo al aire y luego lo dejó caer.	
INTERPRETACIÓN Mi hija debería haber sabido que no era correcto: soy una mala madre y la he criado muy mal.	
REACCIONES	
EMOCIONES Lo que sentiste	ACCIONES Lo que hiciste como resultado
• Molestia • Vergüenza y tristeza	• Regañé a Drew. • Me fui a casa sin querer encontrarme con los demás padres en el parque.
CONSECUENCIAS ¿Esta reacción fue útil, obstaculizó o dañó? Drew se angustió, y en vez de que la tarde fuera agradable me sentí aislada y triste el resto del día porque no me reuní con los demás padres, que son mis amigos.	
¿Cómo puedes confirmar tus interpretaciones? (Por ejemplo: ¿Cuál es la evidencia a favor y en contra? ¿Qué otras explicaciones son posibles?) • Aunque, como todos los demás niños pequeños, Drew tiene sus malos ratos, en general es una niña muy cuidadosa, así que debo estar haciendo algo bien. • Normalmente le recuerdo que tenga cuidado cuando detiene mi teléfono, pero hoy lo olvidé; probablemente se debe a que estoy cansada.	

Esta habilidad requiere práctica, de modo que si no logras confirmar tus interpretaciones en la siguiente ocasión que se activen tus emociones, no te frustres. Cuando tengas un momento de tranquilidad, analiza lo que te estaba pasando en ese momento y mantente pendiente para la siguiente vez.

En el capítulo 4 hablamos de la atención plena. Ésa es una habilidad que puede ayudarnos a darnos cuenta de lo que nos sucede sin quedar atrapados en nuestros pensamientos y emociones y, en consecuencia, nos ayuda a pensar y actuar de manera más resiliente.

¡Intenta esto! Practica las habilidades del pensamiento resiliente

1 Retrospectiva

Piensa en una situación específica del pasado (sería ideal que sea lo más reciente posible) que haya desencadenado tus emociones. Analízala siguiendo el ejemplo de Drew en la página anterior.

- Desencadenante: ¿Cuál fue específicamente el suceso desencadenante? Intenta apegarte a los hechos, a lo que vería un observador neutral.
- Interpretaciones: ¿Cuáles fueron tus interpretaciones inmediatas?
- Reacciones/emociones: ¿qué sentiste?; acciones: ¿qué hiciste o dijiste como resultado?
- Consecuencias: ¿Esta reacción resultante ayudó, obstaculizó o dañó? ¿Cómo podrías verificar tus interpretaciones?

2 Práctica de análisis

En los siguientes días analiza de este modo cinco sucesos. No tienen que ser grandes cosas. Por ejemplo:

- Un desencadenante podría ser que veas a un conocido en la calle, pero se sigue de largo a pesar de que lo saludaste con la mano. Tu interpretación inmediata podría ser algo parecido a: "No quiso detenerse a saludarme porque no le parezco bastante interesante", lo que te provocaría sentirte triste y en consecuencia evitar a la gente.

  Decides que empezarás a trotar alrededor del parque, pero cuando llegas allí, está lleno de mucha gente con muy buena condición física que ya está corriendo. Piensas para ti: "Soy una gorda y nunca podré estar en tan buena condición como ellos". Te sientes avergonzada y entonces te das vuelta y regresas a casa.

Analizar de ese modo varios incidentes te ayudará a sintonizarte con tus interpretaciones inmediatas y automáticas, y a identificar cualquier trampa o patrón en el que pudieras estar cayendo.

3 Reflexión

Reexamina los incidentes que analizaste:

- ¿Qué tan útiles fueron tus interpretaciones en términos de cómo te hicieron sentir y de lo que hiciste como resultado?
- ¿Caíste en cualquier trampa de interpretación?

- ¿Tus interpretaciones siguieron un patrón?
- Si cada una de estas situaciones sucediera de nuevo, ¿cómo confirmarías o cuestionarías tus interpretaciones? (Consulta el Momento de reflexión de las páginas 253-254 para indicaciones).
  - ¿Qué interpretaciones alternativas podrías haber hecho?
  - ¿Qué otra evidencia podrías haber buscado?

Otras herramientas rápidas y prácticas para el pensamiento resiliente

A veces nos estancamos en los mismos pensamientos que corren una y otra vez dentro de nuestra cabeza y simplemente parece como si no pudiéramos detenerlos y dejar de pensarlos. Esto puede agotar nuestra energía e impedirnos dormir, afectando nuestro bienestar. Podría tratarse simplemente de que tenemos mucho en qué pensar porque estamos muy ocupados, o bien, podría ser que estemos rumiando una preocupación, algo que nos alteró o cualquier otro pensamiento negativo que se repite una y otra vez. Y a medida que seguimos haciéndolo, ese pensamiento se va volviendo cada vez más grande o expandiéndose a otras ideas similares. Con el tiempo, la rumiación puede conducir a ansiedad y depresión.

Esto no se refiere a ignorar nuestras preocupaciones, sino a darnos un descanso. La finalidad es distraer tu mente e interrumpir el constante paso de tus pensamientos por tu cabeza. Para lograrlo, necesitas darle a tu mente algo más en que pensar que te absorba, pero que no sea demasiado demandante. Los juegos de memoria y de pensamiento pueden servir bien, por ejemplo los que se listan en el apartado de la página siguiente. Quizá parezcan muy simplones, pero funcionan. Los usé cuando tenía dificultades para dormir y en general descubrí que me adormilaban antes de llegar al final de cualquier juego que estuviera jugando.

Tales juegos distractores pueden ser útiles en situaciones en las que nos sentimos ansiosos, quizá cuando esperamos para entrar a una cita, presentar un examen o para salir a escena en una obra o antes de dar una presentación.

¡Intenta esto! Juegos distractores

Juegos con números. ¡Es posible que sean más interesantes que contar ovejas! Por ejemplo:

- Cuenta en reversa desde 1 000 000.
- Cuenta en reversa desde 1000 en tres; por ejemplo: 1000, 997, 994… etc.
- Practica las tablas de multiplicar.

Juegos alfabéticos; por ejemplo:

- Elige una categoría; por ejemplo, animales, frutas, futbolistas famosos, nombres de lugares, ¡cualquier cosa! Luego piensa en un ejemplo con cada letra del abecedario. Frutas: albaricoques, bananas, ciruelas… etc.
- Elige una letra y luego una categoría, como actores famosos cuyos nombres empiecen con G: George Clooney, Gérard Depardieu, Gary Oldman…

Juegos de "¿cuántos?"; por ejemplo:

- Elige una categoría y ve cuántos ejemplos puedes recordar en dos minutos; por ejemplo: partes del cuerpo, estrellas de telenovelas, capitales.

Juegos de imaginación; por ejemplo:

- Compón poemas graciosos.
- Crea equipos deportivos fantásticos, ¡en especial de dos bandos contrarios!

Algunas otras maneras de distraer tu mente

Otras técnicas distractoras que también pueden servirte son:

- **Ríe**. Hace años, una amiga llamada Sarah estaba estudiando contabilidad. Esto significaba tener que presentar muchos exámenes difíciles y se ponía muy nerviosa antes de ellos. Para lidiar con esa ansiedad a Sarah se le ocurrió una táctica divertida que resultó ser muy buena. Mientras esperaba fuera de la sala de examen se sumergía en un libro de chistes. No sólo le ayudaba a dejar de preocuparse, también la ponía en un estado mental muy animado y la dejaba lista para enfocarse en los exámenes.
- **Observa con atención**. Elige un objeto pequeño, como una piedra interesante, y estúdialo con gran atención. ¿Qué forma tiene? ¿Qué

sensación produce? ¿Cómo suena o a qué sabe? ¿Qué colores puedes observar en él? ¿Para qué se podría usar? Aparentemente los actores utilizan una técnica parecida cuando tienen que cambiar de personajes, escenas o emociones.

- **Escribe los pensamientos.** Anota los pensamientos preocupantes o recurrentes en cuanto se presenten (como cuando nuestra mente está agitada porque hay cosas que necesitamos recordar o hacer). Sacar los pensamientos de nuestra mente y pasarlos al papel puede ayudarnos a sentir que empezamos a lidiar con ellos.
- **Tiempo de preocupación.** Si tienes muchas cosas en la mente, aparta un tiempo específico, quizá de 30 minutos o una hora, como "tiempo de preocupación". Si las preocupaciones se presentan fuera de ese periodo, recuérdate que apartaste tiempo para eso en algún momento posterior del día, quizá tomando nota del pensamiento.

Devuelve la proporción real a tus preocupaciones

Algunos de nosotros estamos más propensos al catastrofismo. Cuando algo sale mal no limitamos nuestras preocupaciones a ese asunto específico, sino que nuestra mente empieza a correr a toda velocidad, escalando de ese incidente al peor escenario que pudiera suceder. Incluso cuando ese caso extremo es tan inverosímil que es poco probable que ocurra, nuestros niveles de ansiedad crecen significativamente. Examinemos el ejemplo en el apartado de las páginas 261-262. Si no tiendes al catastrofismo, es posible que pienses que ese ejemplo es extremo. Pero en la mente de la persona catastrofista no lo es. Y es fácil darse cuenta de la manera en que los pensamientos y preocupaciones como éstas pueden desgastarte, en especial si estás cansado o bajo presión. Entonces, ¿cómo detienes en seco ese tren de pensamiento? Las técnicas de distracción (página anterior) pueden ayudarte, pero lo más eficaz es obligarte a responder algunas preguntas racionales:

- Cuando atravesé por malas situaciones en el pasado, ¿qué me ayudó?
- En comparación con todas las cosas malas que me han ocurrido en el pasado o que me podrían suceder en el futuro, ¿qué tan malo es esto en realidad?
- Si lo que atraviesa por mi mente es el peor escenario posible, ¿cuál sería el mejor escenario posible? (Por ejemplo, tu error ori-

ginó un cambio que se necesitaba hacer en el proceso y condujo a grandes ahorros para tu organización. Recibes un gran ascenso y un aumento de salario. Tu pareja estará muy orgullosa de ti. Podrás comprar una casa, etc.).

En algún punto intermedio entre el peor y el mejor resultado se encuentra el escenario más probable para el que puedes realizar acciones a fin de prepararte y lidiar con ello. Si vemos el ejemplo de las páginas 261-262, quizá podrías enviarle un correo electrónico a tu jefa durante el fin de semana donde acuerdes reunirte con ella el lunes en cuanto lleguen para ofrecer algunas ideas de cómo resolver el problema.

Catastrofismo ¡Imagina lo siguiente!

Es viernes por la noche. Te estás relajando en casa luego de una semana ajetreada. De pronto, un pensamiento sobre un proyecto en el que trabajas en este momento salta a tu mente. Te das cuenta de que cometiste un grave error con algunas cifras que preparaste para tu jefa y que ella presentó en una junta importante esta misma tarde. El pensamiento de tu error empieza a carcomerte por dentro. Empiezas a pensar…

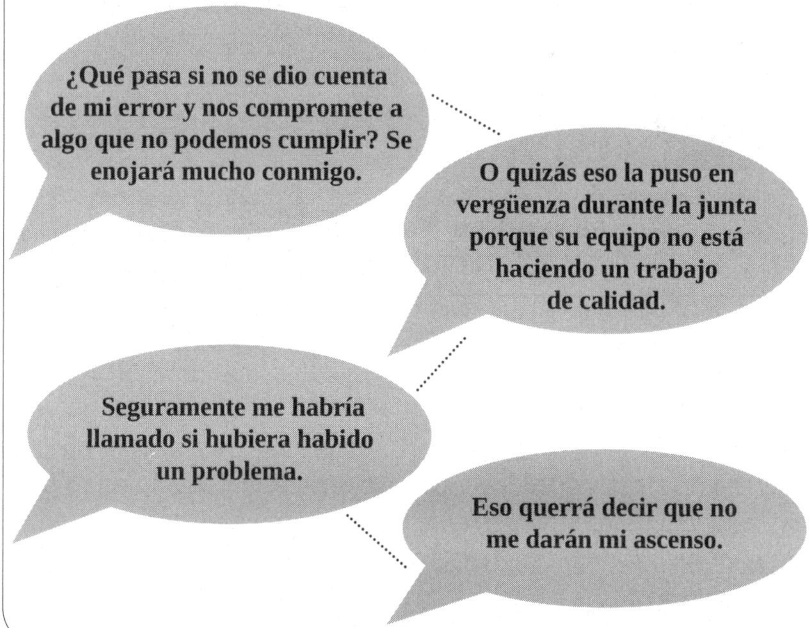

Apuesto que estará tan enojada que el lunes me estará esperando para regañarme.

Si esto causó un problema grave, incluso podrían despedirme.

Si me despiden no obtendré una referencia y no podré encontrar otro empleo.

Eso significará que no podré pagar la renta.

Eso nos va a costar que perdamos la casa.

Mi pareja probablemente me abandone.

Terminaré solo y durmiendo en las calles.

No tendrá ningún caso seguir adelante...

Te sientes cada vez más ansioso y no duermes bien todo el fin de semana. Estás distraído, así que no disfrutas el tiempo con tu familia tanto como lo hubieras hecho normalmente, y para cuando llega la mañana del lunes, tu bienestar y resiliencia están en su punto más bajo.

UNA PRUEBA DE LAS HABILIDADES DE RESILIENCIA

En general, cuando investigas algo es estupendo ponerlo a prueba, pero ése no fue el caso con Lucy. Con una pasión por la psicología, ya había integrado mucho de esto en su propia vida. Sin embargo, en cuanto a resiliencia, la verdadera prueba llegó sólo en el momento más oscuro.

Lucy, Trevor y sus tres hijos vivían en Nueva Zelanda. Tenían una vida fabulosa: buenos amigos, una comunidad muy unida, trabajos interesantes y un hermoso paisaje. En la primavera del año pasado todo eso cambió. Un paseo en bicicleta por la montaña junto con otra familia no salió como se había planeado. Lucy, Trevor y sus dos hijos varones habían llegado temprano y esperaban que los alcanzara su hija Abi con su mejor amiga Ella, ambas de 12 años, quienes viajaban con los padres de Ella. Pero eso no pasó; en su lugar llegó una patrulla de policía. Había ocurrido un accidente y las niñas habían muerto al instante cuando un automóvil se pasó un alto y chocó directamente contra el auto en que ellas viajaban. "Mientras intentaba asimilar la noticia", comenta Lucy, "supe que ésta era una batalla por nuestra supervivencia. Recuerdo que la primera semana estaba en piloto automático, sintiéndome enferma y esforzándome por respirar. Pero también recuerdo haber tenido una voz dentro de la cabeza que me decía constantemente que debía elegir la vida y no la muerte. No teníamos ninguna opción en cuanto a la muerte de Abi, pero por instinto sentí que teníamos opciones en cuanto a cómo responder a ello. Teníamos dos hermosos hijos adolescentes por quienes vivir, que nos necesitaban en ese momento, de modo que estaba decidida a no permitir que la muerte me privara de las buenas cosas que nos quedaban. Podíamos tratar de elaborar nuestro duelo de una manera funcional, utilizando las herramientas que yo había estudiado, o permitir que nos abrumara. En el curso de las siguientes semanas y meses desarrollé una nueva meta de vida que era 'principalmente funcional'.

"Utilicé de manera primordial el pensamiento resiliente. Para cada acción, decisión o pensamiento me preguntaba: ¿esto nos servirá o dañará nuestro objetivo? Por ejemplo, decidimos no asistir a la audiencia del tribunal contra el conductor. Tener esa imagen en mi mente no serviría y podría ser dañino, entonces optamos por reunirnos con los maestros de nuestros hijos. Recuerdo haber pasado junto a los periodistas que se apiñaban fuera del tribunal. Estaban desesperados por un comentario de nuestra parte, esperando que culpáramos al conductor, y fue agradable pasar al lado sabiendo que habíamos decidido no dejarnos envolver en el juego de buscar culpables, y que elegimos enfocar la energía y atención en lo que más nos importaba.

"Como sabíamos lo vital que es para la resiliencia contar con relaciones de apoyo, e imaginando lo difícil que era para la familia y amigos saber qué decir o hacer, decidimos pedirles ayuda directamente, en lugar de esperar a que adivinaran, ya fuera que se tratara de algo de comer o de compañía o de sacar a pasear al perro. Esto no siempre fue fácil, pero estaba consciente de lo mucho que requería la ayuda y me recordaba constantemente que los ofrecimientos eran genuinos, así que pedir ayuda de los demás fortaleció nuestros lazos.

"Poco tiempo después la espantosa tragedia de Malaysian Airlines puso en perspectiva nuestra pérdida: una pobre familia perdió no a uno, sino a sus tres hijos; a nosotros nos quedaban dos. Nuestros hijos tenían 14 y 16 años cuando murió Abi, así que nuestra obligación con ellos era enfocarnos en lo que teníamos, en vez de hacerlo en lo que habíamos perdido.

"El poder usar nuestras fortalezas me dejó atónita. Descubrimos que el perdón es una fortaleza que compartimos como familia. De regreso del lago la noche que sucedió el accidente, nuestro hijo mayor dijo: 'No vamos a culpar al conductor, ¿verdad?'. Recuerdo el alivio que sentí al escuchar esas palabras, lo cual dio inicio a un creciente convencimiento de que el perdón, y no la culpa y el odio, era el único camino a seguir. No quería que de esa situación, ya de por sí terrible, vinieran más desgracias.

"El amor siempre ha sido mi principal fortaleza, y aunque me dolía ver a otras mamás e hijas, supe que necesitaba pasar más tiempo, y no menos, con mis amigas y sus hijos; en el primer aniversario del accidente 60 amigos nos reunimos en una carrera para celebrar las vidas de las niñas.

"Finalmente, cuento con la atención plena: la he usado mucho para enfocarme en el presente y no dejarme caer hacia el pasado o preocuparme del futuro. Si me descubro preguntándome cómo me sentiré para la fecha en que Abi cumpliría 18 años, me acuerdo de esperar en lugar de pensar en eso ahora. Siente el dolor a medida que llegue, sé fiel a él en el momento, pero no salgas a buscar ahora las penas futuras.

"Nuestra experiencia ha puesto a prueba las habilidades de resiliencia que enseño. Descubrí que, aun en los momentos más oscuros, sí funcionan. Incluso cuando la vida es sombría podemos elegir cómo pensamos y reaccionamos y lo que hacemos. Ahora mi misión es ayudar a otras personas a darse cuenta de que todos tenemos integrada la capacidad para afrontar la muerte y transmitirles las herramientas para elaborar el duelo de manera resiliente".

La doctora Lucy Hone escribió un blog acerca de lo que aprendió: www.1wildandpreciouslife.com, así como su libro: *What Abi Taught Us: A Roadmap for Resilient Grieving*, Allen & Unwin (2016).

En resumen

Éstos son los cinco puntos esenciales que puedes derivar de este capítulo:

1. Todos somos resilientes por naturaleza y podemos aprender habilidades y maneras de pensar y comportarnos que elevan nuestra resiliencia natural.
2. Existen muchas formas de fomentar y elevar nuestra resiliencia natural que nos ayudan a lidiar con el estrés; las ideas para cada una de las claves también servirán para nuestra resiliencia y pueden ser útiles para controlar nuestro estrés.
3. No te estreses porque estás estresado; lleva a cabo acciones para controlarlo o aprovéchalo para motivarte a la acción.
4. Nuestros patrones y hábitos de pensamiento tienen un gran impacto en nuestra resiliencia y bienestar, y pueden implicar que ¡perjudiquemos nuestra propia resiliencia!
5. Existen cinco principios básicos del pensamiento resiliente que se pueden utilizar cuando se activan nuestras emociones negativas:
   - En el momento nuestros sentimientos provienen de nuestros pensamientos/interpretaciones inmediatos acerca del suceso desencadenante: en general se refieren a lo que lo causó, a lo que podría suceder como resultado, o a ambas cosas.
   - Lo que sentimos impacta lo que hacemos inmediatamente después y las consecuencias colaterales.
   - Nuestras interpretaciones inmediatas no siempre son precisas ni útiles, lo cual puede conducirnos a que experimentemos emociones innecesarias o poco productivas y, por ende, a que llevemos a cabo acciones que, a su vez, pueden conducir a consecuencias que tienen un impacto negativo en nosotros mismos y en los demás.
   - A menudo nuestras interpretaciones son imprecisas o inútiles porque no tenemos suficiente evidencia acerca de la situación o caímos en una trampa común de interpretación.
   - Si nos detenemos un momento… y confirmamos la evidencia a favor (y en contra) de nuestras interpretaciones, podemos asegurarnos de que lo que sentimos y hacemos como resultado sea apropiado, o que tomemos decisiones que sean útiles, en lugar de potencialmente dañinas.

Conexiones con otras claves

Las otras nueve claves te ayudarán a aumentar tu Resiliencia al ofrecerte estrategias activas de afrontamiento, pero aquí va un breve resumen:

- **GENEROSIDAD** (página 21)
  Ayudar a los demás nos sirve para alejar la mente de nuestros propios problemas y puede darnos un sentido de propósito y significado.
  Pedir ayuda a otros cuando lo necesitamos es una táctica resiliente.
- **RELACIÓN** (página 49)
  En general, estar juntos es mejor; fortalecer las conexiones con otras personas nos ayuda a sentir que tenemos apoyo y, por tanto, impulsa nuestra resiliencia.
- **EJERCICIO** (página 93)
  Cuidar de tu cuerpo significa que cuidas de tu mente.
  La actividad física puede ser una forma de aliviar el estrés, una fuente de emociones positivas y te ayuda a pensar más claramente. También puede servirte para dormir mejor.
- **ADQUIRIR CONCIENCIA** (página 129)
  La atención plena puede ayudarte a encontrar momentos de tranquilidad en épocas de estrés y te ayuda a recuperar la perspectiva en tiempos difíciles.
- **TRATAR COSAS NUEVAS** (página 167)
  Aprender y desafiarte a ti mismo de manera regular te ayudará a tener confianza y a pensar con creatividad cuando enfrentes dificultades.
- **DIRECCIÓN** (página 195)
  Establecer y esforzarte en alcanzar objetivos —incluso un paso a la vez— nos ayuda a perseverar y a lidiar con los problemas y obstáculos.
- **EMOCIONES** (página 269)
  En tiempos difíciles podemos encontrar momentos para estar agradecidos. Éstos reducen el estrés, dan un impulso psicológico y nos ayudan a perseverar.

- **ACEPTACIÓN** (página 299)
  Identificar y utilizar nuestras fortalezas es nuestra columna vertebral en tiempos difíciles.
  Ser más amables con nosotros mismos y no criticarnos cuando las cosas van mal impide que deterioremos nuestra propia resiliencia.
- **MAYOR SIGNIFICADO** (página 333)
  Tener un sentido de propósito, valores claros y significado ayuda a enfocarnos en lo que es importante y nos proporciona una guía de acción en tiempos de dificultad.

8

EMOCIONES

Busca lo que es bueno

Evolucionamos con un propósito: ayudarnos a sobrevivir y prosperar. Los sentimientos negativos no son lo único que cuenta; la ciencia está demostrando que más allá de hacernos sentir bien, las emociones agradables también pueden hacernos bien. Sin embargo, estamos programados para enfocarnos en lo malo, en lugar de hacerlo en lo bueno. Por suerte, los estudios indican que algunas prácticas y acciones simples pueden servir para enderezar el camino.

Emociones: introducción

> "Las emociones determinan la calidad de nuestras vidas".
> Paul Ekman, *El rostro de las emociones*

Somos seres emocionales

Las emociones positivas y negativas forman parte de lo que nos hace ser humanos y nos han ayudado a sobrevivir como especie. Indican que algo está bien o mal, y sirven para comunicarlo. Pero las emociones son más de lo que se aprecia a simple vista. Son esenciales para la felicidad y recientemente la ciencia ha revelado que sentirnos bien no sólo es un beneficio colateral de que las cosas marchen como deben, sino que representa un ingrediente importante. Parece que las emociones agradables no sólo se sienten bien, también nos hacen bien y tienen importantes consecuencias para nuestro bienestar, nuestro desarrollo y nuestra resiliencia. Aunque quizá queramos evitar las emociones complejas e incómodas, tampoco podemos hacerlas a un lado cuando analizamos la felicidad, ya que, de igual manera, están integradas a ella y pueden darnos un discernimiento acerca de lo que pensamos y de dónde sería necesario que realicemos acciones. Cada capítulo de este libro incluye acciones que pueden ayudarnos a sentirnos bien y a manejar mejor nuestras emociones, y en este capítulo examinamos a fondo por qué es importante esto, además de otras ideas que podemos poner en práctica.

¿Qué son las emociones?

Los psicólogos concuerdan en que las emociones son una característica esencial de la mente humana y que son mucho más que sólo sentimientos. De hecho, son respuestas bastante complejas para nuestras percepciones inmediatas (inicialmente inconscientes) acerca de una situación o suceso, las cuales implican cambios coordinados en nuestro cuerpo, motivación y conducta que nos ayudan a lidiar con lo que percibimos.

Es típico que una emoción tenga tres componentes medulares:

- Nuestro sentimiento: nuestra experiencia individual de una situación o suceso desencadenante.
- Una expresión externa de lo que experimentamos (facial, corporal, verbal o todas ellas).
- Cambios fisiológicos (por ejemplo, variaciones en nuestra frecuencia cardiaca, respiración y tensión muscular). En general estos cambios fisiológicos no están dentro de nuestro control consciente, pero a menudo adquirimos conciencia de su impacto (por ejemplo, sudoración, jadeo, piel de gallina).

Se piensa que las reacciones fisiológicas nos preparan para actuar de cierto modo, dependiendo de la emoción; por ejemplo, pelear, huir, llorar o reír. En ocasiones a estas respuestas se les conoce como "tendencias de acción".

Nuestra interpretación inconsciente inmediata produce entonces nuestras reacciones faciales y fisiológicas, y las acciones subsiguientes. Es por esta razón que quizás experimentemos las emociones como algo que nos sucede a nosotros, en lugar de algo que elegimos. Sin embargo, una vez que adquirimos conciencia de la emoción, podemos reconsiderar la situación y, de este modo, controlar nuestra reacción emocional ante ella. Ésa es la base del pensamiento resiliente que examinamos en el capítulo 7.

Una emoción tiende a ser breve, a menos que el suceso desencadenante o nuestra interpretación de él continúen. Las emociones se evocan a partir de sucesos que ocurren en tiempo real o pueden desencadenarlas nuestros recuerdos o pensamientos acerca de situaciones pasadas o futuras. Y en general se refieren a algo que, a cierto nivel, nos importa. En contraste con las emociones, los estados de ánimo tienden a durar más, sean horas, días o semanas. Es típico que la sensación que producen sea más habitual y que tengan menos factores desencadenantes y reacciones prominentes. Por lo común experimentamos las emociones como algo que está en primer plano dentro de nuestra mente, en tanto que los estados de ánimo están en segundo plano.

Momento de reflexión 1...

Haz una lista de todas las diferentes emociones que se te ocurran.

- ¿Cuántas describirías como positivas y cuántas como negativas?
- ¿Las emociones positivas siempre son buenas?
- ¿Las negativas son útiles alguna vez?

Regresaremos después al tema.

Momento de reflexión 2...

- Regresa a la lista de emociones que hiciste en el Momento de reflexión 1. En el siguiente gráfico, ¿dónde las colocarías, con base en si te hacen sentir bien o mal, y si te proporcionan energía o lo contrario?
- ¿Cuál consideras que podría ser el propósito detrás de cada una de estas emociones?

Adaptado de J. Posner, J.A. Russell y B.S. Peterson (2005). "The circumplex model of affect: An integrative approach to affective neuroscience, cognitive development, and psychopathology". *Development and Psychopathology*, 17(3), p. 716. Cambridge University Press. Reproducido con autorización.

¿Por qué tenemos emociones?

Se cree que, sin importar si nos hacen sentir bien o mal, las emociones evolucionaron para ayudar a nuestros ancestros a sobrevivir. Los sentimientos que se describen como buenos, agradables o "positivos" evolucionaron para motivarnos a abordar y aprovechar las oportunidades potencialmente seguras, y para indicar que las cosas van bien. En contraste, los sentimientos que consideraríamos "malos" o "negativos" nos motivan a evitar las situaciones potencialmente dañinas. Por lo tanto, aunque las emociones desagradables no nos hacen sentir bien, siguen siendo útiles.

Sean agradables o desagradables, las emociones difieren en el nivel de energía para la acción que activan en nosotros. Algunas emociones, por ejemplo el temor o el enojo, crean un alto grado de activación. De la misma manera, la atracción puede energizarnos para formar nuevos lazos y relaciones sociales. Por supuesto que nuestro nivel de activación dependerá de la intensidad con que sentimos la emoción en cualquier situación determinada. Otras emociones, como la dicha o la tristeza, se asocian con baja energía para la acción, ya sea porque nos indican que las cosas van bien, de modo que deberíamos quedarnos como estamos, o para ayudarnos a evitar pérdidas adicionales.

Tipos de experiencia emocional

Desde que Darwin inició el análisis del tema, los científicos han propuesto que temas comunes en nuestra historia evolutiva condujeron a las respuestas emocionales medulares que parecen estar integradas en la mayoría de los seres humanos. El psicólogo Paul Ekman identificó seis emociones humanas "básicas" o "universales": temor, enojo, tristeza, asco, sorpresa y dicha/felicidad. Propuso que estas emociones se expresan facialmente de maneras similares en todo el mundo y, por consiguiente, se reconocen en diferentes países y culturas. El reconocimiento universal de estas emociones básicas nos permitió comunicarnos a un nivel elemental sin tener que utilizar un lenguaje o cultura compartidos. Más allá de estas emociones básicas existe un rango mucho más amplio de emociones que podemos experimentar y que se superponen; por ejemplo: amor, conexión, optimismo, decepción, anticipación, orgullo, culpa, vergüenza, celos, desprecio, interés, aburrimiento y entusiasmo.

Las emociones no siempre son perceptibles y a veces podemos sentir más de una al mismo tiempo. La experiencia emocional también varía: no existen dos situaciones ni dos personas que sean idénticas. Aunque las seis emociones básicas son comunes y reflejan reacciones similares a temas compartidos, seguimos discrepando en los factores específicos que las desencadenan y en las reacciones ante ellas. Por ejemplo, es posible que tú y yo nos enojemos si percibimos que alguien hace algo que nos parece mal, pero los factores desencadenantes para cada uno de nosotros podrían ser diferentes. Tu factor desencadenante podría ser que tu cónyuge deje la ropa tirada, porque crees que ser ordenado es muestra de respeto; mi factor desencadenante podría ser que mi cónyuge me regañe por no recoger la ropa, porque yo quiero separar las prendas para lavarlas en un momento que a mí me convenga. Aunque ambos nos enojamos por la misma razón, la intensidad de nuestra respuesta puede variar. Podría ser un motivo de irritación leve en tu caso, pero un motivo de gran enojo para mí, ya que nuestras respuestas se derivan de quiénes somos y de nuestras experiencias pasadas. Estos factores combinados dan lugar a un número infinito de variaciones en la experiencia emocional, a pesar de que existan muchos temas compartidos. Por esa razón no sólo es complejo establecer con precisión nuestras emociones sino también comunicarlas a los demás.

"Falsas alarmas" emocionales

Lo que sentimos es resultado de nuestras interpretaciones, o bien, juicios inmediatos de un suceso o situación que no siempre son acertados. En una fracción de segundo consideramos si un hecho o situación es:

- Nuevo o conocido.
- Agradable o desagradable.
- Predecible o impredecible.
- Ayuda, o estorba, en lo que estamos tratando de hacer.
- La causa somos nosotros, otras personas o las circunstancias.
- Controlable.
- Adecuado, o no, para las normas sociales o valores personales.

Entonces, según el psicólogo y experto en relaciones Randolph Nesse, no es de sorprender que a veces tengamos "falsas alarmas" emocionales. Esto se debe a que estamos programados para respuestas emocionales rápidas que se inclinan del lado de la precaución, lo cual significa que nuestras reacciones emocionales quizá se activen ante apenas un asomo de peligro potencial; por ejemplo, sentir enojo o temor cuando no existe una necesidad real. Dice Nesse que esto ocurre porque, en términos evolutivos, los "costos" de la falsa alarma son bajos en el sentido de gasto de energía y tiempo, en relación con los "costos" de tener que pelear para sobrevivir. Afirma que ésta es una clave para comprender por qué desarrollamos padecimientos como la ansiedad y la depresión, los cuales, según su punto de vista, se derivan de una respuesta arraigada y muy sensible a los posibles peligros.

Nuestro lenguaje para las emociones es importante

Nuestra conciencia, comprensión y capacidad para comunicar y controlar nuestras emociones, y las necesidades que representan, es trascendental para nuestro bienestar psicológico. Ser sensibles a las emociones en otras personas también es fundamental y esencial para formar buenas conexiones con ellas. La investigación sugiere que, cuanto más específicos podamos ser para diferenciar, nombrar y describir nuestros sentimientos, tendremos menos probabilidades de que nos abrumen y más capacidad para lidiar con ellos, a pesar de lo incómodos o intensos que sean. Por ejemplo, si tememos a las arañas, cuando vemos una simplemente podríamos decir "me da miedo", mientras que una respuesta más específica podría reconocer un rango más amplio de emociones, como el asco y la curiosidad, al igual que el temor. Cuando se entrenó a personas para que reconocieran mejor sus respuestas emocionales, experimentaron menos ansiedad y tuvieron mayor capacidad para acercarse a una araña. Esto fue más eficaz que decirse a sí mismas que la araña no representaba un peligro.

Cuando mejora nuestra capacidad para especificar nuestras respuestas emocionales, es menos probable que seamos susceptibles a las maneras poco sanas o que podrían ser dañinas para controlar las emociones difíciles, por ejemplo, comiendo en exceso, bebiendo o siendo agresivos, y es más probable que emitamos juicios morales menos tendenciosos en situaciones cargadas de emociones. La buena noticia es que parece que podemos aumentar nuestro vocabulario emocional.

Algunos idiomas tienen palabras para describir emociones específicas que no existen en otros. Resulta que existen algunas emociones culturalmente específicas, lo cual demuestra los muchos matices que pueden tener. A continuación te presento algunas emociones para las que el idioma inglés no tiene términos específicos:

- El danés y el holandés pueden captar una sensación particular de calidez e intimidad, o una sensación de unión con la familia o los amigos, a través de las palabras *hygge* (danés) y *gezelligheid* (holandés),
- *Pena ajena* que se traduce como "vergüenza externa" o "pena solidaria", que es lo que sientes cuando observas que otra persona queda en ridículo.

- *Gigil* en tagalog (el idioma nacional de Filipinas) describe la emoción de tener que resistirse a la fuerte necesidad de apretar a alguien o algo, ya sea porque es realmente tierno o porque es frustrante (piensa en ese bebé o cachorrito supertierno, o en un niño persistentemente molesto).
- *Hiraeth*, en galés, significa una añoranza profunda del hogar pero, más que simple nostalgia, tiene un sabor del Gales del pasado, como cuando te refieres al hogar en que pasaste tu infancia.

Inteligencia emocional y bienestar

Los psicólogos Peter Salovey y John Meyer desarrollaron el concepto de "inteligencia emocional" que popularizó Daniel Goleman. Ésta es nuestra capacidad para detectar, expresar y controlar con precisión las emociones en nosotros mismos y en los demás. La mejor capacidad para lograrlo parece tener muchos beneficios para el bienestar y la felicidad, incluyendo mejores estados de ánimo, mejores relaciones, mayor propensión a ayudar a otros, mayor autoestima y mejor desempeño en el trabajo. Asimismo, es posible que nos ayude a reducir o controlar las falsas alarmas emocionales.

La inteligencia emocional se refiere al grado en que podemos:

Percibir emociones

- Identificar, diferenciar y expresar con precisión los sentimientos y las emociones en nosotros mismos, al igual que las necesidades que representan.
- Identificar las emociones en los demás.

Usar emociones

- Redirigir y priorizar nuestro pensamiento para facilitar nuestros estados de ánimo.
- Usar nuestros estados emocionales para facilitar tareas o pensamientos particulares.

Comprender emociones

- Comprender los aspectos complejos de las emociones, y las relaciones y transiciones entre ellas.
- Comprender las emociones contradictorias.
- Comprender las causas y consecuencias de las emociones.

Controlar las emociones

- Nuestra capacidad para abrirnos a las emociones tanto agradables como desagradables.

- Monitorear, reflexionar y desprendernos de los estados emocionales.
- Controlar nuestras emociones como motivación para acciones apropiadas y útiles.

¡Intenta esto! Percatarte de las emociones y darles nombre

¿Cuántas emociones enumeraste en el Momento de reflexión 1 (página 271)? Veamos si puedes aumentar tu “vocabulario”:

Tus emociones

- En el curso de un día, detente por un momento cada hora.
  - Percátate y nombra cualquier emoción que estés sintiendo.
  - ¿Qué tan intensos son esos sentimientos para ti? (Quizá puedas usar una escala donde 1 sea baja intensidad y 10 sea una intensidad muy fuerte).
  - ¿Qué tan fácil es para ti nombrar y expresar tus emociones?
  - ¿Existen situaciones donde tus sentimientos sean neutrales, es decir, sin emoción en un sentido u otro? ¿Qué caracteriza esas situaciones?
- ¿Qué sensaciones corporales se asocian con esas emociones en tu caso?
  - ¿Dónde se localizan estas sensaciones físicas y qué tan fuertes son?

Emociones en los demás

- Cuando interactúes con otros, tómate un momento para notar las emociones que percibes en ellos. ¿Qué están haciendo o diciendo que indiquen esas emociones?
- Mientras ves una película o programa televisivo dramático, ¿qué emociones notas?
  - ¿Cómo expresa la gente esas emociones: en forma verbal, facial, corporal?
  - ¿Cuáles palabras utilizan para describir las emociones?

Emociones y felicidad

Más allá de la simple sensación agradable

No es necesario decir que sentirnos bien se siente bien; eso no es todo, ya que también parece hacernos bien y, de igual manera, nos ayuda a tener un buen desempeño. Numerosos estudios han comprobado que, cuando estamos en un estado emocional placentero, aunque sea pasajero y derivado de algo pequeño, eso parece marcar la diferencia. No estamos hablando de grandes sucesos positivos que te cambian la vida, como obtener un ascenso o ganarte un premio. Nos referimos a los pequeños momentos diarios que nos proporcionan una sensación leve y momentánea de bienestar. Por ejemplo, los estudios señalan que:

- Los médicos que recibieron como regalo una pequeña bolsa de caramelos realizaron diagnósticos más rápidos y precisos.
- Las personas a quienes se mostró un videoclip de comedia fueron más productivas al realizar un trabajo que se les pidió, que sus equivalentes a quienes se mostró un videoclip neutro o de género dramático.
- Las personas que recibieron un pequeño regalo tuvieron más probabilidades de ayudar de manera espontánea a otros.
- Las personas a las que se mostró un fragmento enaltecedor de una película o se les dio un pequeño regalo presentaron:
    - Mejor desempeño en tareas de solución creativa de problemas.
    - Mejor rememoración de información neutra o positiva.
    - Mayor flexibilidad en sus enfoques para la solución de problemas.

De modo que, al parecer, sentirnos bien no sólo podría ser resultado de hacer algo agradable o hacerlo bien, sino que también podría provocarlo. De hecho, experimentar con regularidad emociones agradables (junto con la sensación poco frecuente de infelicidad) se considera ahora como una característica de salud mental y florecimiento.

Entonces, es curioso que por más de un siglo no se haya considerado a las emociones agradables como un tema digno de estudio riguroso. En efecto, provocan buenas sensaciones y eso es muy bonito, pero se pensaba que no tenían probabilidad de cumplir con ningún propósito importante. En el decenio de 1970, la psicología de las emociones empezó a tomarse más en serio. Pero su atención se centró sólo en las experiencias emocionales desagradables o negativas, porque se creía que únicamente éstas importaban desde un punto de vista evolutivo, pues eran cruciales para la supervivencia y, por supuesto, también porque uno de los propósitos esenciales de la psicología es aliviar el sufrimiento. Sin embargo, en los últimos 20 años más o menos, esta perspectiva cambió gracias al trabajo de las psicólogas Alice Isen, Barbara Fredrickson y sus colaboradores. Ahora parece que sentirnos bien no es sólo un subproducto agradable, sino que también tiene beneficios importantes de tipo funcional, de desarrollo y de supervivencia, tanto en términos evolutivos como especie, como en términos de nosotros como individuos.

Sentirse mal es más intenso

Reflexiona en las emociones que listaste en el Momento de reflexión 1 (página 271). ¿Cuántas emociones agradables y desagradables mencionaste? En el gráfico del Momento de reflexión 2 (página 272), ¿hubo una diferencia entre la cantidad de energía que provocaban las emociones agradables y lo que provocaban desagradables? No te sorprendas si descubres que enumeraste más emociones desagradables que agradables. De hecho, por ejemplo, parece que en el idioma inglés hay más palabras para las emociones negativas que para las positivas (62% en comparación con 38%, respectivamente. ¿Cómo se compara esto con los porcentajes que obtuviste?).

Tenemos algo que se conoce como "sesgo de negatividad" natural, lo cual significa que estamos programados para percatarnos, y tenemos mayor probabilidad de recordar lo que está mal que lo que está bien. No sólo esto, sino que el psicólogo Roy Baumeister y sus colaboradores encontraron que nuestras reacciones emocionales a los sucesos negativos o desagradables en diferentes áreas de nuestra vida tendieron a ser mucho más intensas y a tener mayor duración que nuestras reacciones a sucesos agradables. Por ejemplo, observaron que:

- Prestamos atención de manera más detallada y durante más tiempo a la información negativa que a la positiva.
- Es más probable que tener un mal día se generalice para reducir el bienestar de la gente al día siguiente.
- Perder $50 dólares altera a las personas más que lo que les complace ganar la misma cantidad de dinero.

- Los acontecimientos traumáticos importantes tienen un efecto negativo más perdurable en las vidas de las personas, que los sucesos positivos importantes, como ganar la lotería.
- Al dar seguimiento a las parejas durante una década se observó que los niveles más altos de negatividad/angustia en los primeros años del matrimonio pronosticaron las tasas más altas de divorcio.
- Las personas se preocupan más por evitar un comentario negativo, que por aprovechar al máximo un comentario positivo.
- Las personas subestiman el número real de experiencias positivas que han tenido, pero tienen mejor desempeño para recordar las experiencias negativas.

¿Por qué ocurre esto? Baumeister y sus colaboradores sugieren que eso proviene de cómo evolucionamos. Sintonizarnos para detectar señales de peligro y experimentar una fuerte alarma emocional cuando así lo hacíamos nos ayudó a evitar las amenazas y aprender de los errores. Pero, aunque estar programados para detectar los riesgos sigue siendo algo bueno, ya no cazamos ni recolectamos en la selva, así que afortunadamente hay menos probabilidades de que enfrentemos un peligro mortal todos los días. De modo que nuestra propensión integrada para prestar más atención y darle más importancia a lo que está mal, y menos a lo que está bien, no sólo afecta cómo nos sentimos, también perjudica nuestro bienestar a largo plazo. Nos perdemos de los beneficios que hemos visto que nos pueden traer las emociones positivas. Eso no significa que debamos bloquear aquello que no nos parece correcto, sino que es más un asunto de encontrar un equilibrio adecuado para nuestra vida actual.

Podemos desarrollar nuestra capacidad para percatarnos de lo que ya está bien en nuestras vidas y encontrar modos de cultivarlo, lo cual nos ayuda a sentirnos bien y a lidiar mejor con las cosas que no están tan bien.

El poder de las emociones positivas

A qué nos referimos con emociones "positivas"

Es muy importante dejar algo en claro. Cuando hablo de emociones "positivas" me refiero a aquellas que nos producen sensaciones buenas o agradables; es decir, las que colocaste del lado derecho en el Momento de reflexión 2 (página 272).

No estoy hablando del pensamiento positivo con el que intentamos convencernos de que nos sentimos bien. En efecto, ver el lado amable de la vida tiene sus beneficios, pero tratar de persuadirnos de que nos sentimos bien cuando no es así no es bueno para nadie.

Tampoco se trata de que ignoremos el hecho de que las emociones desagradables o "negativas" a veces pueden tener beneficios positivos (por ejemplo, el enojo es una reacción apropiada ante una verdadera injusticia y puede ayudar a remediarla, mientras que la culpa es adecuada cuando hacemos algo malo, ya que nos impulsa a enmendar lo que hicimos mal o a no volverlo a hacer). De igual manera, sé que las emociones agradables pueden tener consecuencias negativas (por ejemplo, ir de fiesta toda la noche puede sentirse fantástico, pero no será una cosa muy positiva si al día siguiente tenemos un examen o junta importante).

Asimismo, no deberíamos sentirnos mal de sentirnos mal; eso sólo aumenta la infelicidad. En el budismo existe un concepto para esto que se conoce como las "dos flechas": una es el sentimiento inicial de angustia y la otra atormentarnos porque nos sentimos así. Por ejemplo, si perdimos a una persona amada es normal y apropiado estar tristes y en estado de duelo; si alguien nos decepciona, es comprensible sentirnos heridos. O, por supuesto, es posible que tengamos un padecimiento clínico como la depresión.

A lo que me refiero aquí es a esos momentos pasajeros en los que experimentamos en serio una emoción agradable o cuando estamos de buen humor. Resulta que estas experiencias emocionales positivas tienen efectos importantes, y notables, que nos permiten florecer y estar mejor equipados en un sentido psicológico, social y físico para lidiar con las dificultades de la vida. Así que éstos son más que simples momentos agradables, de hecho son como pequeñas "inversiones" en nuestro florecimiento que se van sumando con el tiempo.

Las emociones positivas amplían nuestro enfoque

Las emociones positivas parecen tener un efecto diferente en qué y cuánto notamos, y con cuánta flexibilidad respondemos a las emociones desagradables. Existe una buena razón para eso. Piensa por un momento. Vas caminando por la calle cuando, de pronto, un perro de aspecto feroz se lanza sobre ti. ¿Dónde quisieras que estuviera centrada tu atención? ¿En oler las hermosas rosas que acabas de pasar o enfocada como un láser sobre el perro para que puedas responder mejor y evitar que te lastime? Por supuesto que la respuesta correcta, y de hecho la única, es la última. Querrías que tus ojos y oídos, y todos tus demás sentidos, estén enfocados totalmente en el peligro en potencia.

La buena noticia es que eso es justo para lo que evolucionó la experiencia de emociones desagradables. El temor, el enojo o el asco limitan nuestro enfoque en donde más necesita estar, y no sólo eso, reducen la gama de acciones con las que podríamos responder, ya sea que se necesite atacar, huir, ahuyentar o expulsar. En tales situaciones desagradables debemos actuar con rapidez, porque es poco probable que nos tomemos el tiempo para ponderar nuestras opciones. Por tanto, evolucionamos de modo que cada emoción desagradable nos impulse a responder en un número limitado de maneras específicas que, a través de la evolución, hemos descubierto que significan que tenemos más probabilidad de sobrevivir.

En cambio, las emociones positivas tienen el efecto contrario. Amplían nuestro enfoque y facilitan una más amplia gama de respuestas. Cuando estamos en un estado emocional placentero, notamos más cosas y tendemos a responder con mayor flexibilidad y creatividad. Esto tiene sentido, ya que estas experiencias no ocurren por lo general en situaciones potencialmente mortales, así que es menos crucial que actuemos de un modo específico.

Los experimentos han demostrado que cuando estamos en un estado emocional positivo es más probable que:

- Veamos la perspectiva general en lugar de centrarnos en un detalle.
- Busquemos y notemos lo que sucede en la periferia de nuestra visión.
- Estemos más abiertos a la información e ideas nuevas.
- Veamos más conexiones y encontremos más soluciones innovadoras y creativas.
- Seamos más flexibles e incluyentes.
- Reconozcamos mejor a personas de otras culturas.
- Seamos más confiados.
- Veamos más opciones y oportunidades.

Las emociones positivas aumentan nuestros recursos

El efecto de expansión que tienen las emociones positivas va aumentando gradualmente nuestros recursos psicológicos, sociales e intelectuales, cambiando literalmente nuestras mentes y vidas en un mejor sentido, y ayudándonos a ser más felices y resilientes. Por ejemplo, si estamos más abiertos a los demás y confiamos más en ellos, es más probable que formemos un mayor número de relaciones que también serán más estrechas; si podemos ver la perspectiva general y desarrollamos soluciones flexibles, es probable que tengamos más capacidad para lidiar con las dificultades y superar los retos; si buscamos y estamos más abiertos a una mayor cantidad de información e ideas, es probable que aprendamos más y desarrollemos un dominio de los temas; y si desarrollamos soluciones más creativas, encontramos nuevas formas de progresar.

Esto también tiene un efecto de espiral ascendente. Si tenemos interacciones positivas con otras personas, descubrimos nuevas ideas y encontramos soluciones a nuestros problemas, tenemos más probabilidades de experimentar emociones positivas, lo cual perpetúa el efecto de "ampliación y crecimiento", y eso alimenta nuestro bienestar y nos ayuda a ser más felices. Muchos estudios indican que las personas que experimentan y expresan emociones positivas con más frecuencia son más resilientes, más hábiles, tienen mayor aceptación de sí mismas y mayor bienestar psicológico, al igual que conexiones sociales más positivas. (En el capítulo 2 vimos que las interacciones más positivas entre parejas pronostican relaciones de mayor duración y calidad).

En este sentido, las emociones positivas, no sólo las agradables, contribuyeron a nuestra supervivencia. Las emociones desagradables nos permitieron sobrevivir a corto plazo, pero las agradables nos permitieron adaptarnos, evolucionar, desarrollarnos y crecer individualmente y también como especie.

Este efecto de "amplificación y crecimiento" de emociones positivas no sólo es válido para aquellos que por naturaleza tienen temperamentos más alegres. Puede ayudar a mantener y aumentar la felicidad y bienestar para la mayoría de nosotros y, de hecho, es posible que su mayor beneficio ocurra en individuos que por naturaleza no ven el lado más amable de la vida. La investigación demuestra, asimismo, que los beneficios no se restringen a los momentos más felices de la vida, sino a las situaciones pequeñas, agradables y cotidianas que se van acumulando.

El efecto de anulación

Al igual que la amplificación y el crecimiento, las emociones positivas tienen un tercer efecto: pueden ayudarnos a anular el daño que las emociones negativas causan sobre nuestros cerebros y cuerpos.

En definitiva, las personas que experimentan más emociones positivas tienen mayor probabilidad de ser más sanas. Tienden a ser menos susceptibles a los resfriados y enfermedades e, incluso, pueden vivir más tiempo. La relación entre emociones positivas y salud se demostró estupendamente en el que se conoce como "Estudio de las monjas". Los psicólogos Deborah Danner, David Snowdon y Wallace Friesen analizaron el contenido emocional de ensayos autobiográficos que escribieron mujeres jóvenes (con una edad promedio de 22 años) décadas antes, cuando ingresaron a una orden religiosa de clausura, y los compararon con cuánto vivieron. El 25% de las mujeres cuyos ensayos incluían el contenido emocional positivo más alto vivieron en promedio 10 años más que aquéllas con poco contenido emocional o con un contenido emocional negativo.

¿Qué podría estar detrás de estos efectos sobre la salud física? Es probable que se relacionen con el efecto que tienen las emociones positivas sobre nuestra respuesta automática al estrés. Como vimos en otros capítulos, cuando sentimos temor o enojo ante una amenaza percibida, se pone en marcha la respuesta al estrés (elevación de las concentraciones de cortisol y aumento en la frecuencia cardiaca y presión arterial), la cual nos prepara para maximizar nuestras posibilidades de lidiar con el peligro. Cuando la amenaza desaparece, el cuerpo regresa a la normalidad. Cuanto más rápido nos recuperemos, mejor es para nuestra salud.

Esta respuesta evolucionó para lidiar con situaciones peligrosas ocasionales. Aunque los niveles de estrés que enfrentamos en la actualidad por lo general no son extremos, sí tendemos a estresarnos con frecuencia. Sin embargo, nuestro cerebro no distingue bien entre situaciones que podrían ser mortales y aquellas que simplemente son frustrantes, así que nuestro organismo puede estar en un estado más o menos constante de estrés y eso puede tener consecuencias dañinas para la salud. Se ha probado que las emociones positivas nos ayudan a recuperarnos con mayor rapidez de la respuesta al estrés y sirven para combatir la ansiedad. En vista de que el estrés es inevitable, se puede entender por qué las personas que experimentan emociones positivas más frecuentes tienen mejor salud.

Emociones positivas en tiempos difíciles

Los efectos de las emociones positivas son importantes para la vida diaria, pero ¿qué sucede cuando los tiempos son realmente difíciles? Aunque es posible que pensemos que los momentos de gozo pudieran ser triviales o incluso que pudieran ser una señal de que estamos en estado de negación, de hecho se ha visto que son útiles para afrontar algunas de las situaciones más difíciles e infelices de la vida. Por ejemplo, los estudios señalan que las personas que pasan por un proceso de duelo y tienen algunos momentos de emoción positiva en medio de su tristeza tienen un mejor bienestar psicológico un año después. Encontrar oportunidades de experimentar emociones positivas puede ayudar a aliviar algunos de los efectos negativos de las emociones desagradables y sirve para ampliar nuestra mentalidad, incluso en situaciones complejas. Esto nos permite incrementar nuestros recursos aunque sea un poco, de modo que podamos ser más capaces de encontrar estrategias de afrontamiento y ver maneras de avanzar a un mejor futuro.

Asimismo, las emociones positivas podrían ayudar en el tratamiento de la depresión leve o moderada, un padecimiento que se asocia con una espiral descendente en la que los estados de ánimo más bajos conducen a ideación pesimista y a menores habilidades de afrontamiento que, a su vez, deprimen todavía más el estado de ánimo. Tener algunas experiencias emocionales agradables puede alterar esta espiral, incluso pueden iniciar una espiral ascendente, aunque en algunos casos de depresión clínica o ansiedad es posible que sea necesario reducir las emociones negativas antes de que las positivas tengan efecto.

Se están desarrollando y poniendo a prueba enfoques terapéuticos que incorporan algunas de las ideas de acciones que tratamos en este libro junto con métodos convencionales. Las primeras indicaciones sugieren beneficios potenciales, pero se requiere mucha más investigación acerca de qué factores son los que funcionan y para cuáles padecimientos en particular.

Cultiva las emociones positivas

La investigación de Barbara Fredrickson ha identificado 10 emociones agradables o positivas que las personas experimentan con más frecuencia. De ninguna manera es una lista completa, pero es un estupendo punto de partida. Vemos cuáles son y la forma en que las claves de la felicidad de este libro pueden ayudarte a cultivar y desarrollar cada una de ellas en tu vida (consulta el cuadro de la siguiente página).

Aumenta la dicha

"La dicha más visible sólo se revela al transformarla *dentro de nosotros mismos*".

Rainer Maria Rilke, *Séptima elegía de Duino*

¿Cómo sacamos el mejor provecho de las experiencias positivas y las transformamos en dicha? Es una cuestión que los psicólogos han estado analizando y la respuesta parece estar en aprender a "saborearlas". Saborear es el proceso activo de prolongar y maximizar el placer que derivamos de la experiencia positiva, enfocándonos deliberadamente en los detalles del momento y en las sensaciones que experimentamos, y deleitarnos en ellas. (Las habilidades de atención plena que se presentan en el capítulo 4 son útiles para esto). Se refiere a aprovechar al máximo nuestro disfrute. Por ejemplo, es posible que nos deleitemos con un baño de tina o que nos maravillemos con una pieza musical. Se trata de detenerse y captar la esencia, no sólo de apreciar superficialmente las cosas buenas de la vida.

Podemos aumentar nuestra capacidad para saborear las cosas a través de:

- Sumergirnos en la experiencia (algo parecido al ejercicio de comer chocolate con atención plena que vimos en el capítulo 4).
- Prestar atención a todos nuestros sentidos o específicamente a uno, por ejemplo cerrando los ojos para escuchar realmente una hermosa pieza musical.
- Anclar la experiencia en nuestra memoria, por ejemplo preguntándonos acerca de ella o memorizando el momento.
- Compartir el momento con otras personas.

- Tomar unos instantes para complacernos con nosotros mismos por haber tenido ese momento en el que nos sentimos bien, quizá con un poco de orgullo sano.

Emociones agradables			
10 principales	**Se siente como**	**Lo sentimos cuando**	**Cómo cultivarlo**
Amor	Cariño, conexión, cercanía, confianza.	Experimentamos un momento de conexión compartida con otra persona (no sólo al nivel romántico).	En los capítulos 1 y 2 hay muchas ideas. También podemos obtenerlo cuando compartimos otras emociones positivas con los demás.
Dicha	Contento, felicidad, alegría.	Nos sentimos complacidos con algo o cuando sucede algo bueno e inesperado.	En este capítulo veremos cómo cultivar la dicha. También se puede obtener de las acciones que se proponen en las otras claves.
Gratitud	Apreciación, reconocimiento, agradecimiento.	Notamos, recibimos o valoramos que tenemos algo/a alguien; cuando recibimos un regalo.	En este capítulo veremos cómo cultivarla.
Serenidad / Agrado	Calma, paz, satisfacción, serenidad.	Estamos a gusto, seguros, cómodos; apreciamos las circunstancias actuales o el momento tal como es.	Consulta el capítulo 4. La práctica de la atención plena puede fomentar una mayor sensación de paz y satisfacción.
Interés	Curiosidad, alerta, interés, dedicación.	Nos percatamos de lo innovador, misterioso o desafiante (en general cuando nos sentimos dentro de un contexto seguro).	Ve el capítulo 5, donde hay multitud de ideas para cultivar nuestra curiosidad e intereses.
Esperanza	Optimismo, visión de futuro, aliento.	Podemos ver más allá de las circunstancias actuales o concebimos un futuro y creemos que podemos encontrar el modo de llegar ahí.	El capítulo 6 examina más a fondo qué es la esperanza y da ideas de cómo fomentarla.
Orgullo	Orgullo, confianza en uno mismo, aceptación de uno mismo.	Asumimos el crédito apropiado por un resultado positivo valioso.	El capítulo 6 habla de cómo lograr los objetivos y el capítulo 9 nos ayuda a identificar nuestras fortalezas.

Emociones agradables (continuación)			
10 principales	**Se siente como**	**Lo sentimos cuando**	**Cómo cultivarlo**
Diversión	Esparcimiento, regocijo, sentido del humor.	Descubrimos algo divertido; jugamos; no somos serios.	Los capítulos 1, 2, 3 y 5, al igual que este capítulo, tratan sobre las ideas de cómo divertirse y entretenerse.
Inspiración	Exaltación, enaltecimiento, inspiración.	Somos testigos de la excelencia humana.	Los capítulos 6, 7 y 9 hablan sobre tener modelos de rol inspiradores. Los capítulos 2 y 9 nos ayudan a percibir las fortalezas en los demás.
Asombro	Maravilla, fascinación.	Nos topamos con la belleza o la bondad a gran escala.	El capítulo 4 y el presente capítulo nos ayudan a percatarnos y reconocer lo que nos rodea. El capítulo 10 trata sobre conectarnos con algo más grande que nosotros.
Basado en B. L. Fredrickson (2013). Positive emotions broaden and build. *Advances in Experimental Psychology*, 47, 1-53.			

Saborear tampoco se limita al presente. Podemos saborear las experiencias pasadas o las futuras. Tomarnos tiempo para reflexionar en los momentos que experimentamos dicha y felicidad puede tener un beneficio para el bienestar. En un estudio, los participantes que pasaron 15 minutos al día durante tres días recordando y pensando en sus momentos felices mostraron un aumento en su bienestar un mes después. Barbara Fredrickson sugiere la idea de crear una "cartera de sucesos positivos", donde se conjunten imágenes, música, poemas, lecturas o recuerdos físicos en un archivo, un cuaderno o en línea, para rememorar o saborear los momentos de felicidad en nuestra vida.

También podemos saborear de un modo que se enfoque en el futuro. ¿Alguna vez has pensado hacer algo y te has sentido como si ya lo estuvieras haciendo? Muchas personas dicen que un aspecto disfrutable de unas vacaciones es la perspectiva de ellas. En efecto, se ha observado que un "viaje mental positivo a través del tiempo" aumenta la felicidad y reduce la ansiedad. Los psicólogos le llaman saborear el disfrute de manera anticipatoria. Inténtalo y viaja tú mismo al futuro.

¡Intenta esto! Viaja al futuro en tu mente

Cada día de las próximas una o dos semanas ocupa 15 minutos tratando de imaginar, de manera detallada, cuatro sucesos positivos que sea razonable que sucedan mañana. Podrían ser cualquier placer cotidiano sencillo o algo más grande o importante. Una vez que pienses en ellos, date un minuto para tomar una breve nota sobre cada uno. Quizá pudieras hacerlo de camino al trabajo o a la universidad.

Por ejemplo, podrías imaginar que verás a una amiga para tomar café, recibirás un comentario positivo de un cliente o colega, te acurrucarás en el sofá con la persona amada, harás una buena sesión de ejercicio en el gimnasio, terminarás un proyecto en el que estás trabajando, recibirás un regalo o, incluso, el ofrecimiento de un nuevo trabajo: lo que sea que venga a tu mente y que esté dentro de las posibilidades.

Luego de pasar una o dos semanas, ¿qué notaste?

- ¿Este ejercicio te ayudó a sentirte menos preocupado?
- ¿Te hizo sentir más feliz?

Basado en J. Quoidbach, A. M. Wood y M. Hansenne (2009). "Back to the future: The effect of daily practice of mental time travel into the future on happiness and anxiety". *The Journal of Positive Psychology,* 4(5), 349-355.

Gratitud

"La prueba de toda la felicidad es la gratitud".

G. K. Chesterton, *Ortodoxia*

La gratitud, ser agradecido y reconocer es una fuerza simple pero poderosa para la felicidad y el bienestar. Ayuda a entrenar a nuestro cerebro para darse cuenta y reconocer lo que es bueno, de modo que equilibra nuestro enfoque natural en las cosas que están mal. Es una emoción que nos conecta con los demás y con el mundo que nos rodea. Algunos investigadores dicen que abre la puerta a las otras experiencias emocionales.

Los pensamientos e interpretaciones que nos conducen a sentirnos agradecidos generalmente implican dos partes: percatarse y reconocer lo que es bueno o nos ha ayudado, y reconocer su origen u orígenes.

El origen suele encontrarse, total o parcialmente, fuera de nosotros: en alguien o algo más. La gratitud tiene tal capacidad de motivarnos y energizarnos que nos impulsa a "transmitirlo" mediante hacer algo positivo o útil por otras personas, de manera que establece una relación entre dar y recibir. Cuando sentimos gratitud no sólo agradecemos lo que recibimos, también nos sentimos motivados a ser generosos.

Variamos en nuestra tendencia natural a la gratitud, pero todos podemos llevar a cabo algunas prácticas y actividades sencillas que nos conduzcan a ser más agradecidos, las cuales examinaremos a continuación. Y hay buenas razones para hacerlo.

Razones para practicar la gratitud

Robert Emmons, el experto mundial en psicología de la gratitud, demuestra que el hecho de que las personas practiquen consistentemente su agradecimiento se asocia con toda una variedad de beneficios personales. Estos beneficios incluyen:

- Ser más felices y más optimistas, experimentar más emociones positivas, como la dicha.
- Experimentar menos emociones desagradables.
- Sentirse menos afectado por dolores y molestias.
- Formar un sistema inmunitario más fuerte y tener presión arterial más baja.
- Dormir mejor.
- Ejercitarse y cuidar de la propia salud.
- Los beneficios sociales incluyen: mayor generosidad, compasión, bondad, perdón; sentirse menos solitario y aislado; ser una persona más extrovertida.

De hecho, Emmons dice que considera la gratitud como una emoción que fortalece nuestras relaciones porque nos ayuda a darnos cuenta de que tenemos el apoyo de los demás, lo cual nos reafirma a la vez que expresar nuestra gratitud hacia los demás los reafirma a ellos. Señala que es esencial para construir y sostener las buenas relaciones sociales.

Más aún, si nuestras contribuciones hacia los demás reciben agradecimiento, nos sentimos alentados a ayudar más. Se piensa que la gratitud puede haber evolucionado como una emoción para alentar la reciprocidad e incluso el comportamiento moral en grupos sociales, no sólo directamente entre personas que hacen algo una por la otra, sino de manera indirecta al motivarnos a ser altruistas y ayudar a otros que no han hecho nada por nosotros.

La gratitud parece ayudarnos a lidiar con el estrés y fomenta el comportamiento resiliente. Por ejemplo, se ha asociado con el pensamiento resiliente, con el afrontamiento activo y la solución de problemas, al igual que con la búsqueda de apoyo social (capítulo 7). También se ha visto que facilita la recuperación de sucesos traumáticos y contribuye al desarrollo postraumático. Incluso puede ayudarnos a sentirnos mejor con nosotros mismos y con lo que hacemos. La gratitud se asocia con menos materialismo y menor envidia, y con experimentar menos resentimiento hacia los demás. Tales emociones tóxicas tienen una fuerte asociación con la infelicidad y con la carencia de bienestar psicológico: ¡es difícil sentir envidia y agradecimiento al mismo tiempo! Se piensa que estos factores, combinados con la sensación de reafirmación de parte de los demás, implican que es probable que la gratitud se asocie con una mayor autoestima, un importante ingrediente para la felicidad (capítulo 9).

Cómo aumentar la gratitud

Una de las maneras más eficaces para aumentar nuestra gratitud es mediante simples actividades de escritura. Ocupar unos minutos al día o a la semana a escribir las cosas que apreciamos, disfrutamos o agradecemos puede tener un potente impacto. Emmons dice que el acto de escribir tiene algo que nos ayuda a obtener el beneficio de estas actividades. Cuando escribimos, ya sea de manera manuscrita o electrónica, involucramos la participación de nuestros sentidos a un mayor nivel y nos enfocamos más. Esto sirve para organizar y aclarar nuestros pensamientos e integrarlos mejor dentro de nosotros.

Es importante no apresurarse cuando se realizan estas actividades como si fuera algo que eliminar de tu lista de deberes. Considera cada cosa de la que escribas como un regalo, percatándote de cómo te sientes mientras reflexionas en las razones por las que estás agradecido.

Actividad diaria de las "tres cosas buenas"

En un estudio de psicología positiva, que ahora es un clásico y que realizaron Martin Seligman y sus colaboradores, a los participantes se les pidió que todas las noches durante una semana reflexionaran en los sucesos del día y pusieran por escrito las tres cosas que hubieran salido bien y el efecto que esto tuvo en ellos. La felicidad y cualquier síntoma de depresión que tuvieran los participantes se midieron antes de iniciar la actividad, inmediatamente después de terminar, y luego a uno, dos y seis meses... Esta simple actividad aumentó gradualmente la felicidad de la gente y redujo sus síntomas de depresión en el curso del periodo de seis meses. ¿Por qué funcionó y por qué sus efectos aumentaron con el tiempo? Aunque a los participantes sólo se les pidió que escribieran sus tres cosas buenas durante una semana, algunos continuaron haciéndolo. Aquellos que continuaron obtuvieron los mayores beneficios. Desde mi punto de vista, esta actividad literalmente entrena a nuestro cerebro para empezar a darnos cuenta de las cosas que están bien y no sólo de las que están mal. Nos ayuda a contrarrestar nuestro sesgo natural hacia la negatividad.

Esta actividad no se refiere a inventar o fabricar cosas buenas en nuestra vida, sino a percatarnos de lo que realmente existe. Es decir, de aquellas cosas que podemos pasar por alto debido al efecto de que "lo malo es más fuerte que lo bueno" (página 279), lo cual tiene como consecuencia que perdamos el beneficio psicológico de tener presentes las cosas buenas. Tampoco se trata de notar únicamente las "grandes" cosas buenas, sino los pequeños sucesos cotidianos, como obtener un asiento en el transporte público o resolver con rapidez todos los asuntos del día, platicar con un amigo, compartir una sonrisa con alguien mientras esperamos en una fila, comer nuestra comida favorita: cualquier cosa. Incluso los peores días tienen algunas cosas buenas, sin importar lo pequeñas que sean e incluso, si tres cosas es demasiado, en general podemos encontrar una o dos. Como un colega que notó que teníamos demasiado trabajo y se ofreció a ayudarnos, o llegar a casa luego de un día difícil y tener cinco minutos para ti solo y tomarte una rica taza de café. Si sólo realizas una acción para lograr tu felicidad personal, intenta esta actividad. Sólo requiere de dos o tres minutos al día, ¡así que son apenas 15 o 20 minutos de toda tu semana!

Este ejercicio ha tenido impacto en mi vida e incontables personas que asisten a mis talleres afirman que también lo ha tenido en las suyas. Si lo haces con regularidad y después vuelves a consultar tus notas, te ayudará a recuperar los recuerdos positivos, y también empezarás a notar el cambio que genera en tu vida; es decir, lo que más importa y las fuentes de significado (en el capítulo 10 examinaremos el significado). Esto es lo que dice Natasha, quien es miembro y voluntaria de Acción para la Felicidad:

"Las tres cosas buenas pueden sacarme de una depresión al abrirme los ojos a las grandes cosas en mi vida: las personas y situaciones que quizá dé por sentadas. Me ayuda a enfocarme en lo que tengo en mi vida, en vez de siempre pensar '¿y ahora qué sigue?'. Me ayuda a saborear los buenos momentos en lugar de dejar que pasen sin que me percate de ellos. Incluso renueva la dicha por cosas que disfrutaba al principio, pero que se volvieron rutinarias. ¡Si no lo hago durante un tiempo, me doy cuenta de que me pongo de mal humor con más facilidad!".

Los participantes de mis talleres también han experimentado esta idea con sus amigos, familias y en el trabajo. Ésta es una breve lista de lo que ellos dicen:

- "Insté a mi pareja a que lo intentara y ahora la mayoría de las noches compartimos nuestras tres cosas buenas. Cambió el tema de nuestras conversaciones y ya no se tratan únicamente de quejas. Seguimos hablando de aquello que no salió tan bien, pero compartir las pequeñas cosas buenas de cada uno de nuestros días nos ayudó a tener más cercanía".
- "Ahora forma parte de la rutina de los niños a la hora de dormir: compartir tres cosas que disfrutaron en el día. Esto los ha llevado a momentos realmente agradables y les permite darse cuenta de lo que es sobresaliente para ellos. El hecho de que alguien les pregunte '¿Cómo te fue hoy?' les hace abrirse más que '¿Qué hiciste hoy?'".
- "Ahora empezamos todas las juntas de nuestro equipo con las cosas que salieron bien y la razón de ello. Al principio, mi equipo pensó que me había vuelto loca (o que había ingresado a algún culto), me llevó algún tiempo persuadirlos, pero ahora están comprometidos con ello. Eso hizo que las juntas fueran más agradables, pudimos conocernos mejor unos a otros y abordamos los problemas de manera diferente".

Actividad semanal de las "cinco cosas buenas"

Otros experimentos sobre la gratitud han pedido a la gente que reflexione, una vez por semana, durante varias semanas, en aquello que agradecen de la última semana. Esto también condujo a la felicidad y a un aumento del bienestar; además, tiene la ventaja de que como sólo lo haces una vez por semana se mantiene la frescura de la actividad. Pero también puede significar que te olvides de algunas de las pequeñas cosas cotidianas que te sucedieron al principio de la semana. Inténtalo y ve qué te parece.

¡Intenta esto! Tres cosas buenas diarias

Recuerda lo que te sucedió en las últimas 24 horas más o menos. ¿Cuáles son las tres cosas que disfrutaste, agradeciste o te dieron una sensación de gratitud? Ponlas por escrito, incluye una anotación de la razón por la que tuvieron tal impacto positivo para ti.

Cosa buena 1
Ejemplo: Dormí como no lo había hecho desde hace mucho, por lo que me sentí revitalizado. Apagar mi teléfono una hora antes de ir a dormir sí me funcionó.

Cosa buena 2
Ejemplo: Me topé con Alex. Me dio mucho gusto ponerme al tanto de su vida y ella siempre se interesa en lo que me sucede.

Cosa buena 3
Ejemplo: Hoy di una caminata por el parque y me percaté de los colores de las hojas en otoño. Estar rodeado de un espacio verde en medio de una ciudad muy ajetreada fue estupendo.

Durante el curso de la siguiente semana intenta este ejercicio todos los días. Muchas personas señalan que, al final del día, les ayuda a desconectarse e irse a dormir. Así que puedes tratar de llevarte un cuaderno y una pluma a tu mesita de noche para anotar tus tres cosas buenas antes de apagar la luz. Otras personas lo hacen mientras viajan de regreso a casa luego de trabajar o al despertarse por la mañana.

Experimenta para que encuentres el momento que más te convenga. Asimismo, si olvidas hacer el ejercicio, no te preocupes; encuentra un modo de recordarte hacerlo al día siguiente.

Al final de la semana observa si notas algo inusual en ti.

- ¿Cómo te sentiste cada noche cuando anotaste tus tres cosas buenas?

- Al revisar de nuevo tus notas de la semana, ¿qué piensas y sientes?
- ¿Ha surgido cualquier tema en lo que anotaste?

Basado en M. E. Seligman, T. A. Steen, N. Park y C. Peterson (2005). Positive psychology progress: Empirical validation of interventions. *American Psychologist*, 60 (5), 410-421.

¡Intenta esto! Cinco cosas buenas semanales

Cada semana durante los siguientes dos meses, reflexiona en la semana que acaba de pasar y escribe cinco cosas que agradezcas o te motiven a la gratitud. Es posible que te resulte útil anotar en tu agenda un momento para esta actividad cada semana o programar un recordatorio semanal en tu teléfono.

Cuando escribas las cinco cosas, piensa en qué es lo que agradeciste de ellas. Mientras haces tus anotaciones pon atención en cómo te sientes al hacerlo.

- ¿Qué notas en lo que escribiste?
- ¿Qué temas sobresalen en la lista de cosas que agradeces en tu vida? ¿Qué es lo que te hace pensar?

Basado en R. A. Emmons y M. E. McCullough (2003). "Counting blessings versus burdens: an experimental investigation of gratitude and subjective well-being in daily life". *Journal of Personality and Social Psychology*, 84(2), 377-389.

Actividad de la lista de vida

No he visto ningún estudio científico sobre esta actividad, pero realizarla ha tenido importantes efectos a nivel personal y me ha ayudado a poner las cosas en perspectiva. Es muy sencilla: reflexiona sobre tu vida hasta este momento y lista 100 cosas que agradezcas; es decir, aquellas cosas grandes o pequeñas que tuvieron un impacto determinado en ti, pueden haber sucedido hace mucho o en fechas más recientes. Intenta ser lo más específico posible. Por ejemplo, en lugar de anotar simplemente: "Agradezco a mis padres por todo el apoyo que me han dado", enumera varias maneras diferentes en que lo hicieron. Por ejemplo: "Me dieron mucho aliento durante los exámenes para pasar la secundaria. Mi papá me ayudó a entender la física cuando tuve dificultades y, cuando era pequeño, mi mamá me llevaba a la biblioteca local para escoger libros que leíamos juntos en las noches.

Ambos me ayudaron mucho cuando me mudé hace poco de mi departamento y hasta pidieron dos días de permiso en sus trabajos para ayudarme a empacar y mudar mis cosas".

A mí se me dificultó hacerlo todo de una vez. Empecé mientras estaba sentada en una cafetería, cuaderno en mano, y luego fui aumentando la lista en un periodo de tres semanas, conforme las cosas llegaban a mi mente. Empecé con una visión bastante general y luego fui descubriendo que podía recordar detalles más específicos. Haz el intento y ve qué se destaca. Es posible que esta actividad también te resulte útil cuando tratemos el tema del significado y propósito en el capítulo 10.

Cartas y visitas de agradecimiento

¿Reconoces a las personas que tuvieron un efecto importante en tu vida?, y si es así, ¿alguna vez se lo has dicho? Se ha observado que hacerlo en forma de una carta que se entregue en persona es una de las maneras más poderosas de aumentar la felicidad; realmente tiene uno de los efectos inmediatos más grandes de cualquier intervención, y el impacto positivo continúa hasta un mes después. Su fuerza parece venir de una combinación de la reflexión acerca de lo que la otra persona significó para ti, de considerar con cuidado cómo expresarlo por escrito y, luego, del acto mismo de comunicarlo en persona. En el capítulo 2 vimos que las experiencias compartidas con los demás son importantes para la felicidad, y este ejercicio lo combina con la gratitud. Desde luego que puede significar una experiencia emocional (positiva) y de profunda conexión para ambos.

¡Intenta esto! ¡Alégrale el día a alguien!

¿A quién enviarías una carta de agradecimiento? ¿Existe alguien que haya tenido impacto positivo en tu vida y a quien no le hayas agradecido como se debe? ¿Por qué no le escribes una carta? No tiene que ser larga, pero sí asegúrate de ser lo más específico que puedas sobre lo que esa persona hizo y el impacto que tuvo en ti en aquel entonces, e incluso en la persona que eres hoy, y en lo que haces actualmente. Un aspecto importante es que la entregues en persona y la leas en voz alta. Eso no siempre es fácil, pero puede tener un enorme impacto tanto en ti como en el otro. Percátate de cómo te sientes tú y de cómo se siente la otra persona. Incluso es posible que quieras hablar de ello con esa persona.

Basado en: Seligman *et al*. (2005), Seligman (2011).

CARTA DE AGRADECIMIENTO DE KRAITHAWAT

En Tailandia siempre hemos tenido un "día de reconocimiento del maestro", consiste en que el grupo de alumnos decora una bandeja con flores y se la entrega a su maestro. Y me sorprendió que no hubiera nada similar en Estados Unidos. Estaba en un programa de intercambio de un año en el que pasé de una preparatoria en Bangkok a una en Minnesota, así que decidí hacer mi propia versión. El señor Quinn, mi maestro de historia, había sido particularmente amable. Decidí escribirle una carta para agradecérselo. Siempre odié la historia, pero el señor Quinn se dio cuenta de que mi inglés no era muy bueno en esa época, y pasó tiempo conmigo después de las clases para explicarme el material con más detalle. También fue muy paciente, lo cual le agradecí. Cuando escribí la carta, se la entregué durante el momento de la clase que se dedicaba a estudio independiente. ¡Creo que se sorprendió un poco! Mientras le leía la carta en voz alta, pude ver que sus ojos se humedecieron. Cuando terminé, me dijo que momentos como ése hacían que todo el esfuerzo que ponía en la enseñanza valiera la pena y que estuviera seguro de haber tomado la elección vocacional correcta. ¿Y sabes qué? ¡Después de ese año también empecé a disfrutar más de la historia!

En resumen

Éstos son los cinco puntos esenciales que puedes derivar de este capítulo:

1 Las emociones buenas y malas forman parte de lo que nos hace ser humanos y evolucionaron hace mucho tiempo para ayudarnos a sobrevivir. Más que simples sentimientos, implican cambios en nuestro organismo que nos preparan para actuar de determinado modo e indican a los demás cómo nos sentimos por medio de nuestras expresiones faciales, tono de voz y lenguaje corporal.

2 Tener la capacidad de nombrar y enunciar nuestras emociones, y reconocerlas en los demás, es bueno para nuestro bienestar (y para nuestras emociones).

3 Las emociones "positivas", agradables, son buenas para nosotros, al causar que literalmente percibamos más, detectemos oportunidades y seamos más flexibles y abiertos hacia los demás. Con el tiempo, esto aumenta nuestros recursos psicológicos y sociales, creando una espiral ascendente de bienestar.

4 Los seres humanos tenemos un "sesgo de negatividad" natural, lo cual significa que es más probable que notemos lo que está mal que lo que está bien y marcha como debe. También sentimos con más intensidad las emociones negativas que las positivas. Esto puede ayudarnos a evitar los peligros y aprender de los errores, pero también puede deteriorar nuestro bienestar, de modo que podemos beneficiarnos de entrenar a nuestro cerebro para que se dé cuenta de lo que está bien en nuestras vidas y lo saboreemos.

5 Desarrollar una "actitud de gratitud" puede representar un poderoso beneficio para nuestra felicidad y bienestar, y nos ayuda a derivar más dicha de la vida. ¡Existen algunas acciones simples que podemos realizar para lograrlo!

Conexiones con otras claves

Otras claves que quizá desees explorar en conexión con Emociones son:

- **ADQUIRIR CONCIENCIA** (página 129)
  La atención plena puede servir para sintonizarte con las emociones que experimentas, pero sin quedar atrapado en ellas. También puede ayudarnos a sentirnos más tranquilos y menos ansiosos cuando tenemos estrés.
- **RESILIENCIA** (página 225)
  Las habilidades de resiliencia nos sirven para reducir y controlar las emociones negativas.

Todas las demás claves
Como puedes suponer, todas las claves del libro, incluida ésta, proporcionan ideas y acciones que sirven para aumentar y mejorar tu experiencia de las emociones positivas (y para controlar las negativas). El cuadro de la página 287 muestra algunas emociones placenteras específicas y enumera los capítulos especialmente útiles para cultivar cada una de ellas.

9

ACEPTACIÓN

Siéntete cómodo contigo mismo

La manera en que te conoces y tratas a ti mismo es esencial para tu bienestar. No tienes que ser perfecto (ninguno de nosotros lo es), ni ser demasiado severo contigo, esto puede destruir fácilmente tu bienestar. Podemos ser más felices si aprendemos a ser tan compasivos con nosotros como lo somos con un amigo, y si encontramos formas de reconocer, utilizar y cultivar nuestras fortalezas; es decir, lo mejor de nosotros.

Aceptación: introducción

"El propósito de todos nosotros es resplandecer, como lo hacen los niños. No es privilegio de algunos, sino de todos. Y a medida que permitimos que nuestra luz resplandezca, inconscientemente damos permiso a los demás para que hagan lo mismo".
Marianne Williamson, *Volver al amor*

En general aceptamos y amamos a nuestros amigos por quienes son. Conocemos sus aspectos positivos y negativos, aquello en lo que son fantásticos y en lo que no lo son tanto, sus peculiaridades… y de todos modos los amamos. Entonces, ¿por qué tantos de nosotros no nos amamos y nos tratamos como amigos? Podemos ser nuestros críticos más severos, y a menudo medimos nuestra valía contra estándares que son imposibles de alcanzar y después nos reprendemos cuando no logramos alcanzarlos. Con las críticas constantes que pasan por nuestra cabeza acerca de no ser suficientemente buenos, tomamos una ruta bastante buena hacia la infelicidad. ¿Cuáles son las cualidades en que nos enfocamos cuando pensamos en nosotros mismos? Es probable que nos enfoquemos en nuestras debilidades y en los aspectos negativos más que en lo mejor, lo más fuerte y lo bueno.

Eso es particularmente difícil en la actualidad, cuando las personas comparten todo el tiempo imágenes y actualizaciones en redes sociales que reflejan una perspectiva de lo bien que marcha su vida. Eso puede hacer que consideremos que nuestros amigos son más felices, se divierten más y son más bellos que nosotros. Pero compararnos con otros es una de las cosas más tóxicas que podemos hacer para nuestra felicidad e impide que cultivemos los elementos únicos y mejores de nuestra persona.

La psicología demuestra que cuando nos tratamos con más compasión, nos enfocamos en lo que hacemos bien, dejamos de compararnos con los demás y encontramos formas de sacar el mayor provecho de nuestras fortalezas, eso tiene un enorme impacto en nuestra felicidad, satisfacción y resiliencia.

Momento de reflexión...

Piensa en tu mejor amigo/alguien a quien conoces bien y que te importa.

- ¿Cuáles son sus principales fortalezas, las cualidades que valoras, admiras y te agradan en esa persona?
- ¿Qué impacto tienen sus debilidades o limitaciones en tu opinión y sentimientos acerca de esa persona?
- ¿Cuál es tu enfoque acerca de esa persona cuando comete errores?
- ¿Cómo se compara eso con tu manera de pensar acerca de ti mismo y la forma en que te tratas?

Aceptación de uno mismo

Por largo tiempo se ha considerado que la sensación de aceptación y valía propia son esenciales para el bienestar. Esto significa conocer tanto nuestras fortalezas como nuestras limitaciones y, aun así, sentir agrado por nosotros mismos y tratarnos con respeto. Se trata de reconocer que, al igual que nosotros, nadie es perfecto y todos cometen errores o fracasan a veces.

El renombrado psicólogo Albert Ellis describió dos opciones: aceptarnos con condiciones (es decir, sólo en determinadas situaciones; por ejemplo, si tenemos éxito o somos "perfectos), o de manera incondicional (en toda circunstancia). Sugirió que la primera opción es "mortal". Si no cumplimos con las condiciones que establecimos para nosotros y, por lo tanto, fallamos, pensamos que somos unos perdedores, en lugar de aceptar que el fracaso es parte normal de la vida. Eso no quiere decir que debamos ignorar nuestras áreas débiles, sino que las pongamos en perspectiva, sabiendo que, por doloroso que sea, cometer errores es parte de la existencia y algo que nos sirve para aprender y crecer, en vez de algo con lo que nos obsesionemos y utilicemos para flagelarnos. De hecho, la investigación indica que si nos aceptamos y somos más bondadosos con nosotros mismos, es probable que estemos más abiertos a ocuparnos de nuestras debilidades.

La investigación también demuestra que conocer y aprovechar mejor nuestras fortalezas puede conducir a mayor felicidad y satisfacción; sin embargo, cuando se trata de aprender y desarrollarnos, en la mayoría de los casos se nos enseña a enfocarnos en las debilidades. Por supuesto que tenemos que resolver los problemas si éstos impiden que nuestras fortalezas salgan a relucir, pero existe evidencia de que nos desarrollaremos más si perfeccionamos aquello que hacemos mejor de manera natural.

Con base en este reconocimiento, en este capítulo nos enfocaremos en cómo nos relacionamos con nosotros, y en las cosas que cultivamos en nuestro interior, explorando dos preguntas importantes que son centrales para nuestra propia felicidad, pero que rara vez nos hacemos:

- ¿Cómo ser un mejor amigo para ti mismo?
- ¿Cómo puedes encontrar y cultivar lo mejor de ti mismo?

¡Intenta esto! Lo mejor de ti

Antes de entrar en la materia de este capítulo trae a tu mente una ocasión en que hayas estado en tu mejor momento.

- Quizá sea una época en que te sentías orgulloso de ti mismo o cuando sentiste que estabas haciendo realmente lo que puedes hacer de manera natural, cuando algunas de tus mejores cualidades tuvieron oportunidad de relucir. Puede ser reciente o muy lejano, y de cualquier área de tu vida. No tiene que ser una cosa extraordinaria, puede ser pequeña. No tiene que ser una ocasión en que otras personas te hayan reconocido o recompensado. Lo más importante es que sea un momento en que *tú* te sentiste genuinamente orgulloso de ti.

Ahora dedica los siguientes 20 o 30 minutos a escribir en tu cuaderno acerca de ese momento. Cuenta cómo ocurrió. ¿Cuál fue el contexto? ¿Qué hiciste? ¿Qué te llevó a eso? Después reflexiona al respecto.

- ¿Fue fácil o difícil pensar y escribir acerca de un momento en que demostraste lo mejor de ti?
- ¿Cómo te sentiste al pensar y escribir al respecto?

Más adelante en este capítulo regresaremos a tu historia.

Cómo ser un buen amigo de uno mismo

> "Sé bondadoso; toda persona con quien te encuentres está luchando en una dura batalla".
> John Watson, *The British Weekly*

Ésta es una frase muy citada… y quizá tú también estés luchando en una batalla interna contigo mismo. Muchos de nosotros esperamos ser perfectos y nos sentimos avergonzados, o incluso humillados, cuando cometemos errores o fracasamos. Es un hábito que puede tener un grave impacto en la felicidad. En efecto, un conjunto cada vez más amplio de investigaciones acerca de lo que se conoce como "autocompasión" revela que la manera en que nos vemos y relacionamos con nosotros mismos tiene importantes consecuencias para nuestro bienestar.

¿Qué es la autocompasión?

Es simplemente la compasión dirigida a nosotros mismos… Se refiere a la manera en que nos tratamos y nos relacionamos con nosotros mismos, y el diálogo que se reproduce dentro de nuestra propia mente. Así que, para entenderla, veamos primero qué es la compasión. Es un concepto utilizado comúnmente en Occidente, en conexión con cómo nos relacionamos con las dificultades ajenas. Se describe como "ser sensible o poder conmoverse ante el sufrimiento ajeno, abrir nuestra conciencia a su dolor sin desconectarnos de él, sino acercándonos a ese dolor de modo que surjan sentimientos de afecto y el deseo de aliviar ese sufrimiento o prevenirlo".

Por ejemplo, si notamos que un amigo está infeliz, en lugar de hacer a un lado ese sentimiento y decirle "alégrate", aceptamos que está triste y lo tratamos con amabilidad, reconociendo y no negando cómo se siente, y quizá dándole un abrazo y la impresión de que deseamos ayudarle. O al pasar junto a una persona indigente en la calle, verla como un ser humano igual a nosotros, reconocer que "si no fuera por la buena fortuna, ése podría ser yo en otras circunstancias" y sonreírle, detenerse a hablarle o comprarle algo de comer.

Un elemento clave es que todos experimentamos sufrimiento y dolor: es una parte de la condición humana. La compasión nos permite conectarnos y ayudarnos unos a otros. El profesor Paul Gilbert, un experto en la terapia enfocada en la compasión, dice que ésta es, en esencia, una "mentalidad" social que puede fluir en diferentes direcciones:

- **De nosotros a los demás**, cuando notamos su sufrimiento, al sentir compasión hacia ellos.
- **De los demás hacia nosotros**, cuando notan nuestro sufrimiento y recibimos compasión de ellos.
- **De nosotros hacia nosotros mismos,** cuando experimentamos sufrimiento; en otras palabras, cuando sentimos compasión por nosotros mismos.

Elementos de la autocompasión

Podemos sentir compasión por nosotros mismos si causamos un problema o cometimos errores, o si las cosas han salido mal por razones ajenas a nuestro control. La compasión por nosotros mismos es benéfica cuando simplemente pasamos por un duro momento: quizá cuando hay presiones en el trabajo, dificultades en casa o en nuestras relaciones.

La psicóloga Kristin Neff, una de las principales investigadoras de la autocompasión, identificó tres elementos de la misma que se combinan y actúan en conjunto. Éstos son: ser bondadosos con nosotros mismos en lugar de juzgarnos con dureza; tener un sentido de humanidad común, en lugar de desconectarnos de los demás; y la atención plena, que nos permite reconocer nuestros pensamientos y sentimientos sin quedar atrapados en ellos. Estos tres elementos interactúan para que podamos tener una actitud compasiva hacia nosotros mismos.

1 Ser bondadosos con nosotros mismos

La mayoría reconocemos que es importante ser bondadosos con los demás, pero con frecuencia no lo aplicamos a nosotros mismos. Cuando nos equivocamos, cometemos un error o fallamos en algo, una voz interna podría decirnos: "Eres un inútil/descuidado/estúpido" o algo similar, lo cual llevaría a mayor dolor e incluso podría provocar sentimientos de vergüenza y humillación. Neff señala que es posible que nos flagelemos aunque aquello que salió mal estuviera fuera de nuestro control; por ejemplo, cuando se nos despide de un trabajo por un recorte de personal. Incluso las personas que son muy compasivas con otras no lo son consigo mismas. Es posible que nos regañemos continuamente por no ser bastante buenos, pero que no hagamos lo mismo con un amigo. Si algo ha salido mal en su vida, queremos ser amables o tranquilizadores, tolerantes y comprensivos; tal vez suponemos que hicieron su mejor esfuerzo. Tener compasión hacia uno mismo significa portarnos más de esa manera con nosotros: tranquilizándonos y reconfortándonos activamente en momentos de angustia. Como veremos, hay una buena razón biológica para ello.

2 Humanidad común

¿Te cuento un secreto? Tú no eres el único que hace las cosas mal o que no está a la altura de las circunstancias, a todos nos pasa. La verdad es que nadie es perfecto y nadie tiene una vida perfecta. Nadie: ni tú, ni yo, ni la persona más exitosa que hayas visto en televisión. Todos cometemos errores y todos fallamos. Todos tenemos decepciones, ya sea acerca de nosotros mismos, de cómo resultaron las cosas o de nuestra situación en la vida (o probablemente de las tres). Eso es lo que significa ser humanos y es parte de la experiencia humana. Es algo que todos compartimos.

Con frecuencia, cuando sentimos que no somos bastante buenos o que hemos cometido errores, pensamos que hay algo malo con nosotros, entonces queremos ocultarnos y desconectarnos de los demás. Pero los humanos somos criaturas sociales, y cuando nos separamos de los demás, aumentan los sentimientos de aislamiento, lo cual lleva a sentimientos adicionales de infelicidad. Sin embargo, nuestros defectos e imperfecciones son los que nos ayudan a conectarnos unos con otros. Si permitimos a los demás que nos vean más como somos, les permitimos hacerlo también consigo mismos.

Reconocer que todos tenemos dificultades o limitaciones, no sólo nosotros, nos ayuda a ser más compasivos con nosotros mismos. Como indica Neff: “Olvidamos que fracasar de vez en cuando es normal”. Por incómodo que sea, forma parte de lo que nos hace semejantes a los demás, en lugar de diferentes o extraños. También señala que tener compasión por uno mismo no es igual que sentir lástima por nosotros, que es cuando nos sumergimos en nuestros propios problemas y nos lamentamos. Reconocer que todos tenemos problemas similares nos ayuda a sentirnos conectados y mantenernos a flote.

3 Atención plena

A menudo no nos percatamos o reconocemos nuestro dolor emocional, ya sea que lo provoque nuestro crítico interno; por ejemplo al sentirnos avergonzados, culpables o tristes por flagelarnos debido a que cometimos un error. O lo que experimentamos cuando nos esforzamos por resolver problemas difíciles o luchamos para superar los retos, reconociendo qué tan difícil puede ser. La atención plena (capítulo 4) es útil porque nos permite tener conciencia de nuestros pensamientos y sentimientos negativos pero, más importante aún, sin quedar atrapados en ellos. Se refiere a percibir esos pensamientos con una sensación de desapego o distancia objetiva y admitir que, como todos los pensamientos y sentimientos, van y vienen, y no son una parte permanente de nosotros. De ese modo sabemos que, aunque experimentemos sentimientos de incompetencia en un momento particular, como individuos no somos inadecuados.

LA CONEXIÓN HUMANA

Me invitaron a dar una plática en una gran conferencia para los directores de escuelas primarias estatales. Era la segunda en el programa y mi tema era la resiliencia y el bienestar. Me preparé y ensayé. La experiencia en momentos previos de mi carrera me había llevado a creer que las presentaciones y los presentadores deberían ser perfectos y estar totalmente equipados con hechos. Eso es lo que la gente quiere de un experto. Pero no me preparé para lo que sucedió.

El orador principal habló primero. Su labor era dar inicio a la conferencia y atraer la atención e interés de las personas. Dio un apasionado discurso titulado "Cuidado con el escalón", sobre la manera en que la educación podía cambiar positivamente las vidas de los niños. Supe que lo que dijo me afectó a nivel emocional, pero no me percaté de qué tanto.

Yo me presenté justo después de él, así que me levanté y me dispuse a iniciar mi ponencia. Pero en lugar de la apertura que había planeado con tanto cuidado, lo que salió de mí no fueron palabras, sino lágrimas. Rompí en un mar de llanto… justo frente a 200 líderes educativos quienes habían pagado por escucharme. Después de lo que pareció una eternidad, pude hacer acopio de fuerzas para decir unas cuantas palabras entrecortadas como justificación. El discurso del orador anterior me había conmovido hasta lo más profundo; dar oportunidades a los niños a través del aprendizaje tocó una fibra íntima, ya que estaba fervientemente convencida de que lo que hacían como maestros y líderes para ayudar a los niños a llevar vidas de florecimiento no podía ser más importante. A la larga, controlé mis emociones y proseguí con mi ponencia. Pero desde ese momento sentí una conexión más profunda entre el público y yo. En lugar de sentirme avergonzada por mi arrebato poco profesional, me di cuenta de que mi vulnerabilidad y emoción implicaban que no se me viera como una experta estéril y perfecta, sino como otro ser humano que tenía emociones. Cuando estallaron los aplausos, me di cuenta de que había aprendido una importante lección.

¡Intenta esto! Regresa la película con autocompasión

Anota una ocasión en que el haberte equivocado/fallado te hizo sentir mal contigo mismo. ¿Qué condujo a ello y qué sucedió? Ahora reflexiona en los tres aspectos de la autocompasión en relación con ese suceso y escribe estos pensamientos para ti mismo.

- **Bondad.** Escríbete una carta como si fueras un buen amigo que te escribe acerca de la situación, expresando cariño, comprensión, bondad y preocupación por ti. Es posible que quieras releer la carta unas cuantas veces durante la siguiente semana.
- **Humanidad común.** Enumera las maneras o situaciones en que otras personas pudieron haber experimentado algo similar (no tienen que ser personas que conozcas, sino cualquiera).
- **Atención plena.** Enumera las emociones que experimentaste en esa situación. Hazlo como si fueras un observador neutral, anotando los hechos.

Basado en M. R. Leary, E. B. Tate, C. E. Adams, A. Batts Allen y J. Hancock (2007). "Self-compassion and reactions to unpleasant self-relevant events: the implications of treating oneself kindly". *Journal of Personality and Social Psychology*, 92(5), 887-904.

¿Qué no es la autocompasión?

Tener autocompasión NO se trata de ser demasiado permisivos, pasivos o débiles con nosotros mismos. Tampoco se refiere a hacer a un lado los problemas o no asumir la responsabilidad de ellos. Es justo lo contrario. Nos permite enfrentar lo que no está bien o que nos hace sentir mal y, por consiguiente, tener más posibilidades de hacer algo al respecto.

Cuando enfrentamos los problemas con compasión por nosotros mismos estamos menos atascados en los sentimientos desagradables, pero, como señala Neff, lo importante es que eso no significa que nos deshagamos de los problemas. De hecho implica que es menos probable que suprimamos los sentimientos molestos, porque sabemos que es importante resolverlos. Tampoco los escondemos detrás de sentimientos agradables. Experimentamos más sentimientos positivos porque podemos enfrentar nuestros sentimientos desagradables.

La autocompasión no nos vuelve complacientes. En lugar de ello, nos ayuda a aprender y ser mejores. Los estudios han encontrado que las personas que demuestran compasión hacia sí mismas temen menos al fracaso y, si llegan a fallar, tienen más probabilidades de volverlo a intentar. Parecen tener un mayor impulso por mejorar y evitar la repetición de errores. Neff dice que esto se debe a que la compasión crea una sensación de seguridad psicológica en la que podemos reconocer nuestras debilidades y observar en qué debemos trabajar. En contraste, cuando nos reprendemos por los fracasos, se establece una sensación de temor, lo cual implica que tengamos menos probabilidades de hacer el intento o, si nos presionamos para lograr el éxito, lo hacemos para evitar nuestros juicios severos contra nosotros mismos. Sin embargo, si tenemos compasión por nosotros, podemos tolerar mejor los altibajos del aprendizaje y volverlo a intentar porque nos importa. Sabemos que aprender y desafiarnos contribuye a nuestra felicidad.

Autocompasión, felicidad y bienestar

"Un hombre no puede estar cómodo sin su propia aprobación".

Mark Twain, *¿Qué es el hombre?*

El estudio científico de la autocompasión es un campo novedoso, pero está aumentando la cantidad de investigaciones y los resultados parecen prometedores. En pocas palabras, la compasión hacia uno mismo parece ayudarnos a ser más felices y a tener más probabilidades de prosperar. En consecuencia, no es de sorprender que las personas más compasivas consigo mismas tengan más emociones agradables y menos emociones negativas. La autocompasión parece ayudarnos a llevar vidas más satisfactorias y significativas. Las personas más autocompasivas son más propensas a tener un mayor "bienestar eudemónico", o sea, en lo referente al crecimiento personal, el dominio y el sentido de propósito: en otras palabras, a alcanzar el propio potencial. También se asocia con una mayor curiosidad y creatividad, mayor sabiduría y una inteligencia emocional más elevada. Por el contrario, la crítica excesiva contra uno mismo significa que tenemos más probabilidades de sufrir depresión y ansiedad. Ser compasivo reduce la autocrítica y también nos ayuda a protegernos de estos padecimientos, y parece llegar todavía más allá. Las personas que tienen más compasión por sí mismas tienen menos probabilidades de rumiar sus problemas/limitaciones y experimentan menos ansiedad cuando piensan en sus debilidades.

También tiene beneficios para nuestra resiliencia. Los estudios señalan que la mayor autocompasión durante las dificultades vitales graves, como el divorcio, pronosticó un mejor funcionamiento psicológico nueve meses después del suceso. En general parece ayudarnos a poner en perspectiva nuestros problemas, ya que reconocemos que todos tienen dificultades y tenemos menos probabilidades de sentir que nuestros problemas superan a los de los demás.

Nos sirve para sentirnos más conectados con las otras personas y también para beneficiarnos de nuestras relaciones cercanas. Por ejemplo, para sus parejas, las personas autocompasivas muestran más aceptación y son menos controladoras, así como menos indiferentes o agresivas en sentido verbal y físico, y con más facilidad para la conexión emocional. ¡Así que, de igual forma, es bueno tanto para el bienestar de nuestras parejas como para el nuestro! También es posible que nos convierta en individuos más tolerantes y más capaces de enfrentar el dolor y sufrimiento ajeno sin que nos abrume.

La compasión hacia uno mismo no es autoestima

Es fácil confundir la compasión hacia uno mismo con la autoestima, pero son diferentes. La autoestima es un juicio acerca de nosotros. Tener alta autoestima significa que nos vemos desde una perspectiva positiva, que nos valoramos y sentimos agrado por nosotros; es importante para la felicidad y bienestar, y carecer de ella puede traer enfermedades como depresión y ansiedad. Sin embargo, la autoestima también puede ser problemática, ya que con frecuencia basamos nuestra autoestima en compararnos con los demás. Para tener alta autoestima debemos sentir que somos mejores que los otros. O responder a factores externos, como tener un buen desempeño, estatus, mejor apariencia o más dinero. Nuestro deseo de tener alta autoestima puede llevarnos a tratar de encontrarla de maneras que finalmente serán perjudiciales para nuestro bienestar y el de los demás, como al despreciar a otros o magnificando nuestra propia valía para sentirnos bien. A un nivel extremo esto puede conducir a comportamientos antisociales, como la intimidación, la arrogancia y el narcisismo.

La compasión por uno mismo no se refiere a un juicio o comparación con otras personas, sino al trato que nos damos. Parece que nos ayuda a lidiar mejor con el fracaso y con los comentarios negativos, aceptando que tenemos aspectos de personalidad negativos y positivos y, en contraste con la autoestima por sí sola, no nos vuelve propensos a sentirnos humillados cuando los demás nos señalan nuestros errores.

Nuestro cerebro antiguo y nuevo: cómo funciona la autocompasión

Paul Gilbert cree que la manera en que funciona la autocompasión tiene que ver con cómo evolucionaron nuestros cerebros. Hasta hace más o menos dos millones de años nuestro cerebro era muy similar al de la mayoría de los demás mamíferos actuales (lo que él llama "cerebro antiguo"), y era como hasta hoy responsable de nuestros comportamientos instintivos y reacciones emocionales. Nuestro cerebro antiguo tiene tres sistemas principales de regulación emocional, cada uno de los cuales se asocia con diferentes emociones:

- **El "sistema de búsqueda y logro":** dicha y exaltación.
- **El "sistema de protección enfocado en amenazas":** temor, enojo, ansiedad, asco.
- **El "sistema de afiliación-cuidado":** alegría, conexión y seguridad.

Estos sistemas también interactúan para activarse o inhibirse uno al otro de maneras específicas. Por razones de supervivencia nuestro sistema de protección enfocado en amenazas es el más dominante (capítulo 8). Está diseñado para lidiar con las amenazas a corto plazo al proporcionarnos un estallido de emociones, como el temor, el enojo o el asco, que provocan que tomemos acciones en consecuencia y, una vez que pasa el peligro y su actividad disminuye, regresamos a un estado de mayor tranquilidad.

Como vimos en capítulos anteriores, los humanos evolucionamos como seres sociales. En parte esto se debe a que el área más nueva de nuestro cerebro, que comenzó a evolucionar hace cerca de dos millones de años, es grande, de modo que nacemos relativamente pronto en cuanto a nuestro desarrollo físico (de otra manera, nuestras cabezas serían demasiado grandes para el proceso de parto). Como no podemos cuidar solos de nosotros, necesitamos que nos cuiden. Para facilitarlo evolucionamos con un potente impulso hacia la conexión, la pertenencia, cuidar de otros y recibir el cuidado de los demás: que es el papel que desempeña nuestro sistema de afiliación-cuidado. Estar con otras personas provoca una sensación agradable y nos ayuda a recuperarnos de los estresores (imagina a un antílope que acaba de escapar de un león: tiene un exceso de cortisol y adrenalina, su corazón late con fuerza y sólo se siente más tranquilo y seguro cuando se reúne con su manada). La sensación de seguridad y conexión también nos permite explorar y buscar cosas buenas (el tercer sistema de nuestro cerebro antiguo).

Nuestro cerebro más nuevo también puede ser "astuto", como dice Gilbert. Dio a los humanos la capacidad única de imaginar, de pensar en lo que podría ocurrir o en lo que podría haber sucedido. Esto implica que somos capaces de ser creativos y resolver problemas, lo cual nos ayudó a avanzar como especie, pero también puede causarnos dificultades. Eso quiere decir que nos preocupamos por lo que podría haber pasado o lo que podría pasar después. A diferencia del antílope que regresa y simplemente se pone a pastar y descansar, si experimentamos un peligro es probable que lo reproduzcamos en nuestra mente y pensemos en las desgracias que pudieron haber ocurrido o que nos preocupemos de la siguiente ocasión en que eso pase. Eso quiere decir que nuestro cerebro más nuevo activa el sistema de amenaza en nuestro cerebro antiguo. La constante preocupación y ansiedad significan que es probable que ese sistema esté activo la mayor parte del tiempo.

La autocrítica funciona en el mismo sentido y puede ser especialmente potente. Al ser sociales por naturaleza, nuestro impulso innato por conectarnos es fuerte, así que cualquier crítica se percibe como una amenaza de exclusión, desconexión o de falta de amor e interés por parte de los demás. Los factores que activan el exceso de autocrítica a menudo se basan en este tipo de amenaza subyacente que evoca sentimientos de enojo y desprecio hacia nosotros mismos. Es posible que, entonces, esos sentimientos susciten comportamientos como la defensividad, la sumisión o el retraimiento. Por ejemplo, una mujer que se critica por ser gorda debido a que considera que ésta es una razón por la que podría ser rechazada, lo cual desencadena sentimientos de vergüenza que provocan que se enoje más consigo misma y el deseo de retraerse del contacto social o de "ocultarse" de los demás.

Kristin Neff señala que nuestro crítico interno es cruel porque no existe una censura social. Si vemos que alguien sube de peso no le diríamos "Te ves tan asqueroso", pero sí nos lo decimos a nosotros. Tales reacciones tienen la influencia de nuestro contexto social y experiencia pasada, en particular durante la infancia. Así que, según indica el doctor Gilbert, es importante darnos cuenta de que sentirnos así no es nuestra culpa. Es resultado de cómo se diseñó y moldeó nuestro cerebro a medida que crecíamos. Sin embargo, es importante señalar que podemos usar el conocimiento acerca de cómo se desarrolló nuestro cerebro para ayudarnos, que es lo que hace la compasión por nosotros mismos.

Las prácticas de autocompasión nos ayudan a estimular nuestro sistema de afiliación-cuidado cuando estamos pasando por dificultades y dolor emocional, porque activan la sensación de que nos cuidan, nos reconfortan y nos aman. Además de tranquilizar nuestras reacciones al estrés, esto también tiene otras consecuencias secundarias. Como vimos en capítulos anteriores, experimentar esas emociones positivas o agradables aumenta la probabilidad de que nos abramos a la conexión y la solidaridad, creando una espiral ascendente para el bienestar. Adicionalmente, reemplazar nuestra autocrítica con una actitud más compasiva reduce el dolor y las dificultades emocionales que nos causamos, permitiendo que enfrentemos y atendamos los problemas que nos convendría resolver. La compasión y nuestro sistema de afiliación-cuidado no sólo se refieren a aliviarnos, calmarnos y tranquilizarnos en respuesta al sufrimiento, también están diseñados para fomentar el crecimiento y el cambio positivo en nosotros, y la preocupación y cuidado de otros seres humanos, así como de todas las demás especies. Como indica Gilbert: somos la única especie que se preocupa de sus ancianos y enfermos, al igual que de sus crías.

Momento de reflexión...

El tacto puede ser una manera poderosa de estimular el sistema de afiliación-cuidado en la parte antigua de nuestro cerebro, lo cual activa entonces la liberación de la hormona oxitocina, que tranquiliza a nuestro sistema de protección contra las amenazas. Algo estupendo es que podemos hacerlo por nosotros mismos. Incluso las caricias leves funcionan.

La psicóloga Kristin Neff sugiere darnos un abrazo cuando pasamos por dificultades. Aun en público, podemos darnos un miniabrazo subrepticio cruzando los brazos y sosteniendo la parte externa de nuestros codos al tiempo que los acariciamos suavemente.

Cuando practicamos ser más compasivos con nosotros mismos, las acciones como frotar levemente nuestro brazo o mano pueden servirnos, igual que colocar la mano sobre el corazón.

Véase K. Neff (2001).

Desarrollo de la autocompasión

"Ser bello significa ser tú mismo. No necesitas que te acepten los demás. Necesitas aceptarte tú mismo".

Thich Nhat Hanh, *El arte del poder*

La buena noticia es que se ha demostrado que la autocompasión es algo que podemos aprender y mejorar. Cuanto más la practiquemos, más impacto parece tener: es complementaria a la atención plena (capítulo 4), pero tiene beneficios superiores y también se puede practicar sin un entrenamiento formal en atención plena. Se han desarrollado enfoques estructurados para enseñarla y también hay actividades que puedes practicar tú mismo (los encuentras en las páginas 315-317).

Kristin Neff y su colega Chris Germen desarrollaron un programa conocido como Autocompasión Consciente (MSC por sus siglas en inglés), que tiene un formato similar al programa de ocho semanas de reducción de estrés basado en la atención plena que vimos en el capítulo 4. Los estudios iniciales sobre el programa mostraron que, en comparación con un grupo control en lista de espera, los participantes tuvieron aumentos muy significativos en sus niveles de autocompasión, al igual que incrementos en atención plena, satisfacción con la vida y compasión por los demás. También redujo la ansiedad y la depresión. Más aún, estos beneficios continuaron en los seguimientos a seis meses y un año.

Los estudios también están empezando a encontrar que las actividades más breves pueden tener un impacto positivo. Por ejemplo, recientemente un programa de tres sesiones mejoró la autocompasión, optimismo y confianza en las propias capacidades de las participantes, quienes tuvieron menos probabilidades de obsesionarse con pensamientos negativos. Es interesante que también mejorara la atención plena de las participantes, aunque no se les instruyó formalmente en ese tipo de meditación. Este estudio se dirigió de manera específica a estudiantes mujeres, porque se había observado que pueden ser particularmente propensas a la autocrítica. Otro estudio pidió a los participantes que escribieran sobre un momento en que hubieran experimentado fracaso, humillación o rechazo. Aquéllos a los que después se guió para que reflexionaran en el suceso de un modo diseñado para aumentar la autocompasión experimentaron menos emociones negativas que los demás participantes (incluso aquellos cuya reflexión se diseñó para aumentar su autoestima). Para una reflexión guiada similar consulta el apartado de ¡Intenta esto! Regresa la película con autocompasión, en la página 307.

Tal vez nos preocupe que ser más bondadosos y compasivos con nosotros mismos pueda volvernos débiles y autocomplacientes si no utilizamos la autocrítica para corregir nuestros defectos. Pero el doctor Gilbert dice que la compasión no tiene que ver con la debilidad, sino que nos permite ser valerosos. Éste es el valor de admitir nuestro dolor y sufrimiento, reconocer nuestros defectos y saber que son normales. No son nuestra culpa, pero sí son nuestra responsabilidad, y al ser más bondadosos y compasivos hacia nosotros mismos podemos ayudarnos a mejorar en beneficio de nuestro bienestar, y también del de los demás.

Parte de desarrollar más compasión es ser capaces de recibirla. Para algunas personas al principio esto puede resultar difícil, incluso cuando la compasión proviene de sí mismas. Si tenemos dificultades para recibir la compasión, quizá se deba a que durante nuestra crianza las personas que cuidaban de nosotros también nos dañaron de alguna manera, sea emocional o físicamente y, por ende, aprendimos a no confiar en la calidez o alivio dirigidos a nosotros, ya que se combinaron con ansiedad y temor. Si éste es tu caso, el doctor Gilbert sugiere emprender lentamente el proceso de desarrollar autocompasión. Quizá también te resulte útil encontrar un terapeuta capacitado en Terapia Enfocada en la Compasión, un abordaje de tratamiento que se desarrolló específicamente para personas que sufren depresión y ansiedad a niveles clínicos y que son gravemente autocríticas.

¡Intenta esto! Sintonízate con tu crítico interno y cámbialo

- Consigue un brazalete o pulsera que puedas llevar todo el tiempo. O si normalmente usas pantalones o alguna otra prenda con bolsillos, puedes encontrar una pequeña piedra lisa que lleves en el bolsillo. Durante la siguiente semana, cada vez que notes que tu voz interna es crítica, pasa el brazalete a la otra muñeca o la piedra al otro bolsillo.
- Cuando notes que estás siendo crítico, empieza a reconocer las cosas que te dices habitualmente y la manera en que las dices. ¿Qué palabras usas? ¿Cuál es tu tono de voz (por ejemplo, frío, enojado, severo, despectivo)? ¿Cómo te hace sentir? ¿Hay ocasiones en que está particularmente activo?

  Ten compasión y calidez hacia tu crítico interno y dile cosas como: "Sé que tratas de mantenerme a salvo y ayudarme a ser mejor, pero tu manera de hacerlo me causa un dolor innecesario. Por favor deja de ser tan crítico".
- Ahora encuentra una forma diferente, más compasiva y positiva de enfocar lo que dice tu crítico interno. Imagina que es un buen amigo que habla amablemente contigo en un tono cálido. Usa palabras que te funcionen, como: "Me doy cuenta de que te sientes molesta porque olvidaste tus notas para tu junta importante, pero a todos se les olvidan cosas a veces y has estado muy ocupada. ¿Qué te serviría para acordarte la próxima vez?". O: "Estás enojado contigo mismo por comerte ese chocolate, aunque lo comiste para sentirte mejor. Para la próxima vez, ¿qué otras maneras más sanas se te ocurren de alegrarte? ¿Qué te parece llamar a un amigo o salir a caminar por el parque?".

Mientras haces esto, si quieres, acaricia con cariño y tranquilamente tu brazo o mano por las razones que indicamos en el Momento de reflexión de la página 313.

Nota: Para algunas personas resulta útil escribir estos diálogos en su diario con el fin de analizarlos.

Basado en K. Neff *Self Compassion: stop beating yourself up and leave insecurity behind*, Hodder & Stoughton (*Sé amable contigo mismo: el arte de la compasión hacia uno mismo*, Oniro); E. Smeets, K. Neff, H. Alberts y M. Peters (2014). Meeting Suffering with Kindness: Effects of a Brief Self-Compassion Intervention for Female College Students. *Journal of Clinical Psychology*, 70(9), 794-807.

Actividades para aumentar la compasión hacia nosotros mismos

Además de la actividad de autocompasión que vimos en la página 307, hay otras dos actividades que puedes intentar. Como ya señalamos, cuanto más practiques, más probabilidades tienes de experimentar los beneficios. Recuerda que se tomará tiempo adquirir el dominio de esta habilidad.

Como preparación, es posible que te resulte útil un ejercicio de respiración con atención plena para alcanzar un estado de tranquilidad y claridad. (En las páginas 137 y 157 del capítulo 4 vimos las actividades de respiración de un minuto y el respiro de tres minutos). También puedes traer a tu mente la imagen de un sitio seguro y acogedor, y de tu ideal de persona atenta y compasiva (no necesita ser alguien que conozcas), e imaginar que es ella quien dirige su compasión hacia ti.

¡Intenta esto! Empieza el día con autocompasión

Antes de levantarte de la cama en la mañana pasa tres minutos más o menos cultivando la compasión hacia ti mismo. Hazlo cada mañana durante varias semanas o más.

- Adquiere una expresión compasiva en tu rostro, como la que usarías con un amigo o un niño, y trae a tu mente la idea de cómo serías si fueras lo más compasivo posible.
- Respirando lentamente y con tranquilidad, trae a tu mente algo que tengas que hacer en el día y que pueda ser difícil.
- Utilizando una voz interna amistosa y afectuosa, imagina cómo abordarías la situación si fueras lo más compasivo posible. Uti-

liza tu conocimiento sobre el hecho de que todos tenemos que esforzarnos y que lidiar con los retos es difícil, pero que podemos ser amables con nosotros mismos. Hazlo mientras acaricias tu mano/brazo con suavidad.

- Por último, de manera tranquila y con atención plena, repite unas cuantas veces algunas frases que expresen bondad amorosa y que te puedas dirigir a ti mismo y a los demás: que esté seguro, que esté tranquilo, que esté bien, que viva tranquilamente.

Ésta es una leve variación de la meditación de bondad amorosa que vimos en la página 160 del capítulo 4.

Basado en Gilbert (2010); Smeets *et al*. (2014).

Cultiva lo mejor que hay en ti

> "Hagamos todo lo posible por vivir conforme a lo mejor que hay en nosotros".
> Aristóteles, *Ética a Nicómaco*

Es probable que no te conozca, pero sí puedo decirte lo siguiente: eres único y tienes algunas maravillosas cualidades personales. Realmente las tienes. Todos las tenemos y todos somos diferentes. No eres perfecto. Nadie lo es. En todo caso, ¿qué significa para el ser humano el concepto de "ser perfecto"? Este mundo necesita una mezcla de personalidades, pasiones e intereses, de modo que la pregunta es: ¿sacas el mayor provecho de lo mejor que hay en ti? Los principales psicólogos creen que esas cualidades, que ellos llaman "fortalezas", son una fuente importante de tu propio bienestar y tu mayor potencial para contribuir al bienestar de los demás: es decir, hacer tu parte, por pequeña que sea, para que este mundo sea un lugar mejor.

Muchos de nosotros no sabemos cuáles son nuestras fortalezas, ya no digamos cómo utilizarlas y desarrollarlas. Sin embargo, te apuesto que la mayoría de nosotros podríamos enumerar nuestros defectos y puntos débiles. Solemos creer que para desarrollarnos y crecer necesitamos enfocarnos en nuestras debilidades. En cierto grado eso es verdad si nuestras debilidades son un lastre y nos impiden sacar el mayor provecho de aquello que hacemos mejor, o si son un escalón para ello. No obstante, en términos de inversión, es probable que obtengamos mejores rendimientos de cultivar y amplificar las cosas en que somos buenos. Nuestras fortalezas, lo mejor de nosotros, constituyen nuestro potencial y también una fuente de energía y vitalidad. Por decirlo de algún modo, es la ruta del menor esfuerzo para hacer/ser lo mejor que podemos.

Como ya vimos en este libro, existen buenas razones por las que estamos programados para enfocarnos más en lo malo que en lo bueno. Adquirir mayor conciencia de nuestras fortalezas nos ayuda a rectificar el equilibrio y a aceptarnos más a nosotros mismos.

¿Qué cosas son fortalezas?

"Usa los talentos que posees; los bosques serían muy silenciosos si las únicas aves que cantaran fueran las que lo hacen mejor".

Autor desconocido

Las fortalezas son nuestras capacidades esenciales para "pensar, sentir, disponer y actuar", dice el psicólogo y experto en fortalezas Ryan Niemiec. Son parte de nuestra identidad medular: aquello a lo que nos sentimos atraídos, motivados y hacemos de manera más natural. Usar nuestras fortalezas nos es placentero, nos llena de energía en lugar de agotarnos y nos ayuda a desempeñarnos del modo más eficiente.

Sin embargo, no siempre es fácil detectar las propias fortalezas. La cuestión es que son tan naturales para nosotros que posiblemente no nos demos cuenta de que son fortalezas, cualidades para algo que a otros no se les dan con tanta facilidad y naturalidad.

Esto tuvo un particular significado para mí en una ocasión cuando me presenté en una charla acerca de la enseñanza de la creatividad. Michael Craig Martin, un profesor de una de las principales escuelas de arte del Reino Unido (y artista por derecho propio), estaba en el panel. Dijo que su trabajo como maestro de futuros artistas consistía en ayudarles a darse cuenta de lo que hacían mejor de una manera única y facilitarles que lo cultivaran. Sin embargo, como les resultaba tan fácil a menudo era lo que menos valoraban. Querían hacer lo mismo que los demás alumnos. En contraste, no se percataban o valoraban lo que ellos mismos hacían naturalmente bien. ¡Suponían que era algo que todos podían hacer porque era muy fácil! No tenía que ver con que no debieran trabajar en ello y esforzarse para desarrollar su fortaleza o talento particulares, junto con las habilidades requeridas para eso, sino que tenían más probabilidades de florecer si seguían sus tendencias naturales en lugar de ir contracorriente.

Entonces, ¿cuál es la diferencia entre fortalezas, talentos y habilidades? Hay muchas definiciones diferentes, pero algo que me ha resultado útil es considerarlo del siguiente modo:

Fortalezas

Son las características positivas clave de nuestra personalidad que influyen en cómo abordamos el mundo, lo que pensamos y sentimos, aquellas cosas que nos sentimos naturalmente motivados a usar y hacer. También se conectan con nuestros valores y con lo que consideramos significativo.

Nuestras fortalezas de carácter son una parte medular y duradera de las personas que somos. Utilizarlas nos llena de energía en lugar de agotarla, y podemos aprender a cultivarlas y usarlas más, encontrando los mejores contextos donde podemos aplicarlas y permitiendo que salgan a relucir.

Talentos

Es posible que tengamos talentos particulares: por ejemplo, los obvios serían cosas como saber cantar o dibujar, tener habilidades musicales o capacidades atléticas o deportivas. Los menos evidentes serían talentos para ciertas actividades relacionadas con la electrónica o la mecánica, o la capacidad para explicar las cosas de manera sencilla, ser organizados o poder lidiar con los animales. ¡Son muchos!

Podemos desperdiciar nuestros talentos. Por ejemplo, podría ser que seamos atléticos por naturaleza, pero si no nos preocupamos por entrenarnos, entonces no sacaremos el mayor provecho de ese talento y se reducirá con el tiempo.

Nuestra fortaleza de carácter nos ayuda a desarrollar y cultivar nuestros talentos. Por ejemplo, si somos perseverantes, nos ayudará a seguir un régimen de entrenamiento físico. Si una fortaleza es nuestra inteligencia social, quizá prefiramos entrenarnos en un ambiente de equipo en vez de hacerlo solos.

Habilidades

Son las capacidades que aprendemos dentro o entre nuestras fortalezas y talentos, o como parte de otras actividades, como las relacionadas con el trabajo. Desarrollamos nuestras habilidades por medio de una capacitación y práctica intencionales. Debido a quienes somos, es posible que algunas habilidades nos resulten más fáciles que a los demás, pero dentro de un determinado campo se requieren ciertas habilidades. Por ejemplo, si tengo el talento para cantar y quiero aprovecharlo al máximo de manera profesional, tendré que aprender habilidades que me ayuden a proyectar y modular mi voz.

De modo que nuestras fortalezas, talentos y habilidades funcionan en conjunto para ayudarnos a sacar lo mejor de nosotros y disfrutar todavía más del proceso de hacerlo. Sin importar cuáles sean nuestras fortalezas y talentos naturales, cultivarlos y desarrollarlos requiere atención y esfuerzo enfocados. Es posible que veamos a personas en televisión o en internet que parecen hacer algo asombroso y sin esfuerzo, ya sea un cantante en un concurso, un futbolista en la *Premiere League*, o un líder o experto que da un discurso inspirador y divertido, pero todos tuvieron que esforzarse para desarrollar sus fortalezas y talentos a fin de que pudieran hacer lo que hacen. El psicólogo K. Anders Ericsson señaló un dato, ahora conocido por todos, que indica que las personas que tienen un desempeño máximo, sin importar su campo de actividad, cuentan con miles de horas de práctica deliberada. Aquéllos a los que se considera de clase mundial tienen la mayor cantidad, con 10 000 horas de práctica como cifra que se cita con frecuencia.

Impacto de utilizar las fortalezas de maneras nuevas

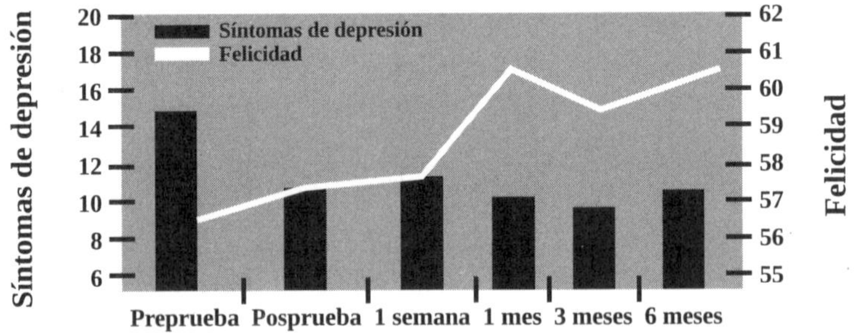

Basado en M. E. Seligman, T. A. Steen, N. Park y C. Peterson (2005). "Positive psychology progress: Empirical validation of interventions". *American Psychologist*, 60(5), 410-421.

Comprender nuestras fortalezas también nos ayuda a detectar mejor las oportunidades de usarlas, en lugar de dejarlas pasar de largo.

Fortalezas y felicidad

"La felicidad es interna, y no externa, por tanto, no depende de lo que tenemos, sino de quiénes somos".

Henry van Dyke, *Joy and Power*

Conocer y usar nuestras fortalezas puede llevarnos a ser más felices y confiados, a tener mayores niveles de energía y vitalidad, mayor resiliencia y menos estrés, y a ser más eficientes para desarrollarnos a nosotros mismos. En un experimento clásico de psicología positiva, que también se ha reproducido en otras ocasiones, a los participantes se les pidió identificar sus cinco fortalezas principales, y luego utilizar una de ellas de una manera nueva y diferente todos los días durante una semana. Al final de la semana tuvieron un pequeño aumento inicial en su felicidad y, a medida que pasó el tiempo, esos beneficios aumentaron y permanecieron en un nivel mayor a seis meses de distancia.

Es importante señalar que el mismo estudio (y los subsiguientes) demostraron que ejercer nuestras fortalezas, no sólo el hecho de tener mayor conciencia de ellas, generó una diferencia. Esto también puede ser un modo de elevar y reparar nuestros estados de ánimo cotidianos. Un reciente estudio descubrió que utilizar las fortalezas un día pronosticó tener un mejor estado de ánimo al día siguiente.

Al igual que aumentar nuestro bienestar, utilizar nuestras fortalezas puede ayudarnos a lograr nuestros objetivos (y, por supuesto, ambos se relacionan). En un estudio que se llevó a cabo durante un periodo de tres meses también se encontró que el uso de las fortalezas aumentaba el progreso hacia los objetivos personalmente significativos y el logro de los mismos. Los investigadores sugirieron que aplicar nuestras fortalezas a la búsqueda de nuestros objetivos puede conducir a una "espiral ascendente" de éxito y bienestar.

Existe un creciente conjunto de evidencias que señalan que ser capaces de utilizar nuestras fortalezas en el trabajo implica que tenemos más probabilidades de disfrutar e interesarnos en nuestro empleo y desempeñarnos mejor en él. Sentir que podemos hacer diariamente aquello que mejor hacemos significa que nuestras probabilidades de poner empeño en nuestro empleo son seis veces más altas, y si no podemos utilizar nuestras fortalezas, es más probable que nos angustie ir al trabajo, que tengamos menos interacciones positivas con los colegas, que tratemos menos bien a los clientes y que tengamos menos momentos de creatividad. Tener la capacidad de utilizar más nuestras fortalezas de carácter en nuestro empleo se asocia con experiencias laborales más positivas. Incluso podemos encontrar maneras de utilizar nuestras fortalezas para superar los obstáculos en el trabajo, con lo cual existe el potencial de crear un círculo virtuoso en el uso de éstas. Recientemente se encontró que la capacidad para utilizar nuestras principales fortalezas puede servir para mantener la satisfacción con la vida, aunque no contemos con un fuerte sentido de significado y propósito (capítulo 10).

Cómo encontrar y utilizar tus fortalezas

Ryan Niemiec, el experto en el tema, recomienda tres pasos para comprender y derivar el mayor provecho de nuestras fortalezas:

1. **Adquirir conciencia.** Existen varias actividades que podemos usar para aumentar nuestra concienciación de cuáles son realmente nuestras fortalezas. Examinaremos tres de ellas.
2. **Exploración.** Consiste en examinar cómo utilizamos nuestras fortalezas en diferentes áreas de nuestras vidas, y también cómo podíamos haberlas usado en el pasado. Esto también podría incluir situaciones en que podemos exagerarlas o minimizarlas.
3. **Aplicación y desarrollo**. Se trata de encontrar los modos de utilizar más y en diferentes formas nuestras fortalezas.

Como hemos visto, el impacto de nuestras fortalezas en nuestra felicidad y bienestar aumenta con el tiempo, a medida que nos concientizamos y exploramos más cómo y cuándo utilizarlas, cuál es su "aspecto" en diferentes contextos y las diversas maneras en que podemos aplicarlas. Examinemos algunas de las actividades que puedes utilizar para empezar.

1 Adquiere conciencia de tus fortalezas

Búsqueda de indicios

Reflexiona respecto a las actividades hacia las que te sientes atraído, que sientes que te ayudan a sentirte energizado en lugar de agotado.

Debido a que tus fortalezas son características medulares de la persona que eres, es posible que existan indicios de ellas desde temprana edad. Estas preguntas te servirán como punto de partida.

Piensa en cosas que:

- te encantaba hacer cuando niño: ¿qué características de éstas eran las que te encantaban?
- te resultaron muy fáciles y rápidas de entender.
- asocias con la frase: "Me encanta".
- de tu lista de pendientes que haces con rapidez.
- tus amigos, compañeros y familiares te piden ayuda en ello.

Anótalas. Busca qué característica subyacente tienen. Por ejemplo, en un taller Andy y Mike dijeron que, cuando eran niños, les encantaba jugar futbol, pero cuando les preguntaron qué características de jugar futbol disfrutaban más, Andy respondió: "Me encantaba perfeccionar mis habilidades con el balón", en tanto que Mike dijo: "Me encantaba formar parte de un equipo coordinado". Así que ambos disfrutaban de la misma actividad, pero por razones subyacentes diferentes. Estas razones dieron indicios de sus fortalezas. Posteriormente tomaron una prueba de fortalezas (páginas 326-327). Andy descubrió que tenía una fortaleza "distintiva" o principal de "apreciación de la belleza y la excelencia" (el deseo de perfeccionar sus habilidades), mientras que las fortalezas de Mike incluían liderazgo y trabajo en equipo.

Tú en tu mejor momento

Parte 1. Al inicio de este capítulo escribiste sobre una ocasión en que estuviste en tu mejor momento: una ocasión en que *te* sentiste orgulloso *de ti mismo*. Regresemos a esa historia. ¿Qué cualidades y fortalezas personales utilizaste o demostraste en esa situación? Anótalas.

¿Se te ocurren otras situaciones en que hayas sentido que estabas en tu mejor nivel, quizás en un contexto diferente (por ejemplo, si tu historia trató de una actividad de esparcimiento o de algo que hiciste en casa, piensa en una ocasión en el trabajo, la escuela o la universidad, y viceversa)? ¿Qué fortalezas utilizaste esa vez; fueron similares o diferentes a las de la primera historia? ¿Cuál sentiste que te dio más energía o fue más afín a lo que eres tú?

Parte 2. Busca a una persona en quien confíes y con quien te sientas cómodo de compartir tu historia. Antes de empezar pídele que busque en tu relato cuáles fueron las fortalezas que exhibiste y te las diga una vez que hayas terminado, nombrando cada fortaleza que haya detectado y qué fue lo que hiciste que es un ejemplo de ella.

Compartir historias de ocasiones en las que sentimos que estuvimos en nuestro mejor momento no siempre es una situación cómoda, pero es una actividad potente y valiosa. Es probable que la otra persona escuche en tu historia otras fortalezas que tú no notaste o que no se te ocurrieron. ¿Por qué no te ofreces a escuchar una narración de alguna vez en la que ellos hayan exhibido lo mejor de sí mismos, de modo que tú también puedas detectar sus fortalezas?

Identifica tus fortalezas distintivas

La investigación sobre la psicología de las fortalezas recomienda en general que identifiquemos y nos enfoquemos en nuestras "fortalezas distintivas"; una cantidad limitada, digamos entre tres y siete, de las fortalezas que nos parecen más representativas de nosotros, que nos producen una sensación de mayor energía y satisfacción cuando las utilizamos, y que empleamos en una amplia variedad de situaciones. Tener una lista breve de fortalezas principales nos ayuda a enfocarnos también en utilizar y desarrollar aquellas áreas que tienen mayor probabilidad de contribuir a nuestra felicidad y eficacia.

Entonces, ¿cuáles son tus fortalezas distintivas? Examina la lista de fortalezas que identificaste en las actividades anteriores, y si respondiste el cuestionario (páginas 326-327), observa cuáles son las fortalezas en la primera parte de tu clasificación. Pregúntate cuáles de ellas se aplican realmente a ti; por ejemplo:

- Sientes que son las que más posees, a las que más atraído te sientes y más quieres utilizar.
- Al utilizarlas tu curva de aprendizaje es más rápida.
- Es inevitable que las uses, ¡simplemente salen a relucir!
- Te sientes lleno de energía y fortalecido cuando las usas, en lugar de sentirte agotado.
- Utilizarlas te resulta satisfactorio.

Si respondiste el cuestionario, tus fortalezas distintivas son generalmente aquellas que están en la parte superior de tu clasificación, por lo común las cinco principales, pero a veces es posible que nos parezca que la sexta o séptima de la clasificación es más representativa de quiénes somos que una (o más) de las cinco principales. Eso está bien (a menudo esto se debe a que las puntuaciones son igualmente altas en esas áreas). Lo más importante es que nuestra lista abreviada de fortalezas distintivas incluya aquellas que más satisfacen los criterios anteriores. Ahora que identificaste tus fortalezas distintivas, llegó el momento de explorarlas.

2 Explora tus fortalezas

¿Cómo utilizas actualmente tus fortalezas?

Lleva tiempo conocer tus fortalezas y cómo evolucionan en momentos y situaciones diferentes, al igual que en diversas partes de tu vida. Ahora que identificaste tus fortalezas distintivas, explora qué representan para ti.

- Empieza por darte cuenta del momento en que las utilizas en casa, en el trabajo, en tus actividades sociales o en tu comunidad. ¿Cómo las expresas en diferentes situaciones?
- Nota cuándo y dónde aplicas tus fortalezas.
- ¿Cómo te sientes cuando usas estas fortalezas y cuando no lo haces?
- ¿Cómo interactúan tus fortalezas?

¿Qué ven los demás?

Para obtener otra perspectiva del momento y lugar en que actualmente utilizas tus fortalezas, es posible que desees contar con los comentarios de otras personas que te conozcan bien.

Cuando inicialmente tomé el cuestionario, quería ponerlo a prueba. Envié una lista de mis 10 principales fortalezas a algunos miembros de mi familia, unos cuantos amigos y ciertos colegas cercanos y les pregunté:

- Si habían notado que yo utilizara regularmente esas fortalezas.
- Si en esa lista de fortalezas había alguna que consideraran que destacaba particularmente en mí.

Sus comentarios fueron estimulantes e informativos. Casi a todos les resaltaron ejemplos de situaciones en las que yo utilizaba cada una de estas fortalezas, independientemente del contexto en que me conocían. Sin embargo, lo que varió fue su percepción de mis principales fortalezas. Por ejemplo, mis compañeros de trabajo coincidieron claramente en que la creatividad era una de las fortalezas principales, pero mis amigos y familia no lo hicieron. Yo considero que la creatividad es una de mis fortalezas distintivas, ¡pero no la estaba utilizando en algunas áreas importantes de mi vida! Así que usar la creatividad en este ámbito está entre mis objetivos actuales.

Cuestionario de fortalezas

Los psicólogos han desarrollado una variedad de "inventarios de fortalezas": éstos son los conjuntos de fortalezas que se observan con más frecuencia en las personas cuando están en su mejor momento y son más eficientes. Estos inventarios nos proporcionan un lenguaje para establecer las fortalezas, de modo que nos sirven para percatarnos de ellas y etiquetarlas cuando las observamos en otros y en nosotros mismos. Cada inventario se desarrolló y validó como un cuestionario en línea que nos presenta una serie de preguntas de opción múltiple. Después de responder todas las preguntas, recibimos una lista de nuestras principales fortalezas.

Clasificación de fortalezas de carácter de Valores en Acción Uno de los inventarios de fortalezas que se utiliza de manera más general es la Clasificación de fortalezas de carácter de Valores en Acción (VIA por sus siglas en inglés), que han respondido millones de personas en más de 190 países. Puedes responderlo gratuitamente en: www.viacharacter.org.

Este inventario fue desarrollado por un equipo de científicos dirigido por los doctores Martin Seligman y Christopher Peterson, y su finalidad fue identificar las principales características humanas positivas que se valoran en diversas culturas y épocas. Estos investigadores examinaron la filosofía, la psicología, las principales religiones y la literatura. Finalmente, redujeron la lista de las fortalezas de carácter que se reconocen más comúnmente a 24. Para incluir una fortaleza ésta tenía que satisfacer diversos criterios que incluían ser universal, distintiva y mensurable; debía ser satisfactoria para las personas y no representar un menosprecio para los demás. Para responder el cuestionario se requieren 20 minutos más o menos. ¡Asegúrate de responder las preguntas de manera sincera y no por lo que te gustaría ser o lo que crees que deberías ser! Recibirás tu clasificación personal de 24 fortalezas, en orden de importancia, de la más alta (número 1) a la más baja (número 24). Pero el hecho de que una fortaleza esté al final de la lista no significa que no puedas usarla o que no la uses. Es probable que de vez en cuando utilicemos todas las fortalezas, según lo requieran las diversas situaciones. Pero aquellas que están en la parte superior de tu lista serán las que tienen más probabilidad de ser las mejores en tu caso, aquellas que más te satisfacen y te llenan de más energía.

Las fortalezas específicas que menciono en este capítulo provienen del cuestionario VIA. En el cuadro de las páginas 328-329 se presenta un resumen de las Fortalezas de Carácter de VIA.

Es importante señalar que esta actividad no tiene el propósito de obtener la opinión de los demás acerca de si tus fortalezas distintivas son correctas o incorrectas. Podemos ser buenos para muchas cosas, pero no todas ellas serán fortalezas; es decir, aquello que nos resulta energizante, estimulante y satisfactorio. Sólo tú lo sabes.

¿Estás exagerando o minimizando tus fortalezas?

Debido a que nuestras fortalezas distintivas son tan naturales para nosotros, es fácil que las exageremos. Por ejemplo, ha habido veces en que mi fortaleza de sentido del humor ha salido a relucir en momentos inadecuados. De igual manera, podría haber situaciones en que minimicemos nuestras fortalezas. Es posible que resulte útil entender este aspecto para adquirir mayor conciencia de los contextos que nos benefician o perjudican al utilizar nuestras fortalezas distintivas.

Por supuesto que necesitamos sensibilizarnos a lo que resulta apropiado para la situación y modular nuestras fortalezas en consonancia. Por ejemplo, al trabajar en proyectos que tienen fechas límite me di cuenta de que mi fortaleza para la creatividad puede llevarme a ocupar demasiado tiempo en generar ideas. Sin embargo, no poder hacerlo me causa mucha tensión. En este caso aprendí a moderarlo dedicando un poco de tiempo al inicio del proceso para aportar ideas y desarrollarlas, de modo que eso me permita utilizar mejor esa fortaleza, hacer bien el proyecto y terminarlo en la fecha límite (¡lo cual es importante para mi fortaleza de apreciación de la belleza y la excelencia!).

Es interesante que lo que podría percibirse como una debilidad sea, en realidad, una fortaleza que se ha exagerado. Por ejemplo, mi uso excesivo de la creatividad podría percibirse como postergación o pérdida de tiempo.

Con base en el trabajo del psicólogo Christopher Peterson, Ryan Niemiec desarrolló una guía útil de cuál es la apariencia de las fortalezas de VIA cuando se exageran o minimizan. Examina el cuadro siguiente y observa si estás exagerando cualquiera de tus fortalezas.

Resumen de las 24 fortalezas de carácter de VIA			
Fortaleza de carácter de VIA	**Esencia**	**Exageración**	**Minimización**
Apreciación de la belleza y la excelencia	Ver la vida más allá de las cosas; sentido estético o cualitativo	Perfeccionismo o esnobismo	Inconsciencia (insensibilidad, desaliño)
Valentía	Enfrentar los temores, confrontar la adversidad	Temeridad	Cobardía
Creatividad	Originalidad que es útil	Excentricidad	Conformismo
Curiosidad	Exploración, búsqueda de lo novedoso	Intromisión	Desinterés
Ecuanimidad	Mismas oportunidades para todos	Indiferencia	Parcialidad
Perdón	Dejar atrás el dolor cuando no recibimos un trato justo	Permisividad	Crueldad
Gratitud	Agradecimiento	Adulación	Individualismo áspero (hosquedad)
Honestidad	Autenticidad	Arrogancia	Falsedad
Esperanza	Expectativas positivas	Candidez	Negatividad
Humildad	El logro no aumenta la valía	Autocrítica	Autoestima injustificada
Humor	Ofrecer placer/risas a los demás	Ligereza	Seriedad extrema/ falta de sentido del humor
Juicio	Pensamiento crítico y racionalidad	Cinismo, estrechez de miras	Irreflexión

Resumen de las 24 fortalezas de carácter de VIA (continuación)			
Fortaleza de carácter de VIA	**Esencia**	**Exageración**	**Minimización**
Amabilidad	Hacer por los demás	Entrometimiento	Indiferencia
Liderazgo	Influir positivamente en otros	Despotismo	Sumisión
Amor	Naturaleza genuina y de cordialidad recíproca	Promiscuidad emocional	Aislamiento emocional
Amor por el aprendizaje	Profundizar en el conocimiento y entendimiento	Sabiondez	Autosuficiencia
Perseverancia	Seguir adelante, superar obstáculos	Obsesividad	Fragilidad
Perspectiva	Asumir un punto de vista más amplio	Autoritarismo	Superficialidad
Prudencia	Cautela sabia	Pomposidad	Búsqueda de sensaciones
Autorregulación	Control de uno mismo	Inhibición	Autocomplacencia
Inteligencia social	Sintonizarse con los demás	Sobreanálisis	Desorientación social
Espiritualidad	Conexión con lo sagrado	Fanatismo	Alienación
Trabajo en equipo	Colaboración y participación en esfuerzos grupales	Dependencia	Egoísmo
Entusiasmo	Entusiasmo por la vida	Hiperactividad	Sedentarismo

3 Aplica y desarrolla tus fortalezas

Encuentra nuevas maneras de utilizar tus fortalezas

Esto se basa en el experimento clásico de la psicología positiva que vimos en la página 322. Elige una de tus fortalezas distintivas. En el curso de la siguiente semana encuentra una manera nueva y diferente de utilizarla todos los días. Observa cómo te sientes al hacerlo. Con el tiempo, intenta hacer lo mismo con cada una de tus demás fortalezas distintivas.

Fortalece tu yo futuro

En el capítulo 6, una de las actividades que te sugerí fue que escribieras los objetivos para tu vida (página 210). ¿A qué grado esas historias revelan tus fortalezas distintivas? ¿Qué corregirías de ellas si pudieras haber usado más plenamente esas fortalezas?

Modelos de rol y ejemplos

El psicólogo Albert Bandura descubrió en sus investigaciones que una de las mejores maneras de aumentar nuestras habilidades y confianza es a través de observar a modelos de rol expertos. Así que para cada una de tus fortalezas distintivas, ¿quién se destaca como ejemplo de ellas? ¿Cómo usas esta fortaleza y qué puedes aprender de ello? Quizá te resulte útil pedir a otras personas que te den ideas de modelos de rol que te sirvan para ver en acción esta fortaleza desde diferentes perspectivas.

El doctor Niemiec sugiere que buscar ejemplos en la literatura, televisión y películas también puede resultar útil para ver esas fortalezas en acción. El sitio web de VIA da algunos ejemplos y puedes encontrar más en el libro *Positive Psychology at the Movies* (Recursos)

En resumen

Éstos son los cinco puntos esenciales que puedes derivar de este capítulo:

1. Podemos destruir nuestra propia felicidad y estar en mayor riesgo de sentir depresión si no nos aceptamos como somos; es decir, cuando somos críticos demasiado severos de nosotros mismos y nos enfocamos en nuestras fallas, en lugar de hacerlo en nuestras áreas de fortaleza.
2. Tener compasión hacia uno mismo es una manera de relacionarse con la propia persona, no de ser autocomplaciente. Además, tiene importantes beneficios para el bienestar.
3. Podemos ser más compasivos con nosotros mismos si nos percatamos y reconocemos que sufrimos dolor emocional, en especial

cuando somos quienes lo provocamos, si reconocemos que nadie es perfecto y somos benévolos con nosotros mismos, e incluso ¡si nos damos un abrazo! Hablo de tratarnos más como trataríamos a un amigo al que valoramos.

4 Todos tenemos fortalezas. Nuestras fortalezas de carácter son nuestra esencia, influyen en cómo pensamos, en lo que sentimos y en aquello por lo que nos sentimos atraídos. Son cosas que naturalmente nos provocan una sensación de mayor energía y que son fáciles de aprender.

5 Identificar nuestras fortalezas distintivas y encontrar cómo utilizarlas de nuevas maneras y en diferentes áreas de nuestras vidas puede ayudarnos a sacar el mayor provecho de otros talentos y vivir una vida más feliz y satisfactoria.

Conexiones con otras claves

Otras claves que quizá desees explorar en conexión con Aceptación son:

- **GENEROSIDAD Y RELACIÓN** (páginas 21 y 49)
  Tener más compasión hacia nosotros mismos nos permite ser más compasivos con los demás.
- **ADQUIRIR CONCIENCIA** (página 129)
  La atención plena puede ayudarnos a aumentar la compasión y las fortalezas de carácter que pueden servirnos para desarrollar y mantener la práctica de la atención plena.
- **TRATAR COSAS NUEVAS** (página 167)
  Tener más compasión por uno mismo implica que estemos más abiertos a explorar y aprender nuevas cosas.
  Aplicar nuestras fortalezas de nuevas maneras nos ayuda a aprender con rapidez y a descubrir lo que nos resulta interesante y nos produce pasión.
- **DIRECCIÓN** (página 195)
  La compasión por nosotros mismos y el conocimiento de nuestras fortalezas implica que tengamos más probabilidades de alcanzar nuestros objetivos.
- **RESILIENCIA** (página 225)
  Tener compasión por uno mismo y usar las propias fortalezas significa que tendremos menos probabilidades de deteriorar nuestra propia resiliencia.

- **EMOCIONES** (página 269)
  Cuando usamos nuestras fortalezas es mucho más probable que sintamos que lo que hacemos es disfrutable y satisfactorio, y cuando sentimos más compasión por nosotros mismos significa que será menos probable que nos provoquemos experiencias emocionales desagradables.
- **MAYOR SIGNIFICADO** (página 333)
  Nuestras fortalezas nos dan indicios de las cosas que valoramos y consideramos significativas.
  Nota: Es probable que puedas encontrar otros modos de utilizar tus fortalezas para poner en acción las demás claves.

10

MAYOR SIGNIFICADO

Forma parte de algo más grande

Tener un propósito, comprender la razón por la que estamos aquí y sentir que lo que hacemos importa forman el "significado" de todo. Es una base firme para una vida satisfecha y feliz, y puede ayudarnos a superar incluso los momentos más desafiantes. Una de las mejores maneras de encontrar significado es aportando algo a los demás: algo que sea más grande y que vaya más allá de uno mismo.

Mayor significado: introducción

¿Qué es lo que realmente importa? ¿Cuál es el sentido de mi vida? ¿Por qué estoy aquí? ¿Cuál es mi propósito? ¿Qué impacto tiene lo que hago? Éstas son las GRANDES preguntas y tener nuestras propias respuestas es un ingrediente esencial de la felicidad y el bienestar para muchas personas, aunque encontrarlas no siempre es fácil, ya que no existe una fórmula única o simple.

Somos una especie que necesita encontrar significado, quizá la única que lo hace. Nos sirve para sentir que quienes somos y lo que hacemos es importante. Nos ayuda a entender lo que nos sucede y la forma en que encajan entre sí las diversas partes de nuestras vidas. Un sentido claro del significado de nuestra vida conforma nuestro sentido de identidad y valía propia; una manera de verlo es como nuestra historia personal desde el pasado hasta el presente, y como la forma en que nos gustaría moldear nuestro futuro.

Saber dónde encontramos significado y definimos nuestro propósito nos permite dirigir nuestra vida, desde el establecimiento de objetivos grandes y a largo plazo hasta metas más pequeñas: aquello que queremos lograr y necesitamos hacer. Nos ayuda a tomar decisiones, desde los grandes momentos decisivos de nuestra vida hasta la forma en que ocupamos nuestro tiempo todos los días.

El significado es importante cuando enfrentamos grandes retos, nos ayuda a afrontar y superar nuestro sufrimiento y dificultades en lugar de dejar que ellas nos consuman. Además, es posible que de esos momentos difíciles surja la certidumbre respecto a qué es lo que más nos importa.

El camino hacia un mayor significado no siempre es recto o fácil, y puede llevar tiempo. Quizá cambie conforme desarrollamos nuestra comprensión de nosotros mismos y del mundo. Puede provenir de profunda reflexión y de intentar diversas cosas. En general, implica el conocimiento de cómo estamos conectados y de cómo contribuimos a algo que es mayor a nosotros y que nos supera. En este capítulo examinaremos con más detalle dónde y cómo encontramos el significado y por qué es importante. También se presentan algunas actividades que puedes realizar y que te servirán para determinar qué le da sentido a tu vida.

¿Qué es el significado?

Viktor Frankl, un psiquiatra austriaco y sobreviviente del Holocausto, escribió un poderoso libro llamado *El hombre en busca del sentido* como resultado de sus experiencias. Desde su punto de vista, de nosotros depende descubrir y definir qué significado en nuestra vida tiene un sentido último.

Su libro y su trabajo inspiraron la investigación científica actual sobre el significado. Es un área relativamente nueva, pero creciente, y en ella existen diversas perspectivas sobre lo que es el "sentido de la vida", de dónde proviene y qué contribuye a él.

Según Martin Seligman, el "padre" de la psicología positiva, una vida con significado es aquélla en la que nos conectamos o contribuimos a algo que va más allá o que es más grande que nosotros. Los estudios confirman que esto se relaciona de manera más estrecha con tener una percepción de significado. El término para estos tipos de fuentes es "autotrascendencia", que implica asumir la responsabilidad de, o contribuir a, algo o alguien que está más allá de nuestras preocupaciones inmediatas. Esto podría tratarse de cuidar de otras personas o ayudarlas. Tales fuentes "generativas", es decir, aquellas que contribuyen al desarrollo o que benefician a las generaciones futuras, son las que tienen una fuerte relación con el significado. Esto puede consistir en cuidar, guiar y sostener a los niños, o dejar un legado positivo. A medida que nos volvemos mayores, más fuerte es la asociación entre la generatividad y el significado.

Momento de reflexión...

¿Qué le da significado a tu vida?

- ¿Qué viene a tu mente con mayor rapidez?
- Si llevas un diario de tus tres cosas buenas diarias (capítulo 8), ¿han surgido algunos temas en común?
- ¿Cuáles son tus pasiones e intereses? (Capítulo 5)
- ¿Quién está más cercano a ti en tu comunidad? (Capítulo 2)
- ¿A quién ayudas y quién te ayuda a ti? (Capítulo 1)

Más adelante en este capítulo hablaremos de algunas actividades específicas que te ayudarán a explorar más a fondo estos conceptos.

Michael Steger, uno de los principales expertos en la psicología del significado, sugiere que, desde un punto de vista psicológico, tener una percepción de significado en nuestra vida se reduce a poder responder preguntas sobre tres elementos esenciales del mismo:

- **Significación.** ¿Sientes que tu vida vale la pena y es importante?
- **Comprensión.** ¿Nuestra vida "tiene sentido" para nosotros? ¿Las diferentes partes coinciden entre sí?
- **Propósito.** ¿Sentimos que tenemos un propósito? ¿Tenemos uno o más propósitos o misiones dominantes que valoramos?

Veamos cada uno de estos elementos con mayor detalle.

La significación puede provenir de sentirnos conectados con algo que es superior a nosotros (para algunos ésa es la esencia del significado) y percibir que lo que hacemos y las personas que somos marca una diferencia. Por ejemplo, esto puede suceder a través de nuestra fe; de la creencia de que, como seres humanos, formamos parte de la naturaleza; por medio de ayudar a los demás o de formar parte de una familia, comunidad u otro grupo social; o, de hecho, mediante una combinación de todos estos factores y también de otros.

La comprensión se refiere a cómo le damos sentido a la vida, cuál es la postura que adoptamos para nuestra vida y nosotros mismos, y cómo se relacionan entre sí las diversas partes de nuestra existencia. Steger lo equipara con "nuestra historia", que entrelaza "los temas, lecciones, patrones, preferencias, recuerdos, percepciones, coincidencias, fortalezas, debilidades y a las demás personas" con las que nos encontramos en la vida para darnos orden y congruencia.

El propósito es aquello que nos motiva y nos esforzamos en lograr al nivel más alto: nuestros fines en la vida. Éstos se encuentran por arriba de nuestras metas u objetivos (capítulo 6) y nos proporcionan un punto de atención global que ayuda a entrelazar diferentes objetivos. Steger dice que, a diferencia de una meta, nuestro propósito quizá sea indefinido, algo a lo que aspiramos pero que, en realidad, no podemos lograr o que no está dentro de un marco temporal determinado; por ejemplo "ser buenos padres". Nuestro sentido de propósito quizás abarque toda nuestra existencia o cambie a medida que ésta evoluciona. Por ejemplo, el autoconocimiento puede ser un propósito impulsor a una edad temprana, ser buen padre podría abarcar la sección intermedia, y servir a la comunidad podría ser el punto de interés en toda la vida adulta.

Steger señala que la combinación de estos tres elementos proporciona una estructura para comprendernos a nosotros mismos en relación con el mundo, darle sentido a lo que nos sucede, a nuestras decisiones y a las metas que nos ponemos y buscamos alcanzar.

Significado y propósito

> "Tenemos la opción de utilizar el regalo de nuestras vidas para generar un cambio. De nosotros depende decidir qué tipo de cambio vamos a generar".
> Dra. Jane Goodall

El significado importa

Es evidente que tener un significado se relaciona con una vida más feliz, sana y floreciente.

La investigación psicológica demuestra que las personas que sienten que su vida tiene un significado tienden a experimentar más emociones positivas; tienen una perspectiva más positiva del mundo y del futuro; mayor satisfacción con la vida y el bienestar psicológico. Mientras más fuerte es su percepción de significado, mayor parece ser el beneficio para su bienestar. Esto también se relaciona con sentirnos mejor acerca de nosotros mismos, tanto en términos de autoestima como de aceptación de nosotros mismos.

Curiosamente, los estudios también demuestran que si somos más felices, es probable que consideremos que nuestra vida es más significativa, lo cual podría explicarse por el hecho de que, al sentirnos más felices, es más probable que interpretemos de manera más positiva nuestra vida y las cosas que nos suceden, y estemos más abiertos a otras personas y al mundo que nos rodea (consulta el capítulo 8 para más detalles).

Asimismo, se ha observado que las personas con una fuerte percepción de significado tienen mayor control de sí mismas y de sus vidas, tienen mejor desempeño académico y están más involucradas con su trabajo, pero es menos probable que sean "trabajólicas". También se relaciona con mejor salud física y con una menor tendencia a asumir riesgos, como el abuso de drogas.

Significado a medida que envejecemos

Los adultos mayores tienden a informar una mayor sensación de significado. A decir verdad, el significado y el propósito parecen ir ganando particular importancia a medida que envejecemos e incluso pueden ayudarnos a vivir más sanamente y durante más tiempo. En relación con otros elementos del bienestar, se ha visto que el significado tiene una fuerte asociación con un menor deterioro físico y cognitivo. Por ejemplo, un estudio que dio seguimiento a personas mayores durante varios años demostró que aquéllos con el mayor propósito en la vida tuvieron 2.4 veces más probabilidades de no presentar Alzheimer que las personas con menores niveles de propósito. Las necropsias revelaron que las personas con mayor propósito tenían cerebros físicamente más sanos.

El significado no siempre nos hace sentir bien

El significado tiene más que ver con la satisfacción que con el placer. Viktor Frankl argumentaba que las personas funcionan mejor cuando tienen un propósito. Aunque esto puede ser placentero, la búsqueda de ese propósito a través de esforzarse en alcanzar metas requiere esfuerzo, y a menudo enfrentamos dificultades a lo largo del camino que no nos hacen sentir bien y, de hecho, ¡provocan lo contrario al placer! Incluso es posible que enfrentemos retos que no podamos superar y tengamos que adaptar o cambiar nuestras metas para llegar a ellas por una ruta diferente. Pero esta lucha forma parte de una vida satisfactoria. Es la forma en que aprendemos y crecemos (capítulo 5), y en que encontramos y logramos el significado.

Significado y resiliencia

"Aquel que tiene un por qué para vivir puede tolerar casi cualquier cómo".

Nietzsche, citado por Viktor Frankl en *El hombre en busca del sentido*

Se ha visto que tener una sensación de significado en la vida es un componente importante en la resiliencia (que puede ser la razón por la que se vincula con una vida más larga). Sentir que lo que tratamos de hacer es significativo e importa de algún modo nos ayuda a seguir adelante mientras nos esforzamos y luchamos contra los retos de la vida. Los investigadores sugieren que puede ayudar a proteger nuestro cerebro contra el daño de los efectos acumulados del estrés y de las dificultades a lo largo de nuestra existencia. Se asocia con menos estrés y con menos emociones negativas, como el temor, el enojo, la vergüenza y la tristeza. Parece ayudarnos a afrontar mejor los factores estresantes al tener reacciones más lentas y reducidas hacia los desencadenantes negativos, y al acelerar la recuperación. En efecto, las personas con una percepción de significado informan tener menos sucesos negativos en su vida y menos problemas en general.

Muchos estudios han demostrado que tener una sensación de significado implica que estemos en menos probabilidad de experimentar desesperanza, depresión y ansiedad, al igual que menos tendencias suicidas. También es menos probable que nos denigremos a nosotros mismos o que experimentemos una brecha amplia entre las personas que somos y lo que nos gustaría ser.

Si enfrentamos situaciones extremas, como los desastres naturales, tener un significado y propósito puede protegernos, ayudándonos a reducir la probable gravedad de los síntomas que provienen del trauma y reduciendo la probabilidad de que presentemos trastorno de estrés postraumático. ¿Por qué? Porque el significado nos permite volver a enfocarnos en nuestros objetivos mayores y aprender de lo que nos sucedió en lugar de obsesionarnos con los sucesos negativos.

En busca del significado

Aunque tener una sensación de significado se asocia con mayor bienestar, no ocurre lo mismo con su búsqueda. Eso no es tan sorprendente: si estamos buscando un sentido último, es probable que sea porque percibimos que no lo tenemos. Mientras más fuerte es nuestra búsqueda, menos probable será que nos sintamos felices y más probable que nos obsesionemos con lo que está mal, lo cual provocará que disminuya nuestra autoaceptación y, por ende, nos sentiremos más infelices.

¿Eso quiere decir que no deberíamos buscar un significado? Bueno, sabemos que encontrarlo no siempre es fácil, ya que nuestra finalidad es desarrollar una comprensión más profunda de nosotros mismos y de nuestra contribución al mundo. Sin embargo, tener una sensación de significado es un componente clave de la felicidad y de una vida floreciente, así que es probable que valga la pena intentarlo. El psicólogo Paul Wong señala que incluso aunque sea doloroso sentir que nuestras vidas no tienen significado, es una útil señal de advertencia que nos estimula a encontrar una manera más auténtica de vivir.

En vez de enfocarnos en lo que falta en nuestra vida, una de las mejores rutas para desarrollar el significado es encontrar maneras de ayudar a los demás, concentrándonos en algo que esté más allá de nosotros (el capítulo 1 presenta montones de ideas). Esto puede alejar a nuestra mente de cómo nos sentimos en el momento y darnos un impulso emocional para sentirnos más felices.

La búsqueda de significado no siempre se asocia con infelicidad. Es posible que sintamos que el significado no es importante para nosotros. Y las personas que ya tienen un significado, pero que buscan encontrar más, experimentan un mayor bienestar a pesar de la búsqueda.

HELEN ENCUENTRA EL SIGNIFICADO

"Para mí esta clave es la más importante de las diez, pero me llevó unos cuantos años darme cuenta de eso", comenta Helen. "Crecí en una casa desprovista de significado. Para mi familia, la finalidad de la vida era beber. Mis padres eran alcohólicos, y mi hermano y yo seguimos su ejemplo desde temprana edad. Yo era inteligente y tuve buen desempeño en la escuela, así que el lado académico de mi vida estaba bien pero, más allá de eso, en casa o con mis amigos dedicaba mi tiempo libre a emborracharme. Empecé a sufrir depresión y ansiedad al final de mi adolescencia. Lo que estaba detrás de eso y de mi manera de beber era una crisis de significado, que siguió marcando la siguiente década.

No tenía idea de para qué vivía o qué me esforzaba en lograr. Tenía impulso, pero sin un propósito, no tenía nada positivo a qué dirigirlo, así que dirigí mi impulso de manera destructiva a mi interior. Pasé años con una adicción a la bebida y a las drogas. Quería dejarlo, pero cada vez que lo hacía, lo único que me quedaba era un doloroso vacío, entonces regresaba a mis adicciones. A la larga me di cuenta de que necesitaba encontrar algo más significativo.

Entré a Narcóticos Anónimos (NA). Su primer paso se refiere a reconocer la propia impotencia, y el segundo y tercero hablan de confiar en un poder superior a nosotros. Éste fue el punto de inflexión. Siempre había sido una persona independiente, decidida a arreglar sola mis problemas, de modo que soltar el control y confiar en un ser superior fue un gran salto, pero hizo que me diera cuenta de que no se trataba de luchar contra el mundo, sino de formar parte de él. Podía colaborar con el mundo para mejorarme tanto a mí misma como a los demás. En cierto sentido, era una especie de respuesta espiritual.

Decidí estudiar un doctorado en orientación psicológica con enfoque al tratamiento de la depresión y las adicciones. Empecé como voluntaria en organizaciones como Acción para la Felicidad. ¡Me resultó refrescante enfocarme en la felicidad en lugar de hacerlo en no sentirme deprimida! Usé las diez claves de la felicidad con el fin de avanzar pequeños pasos diarios para sentirme mejor y me enfoqué en mi familia. Me percaté de que yo podía ser el ingrediente positivo en esa mezcla de negatividad. Mi mamá había desarrollado enfermedad de Alzheimer y mi sobrino estaba enfermo. Pude ayudarles. Quería asegurarme de que el futuro para los miembros más jóvenes de mi familia fuera diferente. Encontrar las cosas que dan significado a mi vida permitió que me mantuviera libre de las adicciones y la vida es mucho mejor ahora. No fue fácil, pero descubrí que prefiero hacer algo difícil y satisfactorio, que algo que es fácil pero no me satisface".

¿Dónde encontramos el significado?

> "Muchas personas tienen una idea incorrecta de qué es la verdadera felicidad. No se logra a través de la autosatisfacción, sino siendo fiel a un propósito digno".
> Joseph Addison

¿Dónde podríamos encontrar el significado? ¿Cuáles son sus posibles fuentes? Viktor Frankl creía que el "deseo de significado" era universal: un impulso primario de todos los seres humanos y clave para vivir una vida digna y satisfactoria, independientemente de quiénes seamos y de nuestras circunstancias. No creía que el significado fuera algo con lo que nacemos, sino una cosa que debemos aprender, descubrir o crear y, en consecuencia, es diferente para cada persona. Necesitamos definirlo por nosotros mismos.

Desde su punto de vista, existen tres fuentes principales de significado en la vida.

- **Trabajo creativo o importante,** como los logros o buenas acciones.

- **Experiencias valiosas o enaltecedoras** en cuanto a relaciones, arte o belleza.
- **Sufrimiento.** Nuestra capacidad para reflexionar y crecer a partir de las experiencias negativas o el sufrimiento, y la actitud que asumimos hacia las situaciones que no podemos cambiar.

Desde Frankl, los psicólogos han empleado diversos abordajes para identificar las principales fuentes de significado en las vidas de las personas; es decir, las áreas en las que tienen un interés y compromiso personal en el modo en que viven sus vidas. Algunos investigadores se han enfocado simplemente en preguntas como: "¿Cuáles son las cosas que consideras más significativas/necesarias en la vida?" o "Si el dinero no fuera un obstáculo, ¿qué quisieras realmente para tener una vida significativa?". Otros han ido más allá para penetrar debajo de la superficie de las respuestas inmediatas de la gente. (Una buena manera de lograrlo con nosotros mismos es preguntarnos sucesivamente: "¿Por qué? ¿Por qué? ¿Por qué?" con cada pensamiento inmediato, hasta que obtengamos la razón última detrás de cada uno).

Momento de reflexión...

El psicólogo Martin Seligman piensa que nuestro mayor potencial para lograr el significado (y el bienestar) proviene de usar nuestras fortalezas distintivas al servicio de un poder superior a nosotros. ¿Cómo podrías usar tus fortalezas para lograr esto?

- Reflexiona en las fortalezas distintivas que identificaste en el capítulo 9 (página 329). ¿Cómo podrías usarlas para generar un cambio significativo en algo o alguien más? Piensa en lo que podrías hacer en el trabajo, en casa, en algún otro lugar, o en todas partes.

Basado en M. E. P. Seligman (2002). *Authentic Happiness: Using the new positive psychology to realize your potential for lasting fulfillment.* Nicholas Brealey. (*La auténtica felicidad: la nueva psicología positiva revoluciona el concepto de felicidad y señala el camino para conseguirla.* Ediciones B).

Aunque los estudios señalan diferencias en lo que la gente considera significativo en su vida, sí hay temas consistentes. Es frecuente que la familia y las relaciones estén en el primer lugar de la lista o muy cerca. A otras personas les importa el significado al igual que la felicidad en general (como vimos en el capítulo 2). Otras fuentes comunes de significado incluyen: apoyar y ayudar a los demás, nuestro trabajo, religión o fe, la naturaleza, creatividad, pasatiempos, intereses y pasiones, logro, contribución a una causa y desarrollo personal.

Una "base amplia" parece ser benéfica. Si tenemos varias fuentes diversas de significado en nuestra vida, nuestra percepción de significado será mayor. La amplitud de la base también nos ayuda a conservar esa percepción aunque una de las fuentes se vea amenazada. Los estudios han comprobado que la cantidad óptima parece ser de cinco a ocho fuentes de significado (tener más puede ser difícil de mantener). Por ejemplo, al igual que encontramos sentido en cuidar de las relaciones estrechas, los hijos, o ambos, podríamos encontrar un sentido último en nuestro trabajo, haciendo labores de voluntariado en nuestra comunidad local, teniendo un pasatiempo, como tocar un instrumento musical, visitar a nuestros amigos y seguir aprendiendo cosas.

En los capítulos 1 y 2 vimos en detalle los temas de la ayuda a los demás y de nuestras relaciones con otras personas, mientras que en el capítulo 5 hablamos sobre los pasatiempos, intereses y pasiones. Echemos ahora un vistazo a algunas de las otras fuentes más comunes de significado.

Trabajo significativo

"La única manera de hacer un gran trabajo es amar lo que haces. Si todavía no encuentras lo que amas, sigue buscando".

Steve Jobs, discurso de apertura de los cursos de 2005, Universidad de Stanford

Nuestro trabajo puede ser una importante fuente de significado en nuestras vidas. En vista de que muchos de nosotros ocupamos gran parte de nuestras horas de vigilia en el trabajo, seguramente vale la pena pensar en cómo podemos hacer que sea significativo. El trabajo nos da una razón para levantarnos por la mañana y conectarnos con los demás, y los estudios indican que el hecho de no trabajar en lo que queremos, o estar desempleados, es sumamente perjudicial para nuestro bienestar en un sentido que va mucho más allá de la pérdida de los ingresos, porque hace que sintamos que nadie nos necesita.

No obstante, ¿cuántos de nosotros nos detenemos a reflexionar en qué nos resulta significativo del trabajo? Cuando en mis cursos pregunto a los gerentes qué consideran más significativo para cada uno de los miembros de sus equipos en su trabajo, con frecuencia no saben pero intentan adivinar. Les pido que vayan a sus oficinas y tengan una conversación con su personal, porque aquello que es más significativo para una persona es diferente de lo que es lo más significativo para otra, y quizá no coincida con sus objetivos de desempeño. Incluso para los miembros del personal que tienen el mismo rol podría haber diferencias en cuanto a los aspectos que son significativos para ellos.

En los estudios que preguntan a los participantes qué es lo que vuelve más significativo a su trabajo, la respuesta más frecuente, sin importar el tipo/nivel del puesto, es ayudar a los demás o sentir que aportan algo a la sociedad. Sentir que lo que hacemos importa en algún sentido prosocial es una de las principales fuentes de significado, uno que va mucho más allá de hacer nuestra parte para contribuir a las ganancias o al desempeño.

El psicólogo Martin Seligman sugiere que algunas de las rutas clave para construir una vida significativa a través de nuestro trabajo incluyen:

Incrementar el conocimiento. Por ejemplo: aprendizaje, enseñanza, crianza o educación de los niños, ciencia, literatura y medios de comunicación.

Aumentar el "poder" de la sociedad. Por ejemplo: tecnología, ingeniería, construcción, medicina o manufactura.

Servicio. Por ejemplo: derecho, policía, salud, ética, religión, obras de caridad o voluntariado, servicios de urgencia.

Vocaciones en el trabajo

Experimentar nuestro trabajo como una "vocación" —algo hacia lo que sentimos una fuerte atracción o que incluso consideramos nuestro destino y una parte medular de quienes somos— tiene una fuerte asociación con el aumento en el significado en la vida. Las vocaciones coinciden con el propósito de nuestra vida, se ajustan a nuestras fortalezas y talentos, y se relacionan claramente con nuestro impacto positivo en los demás, en el mundo, o en ambos. Esto tiene beneficios para el bienestar, los cuales incluyen mayor satisfacción con el empleo y la vida y una mejor salud, menor probabilidad de sufrir estrés y depresión, y menor probabilidad de conflicto entre la parte laboral y no laboral de nuestra vida.

Es importante señalar que las vocaciones no se refieren a empleos de alto nivel o de salario elevado, pueden referirse a cualquier rol y a cualquier nivel. Hay una famosa historia de un hombre que formaba parte del personal de limpieza del Centro Espacial de la NASA al que, cuando se le preguntó qué hacía, respondió: "Ayudo a llevar al hombre a la luna". Por supuesto que muchas personas no sienten que su trabajo sea una vocación. Algunos lo ven como un "empleo": un medio para alcanzar un fin. Otros lo consideran como una carrera: un camino hacia un desafío, logro, estatus, prestigio e identidad personal.

Entonces, ¿cómo encontramos nuestra vocación? Quizá pensemos que es algo que simplemente sucede, un mensaje que viene de una fuente superior a nosotros, pero eso no es lo que ocurre para la mayoría de la gente que encuentra su vocación. En realidad, es algo que se desarrolla luego de largos periodos de exploración para encontrar un papel que se ajuste perfectamente a sus talentos, pasiones, valores e intereses. Una buena ruta consiste en encontrar modos de usar una mayor cantidad de nuestras fortalezas. Un estudio reciente sugirió que si podemos usar cuatro o más de esas fortalezas en el trabajo, es más probable que lo consideremos como una vocación. Como ocurre con la búsqueda de significado, la búsqueda de una vocación puede asociarse con indecisión y confusión acerca de la propia identidad. Sin embargo, en vista de que para muchos de nosotros el trabajo es una gran parte de nuestra vida, ¡podría valer la pena esa sensación de incomodidad para encontrarla!

Construcción de nuestro trabajo para encontrar mayor significado

La "construcción del trabajo" es una manera de ayudar a las personas a moldear sus roles de trabajo para que se ajusten a sus fortalezas y a aquello que les es significativo. Se ha visto que esto sirve en una amplia gama de tipos y niveles de roles. Los roles de trabajo se pueden construir de tres modos:

1 **Construcción de las tareas**. Consiste en añadir, cambiar, enfatizar o incluso intercambiar las tareas, de modo que hagamos más de las cosas que nos encantan, consideramos significativas o que aprovechan más ampliamente nuestras fortalezas. Por ejemplo, podríamos ofrecernos como voluntarios para hacer una tarea adicional

hacia la que nos sentimos atraídos, o bien, pensar en una nueva forma de hacer algo que nos desagrada, como intercambiar partes de nuestro rol con colegas que tienen diferentes fortalezas, de manera que nosotros hagamos algo que a ellos les desagrada pero que a nosotros nos gusta, y viceversa.

2 **Construcción de nuestras relaciones en el trabajo.** Esto podría consistir en desarrollar o cambiar las interacciones sociales en el trabajo. Incluso cuando esto se hace en pequeña medida, sí puede generar un impacto. Por ejemplo, podemos invitar a un colega a tomar un café o pasar un rato conociendo a alguien de otra área.

3 **Construcción de nuestras percepciones.** Esto puede incluir tomar distancia para ver la imagen general, enfocarnos en los detalles, encontrar conexiones entre las cosas que nos importan a nosotros o a los demás, o reestructurar nuestro trabajo. Otra historia sobre personal de limpieza femenino, pero esta vez de un hospital, ilustra este concepto. Para una de ellas el trabajo era una labor denigrante y de baja categoría, mientras que su compañera lo consideraba esencial para "luchar contra el contagio de infecciones".

Fe, religión y espiritualidad como fuente de significado

Una fuente de significado que es importante para muchas personas es la espiritualidad, que generalmente se refiere a la religión, la fe y la relación con Dios. O para aquellos que no son religiosos, se refiere a una conexión con la naturaleza. La espiritualidad es una fuente de autotrascendencia, ya que nos conecta con algo "superior" y con nosotros. Para ciertas personas es la fuente última de significado en términos psicológicos. Espiritualidad es un término más general que se interpreta como "la búsqueda de significación en aquello que es sagrado". La religión es la búsqueda de lo sagrado en la vida dentro de un contexto formal o estructurado.

Las personas que sienten que tienen una satisfacción religiosa o espiritual tienden a tener un significado mayor en su vida, en tanto que para quienes dedican su vida a las creencias religiosas, este significado es incluso mayor. Es importante señalar que estos estudios se ocuparon principalmente de comportamientos religiosos en lugar de simplemente la fe. De hecho, la participación activa en la propia religión es un elemento de predicción del bienestar. La participación en una religión no sólo sirve para responder algunas de las grandes preguntas sobre el sentido de la vida y proporcionar un firme sistema de creencias, incluyendo que somos importantes para un poder superior (es decir, “Dios”), también implica típicamente otros factores que se sabe que están asociados con el bienestar. Éstos incluyen formar parte de una comunidad, contar con apoyo social, tener un tiempo designado para la tranquilidad y la reflexión (como a través de la meditación o la oración), adoptar estilos de vida más sanos, promoción del altruismo, y ayuda para lidiar de manera eficiente con nuestros problemas y ponerlos en perspectiva.

Las prácticas religiosas o espirituales pueden ser fuente de experiencias emocionales positivas, como la dicha, y fomentar la esperanza, el optimismo y la compasión. También pueden alentar un mayor autocontrol y reducir las experiencias emocionales y pensamientos desagradables, como el temor, la ansiedad, la tristeza y el enojo. La fe religiosa parece ser especialmente benéfica al envejecer. Algunos estudios sugieren que la religiosidad fue uno de los principales factores de predicción del bienestar en la vejez. ¡Un estudio incluso encontró que la fe en el más allá entre adultos mayores se correlacionó con la sensación de que la vida en este planeta era emocionante!

ALEX Y LA RESPUESTA INTERIOR

“Con frecuencia esperamos que el significado esté fuera de nosotros y nos altera no encontrarlo. Cuando el significado es una capacidad interior, sale a relucir cuando te dedicas al bienestar de los demás. Yo fui un adolescente problemático y llegué al punto de pensar que todo carecía de significado. Llegué casi a dejar la escuela, esforzándome para alcanzar un futuro que no tenía sentido. A la larga, entré a un curso de guitarra eléctrica y los siguientes dos años me dediqué a pasar el rato, pero descubrí que no era más feliz.

El momento decisivo se presentó cuando tenía 21 años. Me puse en contacto con mi padre, de quien estaba separado. Tuve que ir a Ucrania, donde descubrí que mi padre había iniciado un proyecto social para luchar contra la corrupción. Me involucré en su trabajo y poco a poco llegué a conocerlo mejor, y también a conocerme mejor a mí mismo. Descubrí que era bueno para las comunicaciones, el razonamiento estratégico y la solución de problemas. En lugar de enfocarme en mis propios problemas, me sentía bien al aplicar mis fortalezas para ayudar a los demás.

> Decidí vivir una vida con un mayor propósito. Me percaté de tres maneras en que podía darle significado a mi vida: usando mis fortalezas para trabajar por el bien de la sociedad, viviendo con atención plena y cultivando activamente mi compasión por los demás. La base de todo esto es la conexión. Tengo el apoyo de mis amigos en mi grupo de atención plena, y la práctica también me ayudó a encontrar algo que puedo respetar y amar en mi papá. Luego de pasar un tiempo con él, puedo ver el valor, la creatividad y el cuidado que pone en sus proyectos, y el impacto que tiene en las vidas de otras personas. Así que elegí enfocarme en eso que conozco de él… y en lo que estoy empezando a reconocer en mí".

Cómo encontrar significado en tiempos difíciles

Es inevitable que la vida tenga altibajos. Habrá ocasiones en que tengamos que lidiar con la enfermedad, el dolor, la vejez y la muerte. Como hemos visto, el significado puede ayudarnos a aceptar estas experiencias, darles sentido y superarlas. Los tiempos difíciles también pueden ser una fuente importante de significado. Como enfatizó Frankl (y como indican muchas religiones), es posible encontrar significado como resultado de las experiencias negativas o a través del sufrimiento. El psicólogo Paul Wong trabajó con base en los conceptos de Frankl y señala que los aspectos positivos y negativos de nuestra vida a menudo coexisten (de hecho, así es como ocurre por lo general); aunque logremos un éxito que supere nuestros sueños más exagerados, no nos libraremos del dolor y del sufrimiento psicológico. El doctor Wong cree que encontrar un significado en la vida depende de descubrir el sentido último en nuestras dificultades y sufrimientos. Identificó cinco principios que necesitamos aplicar para lograrlo:

- **Enfrentar la realidad.** Aceptar y confrontar la realidad de la situación.
- **Tener fe.** Creer que vale la pena vivir.
- **Realizar acciones.** Comprometerse con objetivos y acciones.
- **Encontrar tu momento de ¡Eureka!** Descubrir el significado y sentido de la situación y de ti mismo.
- **Reflexionar.** Aprender de los procesos anteriores.

Los psicólogos Tedeschi y Calhoun, quienes han investigado la manera en que las personas se transforman después de sufrir un trauma, sugieren que el sufrimiento puede ser una vía para crear y cambiar nuestro significado en la vida, junto con la posibilidad de aumentar la confianza en nosotros mismos y mejorar las relaciones.

Actividades para encontrar significado

> "La cosa más pequeña con un significado vale más en la vida que la cosa más grande sin él".
> Carl Jung, *El problema anímico del hombre moderno*

Cómo comenzar

Como hemos visto, el significado tiene tres elementos diferentes: sentir que nosotros y lo que hacemos tiene algún tipo de importancia; nuestra historia vital y la comprensión de cómo encajan entre sí las diferentes partes de nuestra vida; y tener un propósito: nuestros fines y misión más global para nuestra vida, a partir de lo cual desarrollamos nuestras metas. También hablamos de que encontrar el significado en nuestras vidas es una cuestión personal y diferente para cada uno de nosotros. Nuestras fortalezas, talentos, intereses, circunstancias, experiencias y sueños son individuales. Por supuesto que existen algunas áreas comunes en la vida que muchos consideramos importantes, pero habrá variaciones en nuestra manera de interpretarlas y en cómo se manifiestan.

En lo que sí coincidimos todos es en que nuestro tiempo y energía son limitados. Tener en claro cuáles son nuestras principales fuentes de significado nos ayuda a asignar apropiadamente ese tiempo limitado y otros recursos, garantizando que prestemos atención a nuestras prioridades más importantes en la vida entre todas las demás demandas cotidianas. Saber qué es lo que realmente importa a largo plazo en nuestra existencia nos ayuda a priorizar y a tomar decisiones a corto plazo, y nos puede servir para mantener las cosas en perspectiva.

En general, encontrar un significado requiere tanto reflexión como acción. Puedes usar un abordaje lógico, analítico o simplemente enfocarte en lo que a ti te parece correcto. A menudo lo que mejor funciona es una combinación de los dos. Algunas formas de terapia incluyen un enfoque específico en esto. El *coaching* de vida también puede ser útil, y hay muchas cosas que puedes hacer por ti mismo.

Sin embargo, la investigación psicológica no ha producido muchas actividades que nos ayuden a encontrar significado. Eso se debe a que es relativamente nueva como área de estudio.

Así pues, las actividades que presento a continuación se basan en ideas que provienen de la ciencia, pero no se han comprobado científicamente de manera específica. Es posible que no necesites realizarlas todas, pero cada una puede ofrecerte diferentes discernimientos y ayudarte a identificar temas interrelacionados. Te servirán para reflexionar sobre tu pasado y presente, y para pensar en el futuro, de modo que puedas tener más claro lo que representa para ti el significado y construir tu propósito en la vida. En los siguientes días, semanas o meses, ¿por qué no apartas un tiempo para buscar un espacio tranquilo donde trabajes con unas cuantas (o todas) estas actividades, anotando tus ideas en tu cuaderno?

1 Momentos de significado en tu vida

Al principio del capítulo 9 (página 299) te pedí que escribieras sobre una época en que genuinamente hayas sentido que estuviste en tu mejor momento. A medida que reflexiones sobre tu vida, otros momentos e historias se destacarán como importantes para moldear la persona que eres y aquellas cosas que valoras; quizá sean ocasiones, experiencias o personas que te ayudaron a adquirir un conocimiento sobre ti mismo, al igual que un desarrollo positivo. Podrían ser:

Momentos culminantes. Cuando te sentiste realmente satisfecho, al tope de tus capacidades o cuando enfrentaste con éxito un gran reto.

Malos momentos. Épocas de dificultad, dolor o sufrimiento.

Momentos decisivos. Cuando enfrentaste un dilema importante/tuviste que tomar decisiones importantes.

Momentos de influencia. Ocasión(es) en que alguien influyó en ti.

Línea de tiempo: momentos de desarrollo personal en mi vida

Cómo hacerlo

Coloca todos los momentos de significado que se te ocurran en una línea de tiempo (página anterior). Traza una marca para las ocasiones que se destaquen, ya sea que hayan ocurrido en tu adultez o niñez. Luego elige tres: ¿qué aprendiste? ¿Qué impacto tuvo cada una en tu vida a partir de ahí? ¿Cómo te influyen ahora? ¿Cómo te ayudarán a crecer en el futuro?

2 Escribe tu obituario

La lectura de obituarios puede ser inspiradora, ya que en general son interesantes narraciones de vidas plenas y de un tiempo bien aprovechado. A menudo cuentan una clara historia de las fortalezas y talentos de las personas, de lo que más les importaba y de cómo los utilizaron para moldear sus vidas y aprovechar al máximo las oportunidades. Finalmente, presentan el legado que dejaron.

Es posible que escribir un obituario te parezca macabro, pero es una estupenda manera de enfocarte en lo que es importante para ti, cómo quieres marcar una diferencia y lo que realmente quieres lograr. La única certidumbre que todos compartimos en la vida es que algún día terminará; sin embargo, la mayoría vivimos como si el tiempo fuera infinito y postergamos la decisión de qué es lo que en verdad nos importa.

Cómo hacerlo

Imagina que llegaste a la vejez y viviste una vida plena y satisfactoria. Piensa en lo que te gustaría que apareciera en tu obituario. ¿Qué legado positivo te gustaría dejar? Pasa algún tiempo escribiendo tu obituario, sin censurarte. Por ejemplo:

- ¿Cómo quisieras que te recuerden las personas cercanas a ti?
  - ¿Qué conocerían y valorarían de ti, qué fortalezas te habrían visto exhibir?
  - ¿Qué dirían de tus pasiones e intereses?
  - ¿Has tenido un impacto en la vida de tus seres queridos?
- ¿Qué impacto has tenido en tu comunidad?
- ¿Cómo habrías marcado una diferencia a través de tu trabajo?
- ¿Cómo influiste e inspiraste a aquellos que te rodean?

Ocupa todo el tiempo que consideres necesario en esta tarea. Luego guarda tu obituario por un día o dos antes de revisarlo. Después de reflexionar de manera consciente o inconsciente, piensa en si tienes cualquier otra cosa que añadir o cambiar.

Luego de pensar en cómo quisieras que te recuerden y el legado que dejarías, ¿cómo influiría esto en tus prioridades/metas actuales y futuras? Guarda tu obituario en algún lugar seguro y revísalo anualmente. ¿Qué progreso lograste hacia la consecución de tu legado? ¿Hay otra cosa que te gustaría añadir/cambiar a medida que avance tu vida?

3 Descubre tus verdaderas prioridades

Esta actividad te ayudará a identificar cuáles son tus fines en diferentes momentos de tu vida. Prioriza cuáles son los más importantes y luego compáralos con aquello que tiene prioridad para ti en la actualidad. Si realizaste la actividad de "Escribe tu obituario" antes de hacer esto, te ayudará a desarrollar fines más detallados para tu vida.

Cómo hacerlo

Esta actividad tiene cinco pasos y necesitas hacerlos en orden.

A Tu clasificación de significado

¿Cuáles son las fuentes más importantes de significado en tu vida? La lista que se presenta a continuación incluye cosas típicas que la gente identifica como prioridades/fuentes de significado. Reflexiona sobre el contenido de la lista. Puedes interpretar las áreas de cualquier manera que tenga lógica para ti. Escribe una clasificación de estos elementos en orden de importancia y en términos de tus prioridades de significado y satisfacción. Clasifica el área más importante con el número 1, la siguiente en importancia con el número 2, etc. Anótalas en orden de importancia.

- ¿Cuáles son tus siete áreas de prioridad? Éstas son las que más te importan a ti: son las fundamentales para ti en cuanto a significado.
- ¿Cuáles son las últimas siete? Éstas son cosas a las que estarías más dispuesto a renunciar para enfocarte en tus prioridades.

Áreas de prioridad en la vida		
Logro	Cómo me siento acerca de mí mismo	Desarrollo personal
Hijos	Influencia	Juego y diversión
Comunidad	Intereses y pasatiempos	Desarrollo profesional
Creatividad	Aprendizaje	Familiares y amigos
Salud y condición física	Provocar un cambio social	Pareja amorosa/cónyuge
Ayudar a los demás	Dinero	Espiritualidad/religión/fe
Hogar/dónde vivir	Naturaleza/ambiente natural	Trabajo
Informado por Frisch (2005), Schnell (2011), Burton y Wedermeyer (2002), Shin y Steger (2014).		

- Las siete intermedias son cosas que "sería bonito tener" en términos de significado. Es posible que sean importantes para mantener la vida (como ganar dinero). Es primordial que no consuman toda tu energía ni distraigan tu atención de las siete principales.

B Clasificación del "detective privado"

Imagina que contrataste a un detective privado para que te observara en tu vida diaria durante un mes. Le pediste averiguar cómo ocupas tu tiempo y clasificar tus áreas de prioridad con base en ello, asignando el número 1 al área que recibe más atención y enfoque, el número 2 al área a la que le pones el siguiente grado de atención y enfoque, etcétera.

C Verificación de prioridades en acción

Ahora compara tu clasificación del paso A con la del paso B: ¿cómo se comparan? ¿Tus áreas de prioridad más importantes reciben suficiente atención? ¿Ocupas demasiado tiempo en áreas que no son significativas? Hay cosas que tenemos que hacer que consumen más tiempo del que nos gustaría: generalmente el trabajo o cuidar una casa. Pero tener mayor claridad sobre las cosas que más importan implica que podemos planear cuándo atenderlas. También es posible que podamos encontrar maneras de reconstruir lo que "tenemos" que hacer para darles más significado.

D Tus principales fines a largo plazo

Escribe tu finalidad a largo plazo para cada una de tus siete áreas principales. Puedes hacerlo en una sola oración. Ejemplos de fines a largo plazo pueden ser:

- **Pareja amorosa.** *Mantener viva y actualizada mi relación pasando juntos más tiempo, haciendo cosas que a ambos nos importan.*
- **Trabajo.** *Tener un trabajo en el que emplee mis fortalezas y donde pueda tener un impacto evidente.*
- **Cómo me siento acerca de mí mismo.** *Quiero ser menos tímido y desarrollar confianza al comunicar ideas, y ser más asertivo sobre las cosas que me importan.*
- **Dinero.** *No quiero ganar dinero para que domine mi vida, pero es importante. Me gustaría ganar lo suficiente para vivir cerca de buenas escuelas, no preocuparme de cómo pago mis cuentas y tener suficiente para divertirme con mis hijos.*

E Objetivos con significado

¿Qué ideas de objetivos tienes ahora? ¿Cómo y cuándo le darás más tiempo y atención a tus principales áreas de prioridad? Por ejemplo, si para ti es importante la salud física, ¿te ejercitas tanto como quisieras? ¿Qué objetivo puedes establecer para lograrlo?

MARK ENCUENTRA SUS VERDADERAS PRIORIDADES

"Hace 10 años hice por primera vez la actividad de 'descubre tus verdaderas prioridades' y me resultó difícil elegir entre muchas de ellas. Ocupé un largo tiempo intentando pensar qué era lo que más me importaba y revisé múltiples veces mi lista. Decidí que mis prioridades 'no negociables' eran el desarrollo personal, mi pareja, mis familiares y amigos, generar un cambio social y la salud. Me sentí complacido con mi lista, pero entonces hice mi clasificación del detective y tuve que admitir que mi manera de vivir estaba en desequilibrio con mis prioridades. Trabajaba durante muchas horas como asesor en un empleo de gran estrés y el detective probablemente habría concluido que mis prioridades eran ¡el trabajo, el dinero, la influencia y el desarrollo profesional!

"Verme forzado a reconocer tan claramente esta inconsistencia me sacudió e influyó de manera importante en mi decisión de cambiar de carrera y encontrar un empleo que hiciera una contribución positiva. Hacer este ejercicio me ayudó a tomar algunas de las mejores y más importantes decisiones de mi vida. También he repetido el ejercicio a lo largo de varios años, lo cual ha sido realmente útil".

4 Una imagen dice 1 000 palabras

Esta actividad se basa en un abordaje para identificar y aclarar nuestras fuentes de significado que el doctor Michael Steger sometió recientemente a un estudio piloto. Se trata de usar fotografías; pensar visualmente en qué fotografías tomar y en qué representan para ti esas imágenes. Quizá te ayude a tener acceso a pensamientos y sentimientos diferentes y más fructíferos que la mera actividad de escribirlos.

Cómo hacerlo

A En el curso de la siguiente semana toma un mínimo de 12 fotografías que muestren visualmente qué hace que tu vida sea significativa. Pueden ser imágenes de cosas o de personas, o de algo que las represente; quizás un objeto, un *souvenir* u obra de arte: cualquier cosa que sea una fuente importante de significado para ti.

B Al final de la semana descarga e imprime tus 12 fotos y:

- Escribe una breve descripción de lo que representa cada una para ti y del significado que añade a tu vida, o
- Pide a un amigo confiable o a tu pareja que te escuche mientras explicas por qué elegiste cada fotografía y cómo le añade significado a tu vida. Su papel es escucharte, ¡no juzgar, comentar o agregar sus opiniones! Su interpretación de la imagen no importa; lo que importa es lo que significa para ti.

C Cuando hayas reflexionado sobre cada imagen colócalas en orden de importancia. Haz una nota sobre tu clasificación.

D ¿Qué te hace pensar esto acerca de tu propósito, prioridades y objetivos?

5 Tu frase definitoria

Me encanta esta actividad que proviene del libro *La sorprendente verdad sobre qué nos motiva* de Dan Pink. Ahí cuenta la historia de cierto consejo que aparentemente le dio Claire Booth Luce a John F. Kennedy, el presidente de Estados Unidos. Preocupada porque en apariencia Kennedy se enfocaba en demasiadas cosas a la vez, le dijo que una gran persona se puede resumir en una frase, dándole ejemplos de presidentes anteriores de Estados Unidos, como Franklin Roosevelt: "Nos sacó de una gran depresión y nos ayudó a ganar la guerra".

Es posible que nuestras prioridades sean diferentes, pero ésta es una estupenda actividad para lograr enfocarnos. ¡Puede ayudarnos a evitar el riesgo de que nuestras vidas sean más parecidas a un "párrafo confuso" que a una sola frase concisa y precisa!

Cómo hacerlo

Hacer algunas de las demás actividades es mejor, pero no es esencial. Éstos son dos ejemplos: "Crio a dos hijos para que se volvieran adultos afectuosos y logró que su vecindario fuera un sitio más amistoso"/"Su arte logró que la gente se detuviera a pensar".

¿Cuál es tu frase definitoria?

- Reflexiona sobre las actividades y momentos de reflexión de este capítulo (e incluso de otras partes en el libro) y escribe tu frase en tu cuaderno o diario. Es posible que quieras guardarla en un sitio donde la puedas consultar regularmente para mantenerte enfocado en lo que es más importante para ti.

En resumen

Éstos son los cinco puntos esenciales que puedes derivar de este capítulo:

1. Tener una percepción de significado en nuestras vidas es una base importante para la felicidad y una vida satisfactoria, y nos ayuda a ser resilientes.
2. Según la psicología, una percepción de significado se conforma de tres partes: sentir que nosotros y lo que hacemos importa de algún modo; comprender cómo encajan entre sí las diferentes partes de nuestra vida; y tener un propósito en la vida a partir del cual podamos desarrollar nuestros objetivos.
3. Lo que consideramos significativo en nuestras vidas es una cuestión muy individual y tenemos que descubrirlo por nosotros mismos. Las fuentes podrían incluir nuestras relaciones con los demás, en especial aquellos que son cercanos; una fe religiosa; nuestro trabajo; la creatividad; nuestros pasatiempos o la naturaleza. Los tiempos difíciles también pueden ser una fuente importante para encontrar significado.
4. Las fuentes de significado más valiosas tienden a ser aquellas que son más grandes o superiores a nosotros, donde generamos cambios en algo o alguien más; por ejemplo, al ayudar a otras personas o trabajar en una buena causa o hacer algo que beneficie a las generaciones futuras.

5 Sentir que nuestra vida carece de significado se asocia con menor bienestar. Pero el significado no es algo que llegue a nosotros, tenemos que buscarlo activamente. Existen diversas acciones que podemos realizar para ayudarnos a entender qué es lo más significativo para nosotros y para determinar nuestro propósito en la vida. Esto nos ayuda a moldear nuestras metas y a tomar decisiones sobre lo que hacemos y la manera en que empleamos nuestro tiempo.

GRANSUEÑO

Conexiones con otras claves

Otras claves que quizá desees explorar en conexión con Mayor significado son:

- **GENEROSIDAD** (página 21)
  Hacer algo por los demás o contribuir a una causa pueden ser valiosas fuentes de significado.
- **RELACIÓN** (página 49)
  Nuestras relaciones con otras personas, en especial aquéllas más cercanas, es una de las fuentes más importantes de significado.
- **TRATAR COSAS NUEVAS** (página 167)
  Experimentar cosas nuevas es una buena forma de explorar qué es significativo para nosotros. Aprender y desarrollar nuestros intereses, pasiones y creatividad también pueden ser fuentes de significado.
- **DIRECCIÓN** (página 195)
  Saber qué es significativo para nosotros y definir con claridad cuál es nuestro propósito en la vida es la base desde la cual podemos establecer objetivos satisfactorios.
- **ACEPTACIÓN** (página 299)
  Usar nuestras fortalezas en el trabajo y para ayudar a los demás puede hacer que éstas sean más significativas y además nos sirvan para encontrar una vocación.

Lecturas y recursos adicionales

Espero que la presente obra te haya inspirado a tomar la iniciativa y a aumentar tu propia felicidad así como la de otros. Si tienes curiosidad de aprender todavía más aquí se encuentran varios libros basados en evidencias, junto con algunos otros recursos.

Acción para la Felicidad

Por favor visita Acción para la Felicidad (Action for Happiness) —www.actionforhappiness.org—. La página está colmada de más ideas y recursos. Puedes convertirte en miembro del movimiento Acción para la Felicidad (es totalmente gratis), formar parte en alguno de nuestros cursos, unirte a nuestra comunidad activa en redes sociales y mucho más.

Capítulo 1 GENEROSIDAD

Altruism: The Power of Compassion to Change Yourself and the World (En defensa del altruismo: el poder de la bondad; Editorial Urano), Matthieu Ricard.

Give and Take: A Revolutionary Approach to Success (Dar y recibir; un enfoque revolucionario para conseguir el éxito; Ediciones Gestión), Adam Grant.

Happy Money: The Science of Smarter Spending, Elizabeth Dunn y Michael Norton.

Capítulo 2 RELACIÓN

Connected: The Surprising Power of Our Social Networks (Conectados: el sorprendente poder de las redes sociales y cómo afectan nuestras vidas; Editorial Taurus), Nicholas Christakis y James Fowler.

The Relationship Cure: A 5-Step Guide to Strengthening Your Marriage, Family and Friendships (*Guía del amor y la amistad*; Editorial Kairós), John Gottman y Joan DeClaire.

The Seven Principles for Making Marriages Work (Siete reglas de oro para vivir en pareja; Editorial Debolsillo), John Gottman y Nan Silver.

Love 2.0: How Our Supreme Emotion Affects Everything we Think, Do, Feel and Become (Amor 2.0: Una nueva mirada a la emoción que determina lo que sentimos, pensamos, hacemos y somos; Editorial Océano), Barbara Fredrickson.

Non-Violent Communication: A Language of Life (Comunicación no violenta: un lenguaje de vida; Gran Aldea Editores), Marshall Rosenburg.

Capítulo 3 EJERCICIO

Spark! How Exercise Will Improve the Performance of Your Brain, John Ratey y Eric Hagerman.

Go Wild: Free Your Body and Mind from the Afictions of Civilization, John Ratey y Richard Manning.

Eat, Move, Sleep (Come, muévete y duerme; Editorial Océano), Tom Rath.

The Blue Zones: 9 Lessons for Living Long (El secreto de las zonas azules: comer y vivir como la gente más sana del mundo; Editorial Grijalbo), Dan Buettner.

Capítulo 4 ADQUIRIR CONCIENCIA

Mindfulness: A Practical Guide to Find Peace in a Frantic World (Mindfulness: guía práctica para encontrar la paz en un mundo frenético; Editorial Paidós), Mark Williams y Danny Penman.

Real Happiness: The Power of Meditation (El secreto de la felicidad auténtica. El poder de la meditación: aprende a ser feliz en 28 días; Editorial Zenith), Sharon Salzberg.

Full Catastrophe Living (revised edition): How to Cope with Stress, Pain and Illness Using Mindfulness Meditation (Vivir con plenitud las crisis (Ed. revisada y actualizada): cómo utilizar la sabiduría del cuerpo y de la mente para enfrentarnos al estrés, el dolor y la enfermedad; Editorial Kairós), Jon Kabat-Zinn.

Mindfulness in Eight Weeks, Michael Chaskalson.

Recursos en línea basados en la atención plena:

bemindful.co.uk —el sitio web de atención plena de la Mental Health Foundation del Reino Unido. Cuenta con un curso en línea de cuatro semanas de duración que puedes probar de manera gratuita. Para las personas que viven en el Reino Unido, también existe un mapa interactivo que puede ayudarles a encontrar a un instructor calificado en atención plena a nivel local.

www.headspace.com — una aplicación popular que incluye guías animadas.

www.oxfordmindfulness.org — un centro importante para la capacitación de maestros y la investigación en atención plena. Incluye una buena guía práctica para encontrar a un instructor, muchos vínculos a recursos relacionados con la atención plena y un video gratuito del doctor Mark Williams, el principal experto en atención plena dentro del Reino Unido, con instrucciones guiadas para el respiro de tres minutos.

Capítulo 5 TRATAR COSAS NUEVAS

Curious? Discover the Missing Ingredient to a Fulfilling Life, Todd Kashdan.

Flow: The Psychology of Optimal Experience (publicado en el Reino Unido como *Flow: The Classic Work on How to Achieve Happiness*) (*Fluir (Flow): Una psicología de la felicidad*; Editorial Debolsillo), Mihalyi Csikszentmihalyi.

Mindset: The New Psychology of Success (*Mindset: la actitud del éxito*; Editorial Sirio), Carol Dweck.

Mindfulness (Mindfulness: la conciencia plena; Editorial Paidós), Ellen Langer.

Flex: Do Something Different, Ben C. Fletcher y Karen Pine.

Wired to Create: Discover the 10 Things Great Artists, Writers and Innovators do Dfferently, Scott Barry Kaufman y Carolyn Gregoire.

Capítulo 6 DIRECCIÓN

Making Hope Happen: Create the Future You Want for Yourself and Others, Shane Lopez.

Succeed: How we can Reach Our Goals, Heidi Grant Halvorson.
Rethinking Positive Tinking: Inside the New Science of Motivation, Gabriele Oettingen.

Capítulo 7 RESILIENCIA

Resilience: the Science of Mastering Life's Greatest Challenges, Steven Southwick y Dennis Charney.
The Resilience Factor: Seven Keys to Finding Your Inner Strength and Overcoming Life's Hurdles, Karen Reivich y Andrew Shatté.
The Upside of Stress: Why Stress is Good for You (and how to get good at it) (Estrés: el lado bueno; Editorial Océano), Kelly McGonigal.
What Abi Taught Us, Lucy Hone.

Capítulo 8 EMOCIONES

Emotions Revealed: Understanding Faces and Feelings (El rostro de las emociones; RBA Libros), Paul Ekman.
Emotional Intelligence: Why it can matter More Than IQ (La inteligencia emocional: por qué es más importante que el cociente intelectual; Editorial Vergara), Daniel Goleman.
Positivity: Groundbreaking Research Reveals how to Embrace the Hidden Strength of Positive Emotions, Overcome Negativity, and Thrive (Vida positiva: cómo superar las emociones negativas y prosperar; Grupo Editorial Norma), Barbara Fredrickson.
The Emotional Life of your Brain: How its Unique Patterns Affect the Way You Think, Feel and Live — and How You Can Change Them (El perfil emocional de tu cerebro: Claves para modificar nuestras actitudes y reacciones; Ediciones Destino), Richard Davidson y Sharon Begley.
The Power of Negative Emotion: How Anger, Guilt and Self-doubt are Essential to Success and Fulfllment, Todd Kashdan y Robert Biswas-Diener.
Gratitude Works! A 21-Day Program for Creating Emotional Prosperity, Robert Emmons.

Capítulo 9 ACEPTACIÓN

The Compassionate Mind, Paul Gilbert.

Self-Compassion: Stop Beating Yourself Up and Leave Insecurity Behind, Kristin Neff.

Mindfulness and Character Strengths: A Practical Guide to Flourishing, Ryan Niemiec.

Positive Psychology at the Movies 2: Using Films to Build Character Strengths and Well-being, Ryan Niemiec y Danny Wedding.

Average to A+: Realising Strengths in Yourself and Others, Alex Linley.

StrengthsFinder 2.0 (Conozca sus fortalezas 2.0; Editorial Gallup), Tom Rath.

Capítulo 10 MAYOR SIGNIFICADO

Man's Search for Meaning (El hombre en busca del sentido último; Editorial Paidós), Viktor Frankl.

Drive: The surprising truth about what motivates us (La sorprendente verdad sobre qué nos motiva; Ediciones Gestión), Daniel Pink.

Force for Good: The Dalai Lama's vision for our world (La fuerza de la compasión: la enseñanza del Dalai Lama para nuestro mundo; Editorial Kairós), Daniel Goleman.

El *Job Crafting™ Exercise* (Ejercicio de construcción del trabajo) del Center for Positive Organisations: www.jobcrafting.org

General

Happiness: Lessons from a New Science (La felicidad: lecciones de una nueva ciencia; Editorial Taurus) del fundador de Acción para la Felicidad, Richard Layard.

Flourish: A Visionary New Understanding of Happiness and Well-Being (Florecer: la nueva psicología positiva y la búsqueda del bienestar; Editorial Océano), Martin Seligman.

¿Necesitas más ayuda y apoyo?

Cualquiera de nosotros puede experimentar momentos en los que nos sentimos atascados. En esos momentos, podemos buscar ayuda y apoyo de:

Servicios médicos o de salud: tu médico o profesional de la salud local deberían poder canalizarte a otros tipos de apoyo según los necesites. También puedes hacer una búsqueda en línea. Por ejemplo, en México puedes acceder al portal del Instituto Mexicano del Seguro Social http://www.imss.gob.mx/salud-en-linea/salud-mental.

Fundaciones benéficas de salud mental: en muchos países existen organizaciones sin fines de lucro que ofrecen apoyo y servicios especializados para personas que están lidiando con retos de salud mental a través de sus sitios web y líneas telefónicas. Por ejemplo, en México puedes consultar a la asociación Médicos sin fronteras: http://www.msf.mx/oficina-de-msf-mexico.

Teléfonos de asistencia: si te encuentras atravesando momentos muy difíciles, habla a alguna línea telefónica confidencial donde encuentres una persona amistosa que escuche tus problemas y que pueda ayudarte. Por ejemplo, en México puedes llamar gratuitamente, las 24 horas, al Consejo Regional latinoamericano y del Caribe de Salud Mental (55) 5259-8121.

El sitio web de Acción para la Felicidad (Action for Happiness) tiene más información acerca de cómo y dónde puedes encontrar ayuda si estás teniendo problemas: www.actionforhappiness.org/unhappy

Con gratitud

Aprendí que investigar y escribir un libro apenas es una parte de lo que consigue llevarlo a término y estoy muy agradecida con muchas personas que me ayudaron en ese proceso. En primer lugar, quiero agradecer a mi editora, Muna Reyal, por darme la oportunidad, a Jo Godfrey Wood y Peggy Sadler de Bookworx, que trabajaron incansablemente en la edición, diagramación y diseño. Y a Frances Gough, Abbie Salter y Claudia Young, quienes al ayudar a que este libro se publicara, podrán beneficiar a muchísimas personas a través de los descubrimientos científicos en los que se basó este libro.

Gracias a Richard Layard y Martin Seligman, pensadores visionarios cuyo trabajo implica que la felicidad se tome de manera más seria desde las perspectivas científicas, de salud y de políticas. Y a Anthony Seldon y Geoff Mulgan, quienes junto con Richard, fundaron Acción para la Felicidad y continúan siendo miembros activos del consejo directivo. A Mark Williamson —la asombrosa fuerza impulsora detrás del movimiento— por su apoyo para este libro; a mis compañeros miembros del Consejo, Nic Marks y Jimmy Mulville, por sus ideas y energía; y al equipo medular de voluntarios que han contribuido al movimiento o desarrollo de las 10 claves, incluyendo a Alex, Aman, Anna, Hannah, Harriet, Izzy, Lucy, Nina, Paul A., Paul S. y Rob. Con agradecimiento particular para Natasha Warne y Tracy Ampah, quienes, luego de apenas terminar sus maestrías, me ayudaron con la investigación para diversos capítulos.

Estoy muy agradecida con mis profesores en la maestría del programa de psicología positiva en la Universidad de Pensilvania, sin quienes no hubiera estado en posición de escribir este libro. Ellos incluyen a Marty Seligman, James Pawelski, Angela Duckworth, Chris Peterson, Ed Diener, Barbara Fredrickson, Karen Reivich, Ray Fowler, George Vaillant, Roy Baumeister y David Cooperrider.

Un especial agradecimiento a mi asesor de la maestría, Adam Grant, de la Wharton Business School, por leer el borrador del capítulo 1: "Generosidad"; a Mark Williams de la Universidad de Oxford por sus comentarios sobre el capítulo 4: "Adquirir conciencia"; y a Scott Barry Kauffman del Centro de Psicología Positiva de la Universidad de Pensilvania, por la revisión del capítulo 5: "Tratar cosas nuevas". También estoy muy agradecida con los muchos otros investigadores destacados que estuvieron dispuestos a responder mis preguntas o compartir conmigo sus últimos estudios "recién salidos del horno", incluyendo a Kate Hefferon, Felicia Huppert, Itai Ivtzan, Tim Lomas, Andrew MacLeod, Ryan Niemiec, John Ratey y Michael Steger. Y a todos aquellos que me permitieron compartir sus historias dentro del libro.

Estoy muy agradecida por los buenos amigos que tengo. En particular Jane Gaukroger y Suzy Greaves, por sus sabios consejos y prácticas recomendaciones cuando los necesité, y a Julia Lampshire, por darse tiempo para revisar el borrador final del libro. Más importante aún, quiero agradecerle a mi pareja, John, por leer cada capítulo como se escribió y por su decidido apoyo, deliciosas comidas y paciencia en los últimos meses, cuando casi me retraje por completo de la vida normal para investigar y escribir.